鎌倉仏教革命

法然・道元・日蓮

橋爪大三郎

Kamakura Buddhism Revolution
: Honen, Dogen, Nichiren
by
Daisaburo Hashizume

Samgha Shinsha Inc., Sendai, Japan 2025:3

はじめに

先進国とは、ヨーロッパのことだった。

スペイン、ポルトガルがいて、オランダがいて、フランス、ドイツがいた。

イギリスが世界帝国を築き、アメリカが代わって覇権国になった。

イスラムも、インドも、ヨーロッパの植民地にされた。中国も植民地並みだった。

ヨーロッパは近代化した。世界に先駆けて。

*

近代化とは何か。

鉄砲と大砲と陸海軍である。国民国家である。法の支配である。科学技術である。市場経済である。教育である。…。

伝統に関係なく、新しい社会をつくることである。

ヨーロッパでなぜ、そんなことが可能だったのか。

それは、宗教改革のためだ。宗教改革をきっかけに、人びとの考えと行動ががらりと変わった。

人間が個人として、合理的に行動するようになったから。

人間が近代化したので、社会が近代化した。

社会科学ではふつう、このように考える。

裏から言うと、こうである。
＊
ヨーロッパ以外はなぜ、近代化しなかったか。

宗教改革がなかったからだ。人びとの考えと行動は、伝統社会のままだった。人間が個人として合理的に行動できなかった。

イスラムで、宗教改革は起こらない。クルアーン（コーラン）は読み方が決まっている。

インドで、宗教改革は起こらない。永遠の真理（ダルマ）は変化しない。

中国で、宗教改革は起こらない。儒学は、過去の正しいやり方を反復する。

なるほど。
＊
でも、ちょっと待って。

日本はどうだろう。

日本は、ヨーロッパと切り離された伝統社会だった。それが明治になると、するすると近代化してしまった。これは、例外とは言えないか。

例外かもしれない。

何か秘密があるのではないか。山本七平は、鈴木正三や石田梅岩に注目した。ウェーバーのいう

「プロテスタンティズムの倫理」と同じような勤勉な人間をうみだした、と。小室直樹は、記紀神話を手がかりに、もともと日本人は勤勉だったと言う。そうかもしれないが、釈然としない。朱子学など儒学や、国学や蘭学など、江戸期の思想に注目することもできる。いい線だが、まだ穴がある。

その欠けたピースを埋めるのが、鎌倉新仏教だと思う。

＊

鎌倉新仏教。

歴史の時間に習った。鎌倉時代、それまで貴族のものだった仏教を、民衆のあいだに広める新しい仏教が起こった。法然の浄土宗。道元の禅宗。日蓮の法華宗。一遍の時宗、などである。

このことは、どんな歴史の本にも書いてある。でも、こうした仏教の「新しさ」に、もっとわれわれは驚かなければならない。

ではどこが新しいのか。人びとに、「信」(フェイス)をもたらした。この「信」こそが、日本の近代を準備したのだと私は思う。

これはまだ、仮説である。本書はこの仮説を論証するため、議論を重ねていく。

＊

宗教は信仰だから、信にもとづくのは当たり前だと思うかもしれない。

ところが、鎌倉新仏教の「信」は、それまでの仏教と質が違った。ちょうどルターやカルヴァンが、それまでのキリスト教を別物にしてしまったように、法然や道元や日蓮は、それまでの仏教を別物にしてしまった。

この転換を、「鎌倉仏教革命」とよぶのがよいだろう。

彼らの教えが、仏教を「革命」的に変化させたからである。そのことを以下、本書の全体を通じて明らかにしていきたい。

＊

本論に入るまえに、本書の仮説を、簡単にスケッチしておこう。

第一に、法然、道元、日蓮を、ひとかたまりの運動としてとらえる。法然が決定的な発火点で、それが道元、日蓮に燃え移った。三人はそれぞれ、主張している内容はばらばらである。だから、浄土宗、曹洞宗、日蓮宗の始祖とされるのだが、顕著な共通点がある。それは、仏教を「純化」しようとする情熱である。「純化」とは、**余計な要素を取り払って、ひとつの原理で信仰を再組織すること**、である。

仏教は「純化」された。人びとは、純化された仏教徒（いわば、ピューリタン）になった。

第二に、この「純化」は、当時の社会の変化と並行していた。農民の連帯によって、社会が再組織されて行った。そうした人びとのエートス（考え方と行動様式）の変化のきっかけが、彼らによって与えられた。その運動は、後戻りできないインパクトを、日本社会にもたらした。

この時期、本当にそういう出来事が起こったのか。それは読者に確認していただきたい。

*

それではどうか、八〇〇年前のこの国で、どういう精神のドラマが起こったのか、たっぷり味わっていただきたいと思う。

鎌倉仏教革命◉目次

第2部 道元

第3部 日蓮

編集協力／大來尚順
川松佳緒里
校正／高柳涼子
本文デザイン・ＤＴＰ／鰹谷英利
カバーデザイン／幡野元朗

第1部

法然

第1章　法然以前

鎌倉仏教革命の最重要人物は、法然である。

法然は、『選択本願念仏集《せんちゃくほんがんねんぶつしゅう》』を著した。これは革命的な書物である。それまで、ほかのさまざまな宗派のおまけのようだった「念仏」を、明確な信念にまとめあげた。「念仏宗」の運動に、理論的支柱を与えた。

法然がやりとげたことは、マルティン・ルターの宗教改革に匹敵する。いや、あえて言おう。それ以上である。

ルターの宗教改革は、一六世紀初めのこと。法然が活動したのは、一二世紀から一三世紀にかけてのこと。三〇〇年以上も早い。このことにまず、驚かなければならない。

＊

本書は、法然が率いた念仏宗の運動が、どれほど画期的だったかをまず明らかにする。法然は、それまでの仏教の常識をひっくり返して、風穴を開けた。

ただし順序として、法然がどんなにすごい仕事をしたかの話をする前に、それまでの仏教がどんなものだったかを、頭に入れておくのがよい。

因果論から、目的論へ

法然の念仏宗は、「称名念仏《しょうみょうねんぶつ》」をスローガンにする。称名念仏（「南無阿弥陀仏」と口に出して唱えること）によって、必ず極楽に往生するのだという。すなわち、

称名念仏（南無阿弥陀仏）⇩ 極楽往生　（1）

を主張するのだ。

『選択本願念仏集』が、このことを論証する。

＊

念仏を唱えさえすれば、極楽に往生する。（1）は、救済の原理である。**仏教の原理（因果論）から、救済の原理（目的論）を導き出す**。この、不可能ともみえる独創的な転換をなしとげたのが、法然である。

人びとは、救済の原理を求めていた。だから、法然の称名念仏の教えに、熱狂した。そうした熱狂の背後に、おおぜいの僧侶や行者らがいた。彼らは固い信念をもって、人びとに称

名念仏の教えを広めた。彼らの固い信念の根本。それが、法然の『選択本願念仏集』に凝縮して書きとめられていた。

＊

法然はこの書物で、透徹したロジックを紡ぎ出した。それを追う前に、法然が戦わなければならなかったそれまでの仏教の常識がどのようなものか、確認しておこう。

1・1　因果論

仏教は、因果論である

インドの思想の特徴は、因果論である。

インドの思想と言えば、バラモン教であり、ヒンドゥー教である。ウパニシャッド哲学や、さまざまな流派の思想もある。仏教やジャイナ教も、インドで生まれた思想なので、やはり因果論を基本にしている。

仏教では「因縁」「縁起」などというが、要は因果論のことである。

＊

因果論（causality）とは、どういうものか。

因果とは、出来事と出来事のあいだの関係である。出来事aが起こると、そのあとに出来事bが起こる。出来事aを「原因」、出来事bを「結果」、という。この関係が、因果関係。世界はこのような因果関係でできている。こう考えるのが、因果論だ。

火をつければ、火事になる。アリを踏んづければ、死んでしまう。世界には、因果関係がいくらもある。観察すれば、すぐわかる。だから、

世界には、因果関係がみつかる。（2）

は、ありふれた経験則（誰でも気がつくこと）だ。

因果論は、これをもっと徹底する。この世界が隅から隅まで、因果関係でできている（それ以外の関係は存在しない）と考えるのだ。

世界は、因果関係だけでできている。（3）

このように考えるのが、仏教の基本である。

因果論は、合理的である

因果論は、合理的な考え方である。神秘的なところが少しもない。

因果論によれば、原因があるので、結果がある。原因がなければ、結果はない。ある出来事は、その原因によって起こった、と考える。原因も出来事だから、原因の原因もあるかもしれない。それをどこまでもたどっていく。また、結果も出来事なので、それが原因となって、結果の結果をうむかもしれない。それもたどっていく。

因果関係は客観的である。主観（こうなるといいな、と思うこと）によって左右されない。

因果関係は、繰り返す。同じ原因から、いつも同じ結果が生まれる。

因果関係は、不変である。原因と結果の関係が、急に変わったりしない。

＊

因果論によれば、世界は因果関係でできていて、整然とした秩序をそなえている。「法則」をそなえている、と言ってもいい。仏教はこの「法則」を、ダルマ（法）とよぶ。

では人間は、ダルマ（法）を認識できるのか。

自分も因果関係でできている

世界は、因果関係でできている。どこからどこまで。

ならば、人間も因果関係でできている。人間は、世界の一部だからだ。

人間は、因果関係（だけ）でできている。　（4）

人間は実際、生き物としての因果関係（自然法則）に支配されている。「生老病死」である。

瞑想と覚り

人間は、この事実（4）を知ることができるか。

できる、と仏教は考える。（バラモン教も、ヒンドゥー教も、できると考える点は同じだ。）では、どうやって？

それには、瞑想すればよい。じっと坐って、精神を集中し、瞑想すれば、自分のなかにありありとこの世界の真実のさまが浮かびあがってくる。それを究め尽くせば、「覚り」である。

「覚り」は、人間がこの世界の真理（ダルマ）を認識し尽くした、極点である。

*

仏教は、こう教える。人間は誰でも、真理（ダルマ）を認識できる。地位や身分や生まれに関係なく、カーストにも関係なく、誰でも。

真理（ダルマ）を認識し、体得し、この世界の因果関係と一体となった人間を、ブッダ（仏）という。人間の理想状態である。人生の究極の目的だ。

真理（ダルマ）を覚った人間を、ブッダ（仏）という。（5）

仏になることを、教えられるか

人間は覚って、仏（覚った人）になることができる。現に、ゴータマ（釈尊）は覚った。自分も覚って、仏になりたい。そう願う人びとが、ゴータマのもとに集まって、弟子となった。この「仏弟子の集団」を、サンガ（僧伽）という。

＊

さて、こうすれば覚れると、言葉で教えることができるか。できない、が仏教の考え方である。ゴータマ（釈尊）を真似して瞑想して、自分で覚るしかない。

覚りはどういうものか、言葉で表現することができない。（6）

覚りは、この世界を成り立たせる因果関係を完全に体得すること。因果関係は、言葉でできていない。でも自分の精神は、因果関係でできている。だから瞑想すれば、覚ることができる。

修行して仏になる

仏教は、因果論である。ある人（釈尊）が覚ったなら、それには原因がある。弟子たちも覚りたければ、それにふさわしい原因を積まなければならない。こう考える。

このように、覚りをめざして原因を積み重ねる努力を、修行という。

＊

ゴータマ（釈尊）のように、修行して覚ることはできるか。できる。ゴータマも弟子も同じ人間だから。ゴータマ（釈尊）は、たった六年、修行しただけだった。ならば、簡単だ。初期の仏教教団では、修行して仏になる人びとが続出した。

仏になるのは難しい

覚りは、手の届くところにあった。

ただ、誰の覚りも同じだとすると、修行者の集団（サンガ）はばらばらになってしまう。あくまでもゴータマ（釈尊）を中心に、まとまっていたい。

そこで、ゴータマ（釈尊）は「別格」で、ふつうの人びとの覚りとはレヴェルが違うと考えられるようになった。ゴータマ（釈尊）以外の、並みの覚りは、阿羅漢とされた。

このように考えるのが、部派仏教である。いくつも考え方の異なるグループ（部派）があったので、この名前でよぶ。

サンガでの覚り（阿羅漢）／ゴータマの覚り（仏）、が別だと考えるとどうなるか。結果（覚り）が異なるのなら、原因も異なると考える。すなわち、

この世で出家して修行　⇩　覚り（阿羅漢）　（７ａ）
菩提心　↓　何回も輪廻して修行　↓　この世で出家して修行　⇩　覚り（仏）　（７ｂ）

のように。ゴータマははるか昔、ブッダ（仏）になろうと志（菩提心）を立てた。以来、とても長い間、輪廻を繰り返して修行してきたので、ブッダ（仏）となるだけの原因を積み重ねた。だから弟子たちよりはるかにランクの高いブッダ（仏）になった、と考えられるようになった。

＊

このように、**輪廻を繰り返して修行してブッダ（仏）になることを、歴劫成仏《りゃっこうじょうぶつ》という**。ゴータマ（釈尊）が前世でどのように修行を続けてきたかは、前生譚（ジャータカ）として語られ広まった。

菩薩と大乗仏教

ゴータマ（釈尊）が亡くなって数百年が経ってから、大乗仏教が起こった。

大乗仏教の特徴は、ふたつある。第一に、阿羅漢ではなく、ブッダ（仏）の覚りをめざすこと。第二に、出家ではなく、在家修行者（菩薩）であることを基本とすること。

菩薩は、ボディーサットヴァを漢字に音訳したもの。在家修行者を意味する。

＊

大乗仏教は、こう考える。

ゴータマ（釈尊）が、覚ってブッダ（仏）となった。このことは、因果法則に従って起こっている（7b）。ならば、誰でも、ゴータマ（釈尊）と同じ修行をして善い原因を十分に積めば、覚ってブッダ（仏）となれるはずだ。ゴータマ（釈尊）はそのことを人びとに教えてくれている。

ならば、出家の修行より、在家のまま修行することが大事だ。なぜならゴータマ（釈尊）は、大部分の時期、在家のまま修行したからである。これを、菩薩行という。

菩薩行は、歴劫成仏の考え方によっている。

＊

大乗仏教は、最初、サンガ（出家者として修行に励む人びと）とは別のグループの、在家者の運動として始まったようである。時間が経つうち、大小兼学（大乗も小乗も両方修める）のやり方をする人びとも出てきた。

大乗経典

大乗仏教を進める人びとは、多くの大乗経典をうみ出した。これらの経典もみな、ゴータマ（釈尊）がのべたもの（仏説）という形式をとっている。

大乗経典は、人びとが菩薩として修行を続け、やがて覚ってブッダ（仏）となることを勧め讃える内容である。

＊

最初に現れたのは、般若経の一群である。この経典は、「空」についてのべる。「空」は、小乗の論書（アビダルマ）では説かれていない、ブッダ（仏）の知恵をのべている。小乗の修行者たちには理解の及ばないこの世界の真のすがた、すなわち「空」を認識すれば、覚ってブッダ（仏）となれるだろうと説く。

そのあと現れたのは、法華経《ほけきょう》である。法華経は、歴劫にわたって修行する無数の菩薩を高く評価し、永遠のゴータマ（釈尊）がそれを導いている、と説く。

また現れたのは、浄土経典である。浄土経典は、西方の極楽浄土に阿弥陀仏がいて、人びとを招いて往生させる、と説く。

また現れたのは、華厳経である。華厳経は、この世界は巨大な仏（ブッダ）の身体そのもので、そのなかを多くのブッダ（仏）や菩薩がネットワークをつくり、修行者を導くと説く。

さらに現れたのは密教経典である。密教経典は、歴劫修行をスキップする秘密の呪文を散りばめている。

これらの経典はどれも、因果論にもとづいており、ゴータマ（釈尊）が覚ってブッダ（仏）になったことを前提し、菩薩行を奨励している。そのうえで、おのおののユニークな考え方によって、仏教をふくらませている。

＊

中国の大乗仏教

中国には、大乗仏教の経典が多く伝わった。それらを、片端から漢訳した。戒律は小乗のものが伝わり、小乗の戒律に従って出家して大乗の経典を学ぶ、が中国仏教のやり方になった。朝鮮や日本も同様である。

これは、大乗仏教としては奇妙なのだが、奇妙だと思われなかった。（戒律を定めたテキストは小乗には存在するが、大乗には存在しない。戒律は出家者のためのものだからである。）

＊

中国の人びとは、小乗経典も、かずかずの大乗経典も、すべてゴータマ（釈尊）の説法の記録であると信じた。ただし、内容があまりにもまちまちである。そこで、ゴータマ（釈尊）の真意はなんだろう、と頭を悩ませた。

中国の宗派

中国に伝わった仏教はさまざまな宗派をうんだ。中国でいう△△宗は、「学問研究のサークル」のようなものである。日本の宗派（江戸時代に典型的な、本寺／末寺からなる教団のようなもの）を想像してはいけない。

中国では、仏教に政府が深く関与し、出家を許可制にした。寺院は免税で、僧侶は公務員。給与を支給するかわりに、政府が人事に介入した。

最初に現れた宗派は、どの経典や論書を重視するか、をめぐるグループだった。ひとつのグループが、あちこちの寺院で活動した。ひとつの寺院に、いくつものグループがあった。ひとりの僧がいくつものグループに属することもできた。

中国にあったグループで、さっそく日本に伝わったのは、三論宗、成実宗、法相宗、倶舎宗、華厳宗、律宗。いわゆる南都六宗である。三論宗は『中論』『十二門論』『百論』の三つの論書を重視する。成実宗は『成実論』を研究する。…のように、宗派ごとに研究の力点が違っている。

＊

もうひとつ、中国で重要なのは、教相判釈《きょうそうはんじゃく》である。略して教判《きょうはん》という。

中国にはインドから、多くの経典や論書が伝わった。のべてあることがまちまちである。ではそこから、全体として、どういうメッセージを受け取ればよいか。それを取り出す作業が、教相判釈である。中国仏教ならではの知的努力だ。

天台宗と禅宗

日本にもっとも影響を与えたのが、天台宗の五時教判《ごじきょうはん》である。

天台宗は、天台山を拠点にした宗派である。五時とは、華厳時・鹿苑時・方等時・般若時・法華涅槃時、の五つ。釈尊の生涯を五つの時期にわけ、それぞれの時期に、華厳経・阿含経・方等経典・般若経典・法華経と涅槃経、を説いたとした。天台宗は、最後の時期に説いた法華経こそ、最高の経典であると考える。

天台宗は、最澄によって、日本に伝えられた。最澄は、桓武天皇に信頼され、比叡山延暦寺を開いた。

同じ時期に中国に留学した空海は、真言宗を日本に伝え、高野山金剛峰寺を開いた。真言宗は、密教である。

＊

中国で浄土往生の信仰は、各宗に広く行なわれた。無量寿経、観無量寿経、阿弥陀経の浄土三部経を根拠とする。曇鸞《どんらん》・道綽《どうしゃく》・善導の系統がなかでも主流で、日本にも伝わった。

中国独自の宗派は、禅宗である。インド僧の菩提達磨《ぼだいだるま》が伝えたとする流派がとくに隆盛となり、日本にも伝わった。禅宗については第２部でのべよう。

因果論のインパクト

中国でも、朝鮮や日本でも、仏教は広く受け入れられた。そして大きなインパクトを与えた。

仏教のインパクトは、それが体系的な世界観で、この世界の本質を因果論によって説明し尽くす点にある。これほど徹底したものの見方は、それまでこの地域に存在しなかった。自然科学が、近代にもたらしたインパクトに匹敵するかもしれない。

仏教は、体系的で一貫しているので、それぞれの社会にそれまで存在していた思考や制度と摩擦をひき起こした。中国では、儒教や道教との摩擦。日本では、ローカルな信仰（神道）や社会構造との摩擦。

日本に伝わった仏教はとりわけ、ローカルな社会構造と化学反応を起こして、独特な変化をとげた。そしてうまれた特異な純化した思想（ピューリタニズム）が、鎌倉仏教革命なのである。

1・2　凝念大徳の『八宗綱要』

仏教のさまざまな宗派は、中国や朝鮮から少しずつ日本に伝えられ、平安時代には落ち着いたかたちになった。

そこに割り込んだのが、法然の念仏宗である。

浄土経典や極楽往生の思想なら、早くから知られていた。ひとつの宗派にまとまるのではなく、天台宗など複数の宗派のなかで、併せて信仰されていた。法然はそれを、体系的な信仰にまとめあげ、ほかの宗派から分離させた。既存の仏教界にとっては見過ごせない大事件である。

（法然に始まる宗派は、ふつう浄土宗とよぶ。けれどもその最初期の、念仏に集中する人びとの熱狂的なあり方は、念仏宗とよぶにふさわしい。本書ではあえて、念仏宗とよぶことにする。）

＊

法然の念仏宗が、どのように革命的な信仰だったかは、第２章で集中的に検討する。

ここでは、その前提として、法然が現れるまえの浄土思想が、どのようなものだったかをみておく。

三つの書物

法然の念仏宗がどれほどとんがった主張だったか理解するため、書物を三つとりあげよう。

・源信『往生要集』（九八五年）
・法然『選択本願念仏集』（一一九八年）
・凝念大徳《ぎょうねんだいとく》『八宗綱要』（一二六八年）

『往生要集』は、極楽浄土に往生したいと願う当時の人びとの熱い思いに、あふれている。法然以前の阿弥陀信仰の常識をうかがうのにちょうどよい。

『選択本願念仏集《せんちゃくほんがんねんぶつしゅう》』は、法然の主著である。『往生要集』からおよそ二〇〇年後に書かれている。極楽往生の思想を、称名念仏へと、どのように純化して行ったのか、よくうかがうことができる。

『八宗綱要』は、『選択本願念仏集』よりもさらに遅く、鎌倉時代中期に書かれた。仏教ハンドブックとも言うべき、各宗派の概要をまとめた書物。簡潔で、しかもレヴェルが高い。今日に至るまで定番のテキストとして重宝されてきた。

そこで以下、時代の順序が前後するが、まず『八宗綱要』で念仏宗がどのように記述されているか、確認しよう。そのあと、『往生要集』の特徴を明らかにする。それから章を改め、法然の『選択本願念仏集』のロジックを詳しく追うことにする。

八宗とはなにか

『八宗綱要』は、日本の仏教の概説書である。「八宗」は、実際に八つの宗派を取りあげているのだが、「全部」というニュアンスでもある。具体的には、

・倶舎宗
・成実宗
・律宗

・法相宗
・三論宗
・華厳宗
・天台宗
・真言宗

の八宗。つまり、南都の六宗、プラス、平安の二宗（天台宗、真言宗）である。

＊

凝念大徳が『八宗綱要』を著した当時、すでに、法然や親鸞の念仏宗、栄西や道元の禅宗が興りつつあった。ただ、八宗と並ぶような、宗派として成立するのか、はっきり見通せなかった。むしろ、比叡山をはじめとする既存の宗派から、念仏宗は激しく攻撃されていた。そこで凝念は、「十宗」とはしないで、代わりに「付章」として、禅宗と念仏宗についてごく簡単にのべるにとどめている。当時の人びとの常識に即した扱い方だったと言うべきだろう。

凝念という人物

凝念は一二四〇年に伊予で生まれた。一八歳のとき、東大寺で具足戒を受けた華厳宗の僧侶である。華厳のほか、律や真言なども学んだようだ。二二歳のとき、京都九品寺の長西から浄土教の教えを学んだという。二九歳のとき『八宗綱要』を著した。一三二一年に病没するまで、一生を著述と講演に明け暮れ、膨大な量の、しかも質の高い著述を遺している。

「浄土教」はおまけ

『八宗綱要』の附説（おまけ）として、禅宗と浄土教に触れている。ごく短いものなので、引用しておこう（平川一九八〇－一九八一：八三二頁）。

《夫諸宗義理沖邈難測。今渧一毛、以霑初心。日本所伝、自昔已来、共許所翫、唯此八宗。然八宗外、禅宗及浄土教、盛而弘通。》

（そもそも諸宗の教義は深遠で測りがたい。本書は九牛の一毛、大海の一滴にすぎないが、初学者の求めに応じた。日本に昔から伝わり、一般に認められているのは、この八宗だけである。でも八宗のほかにも、禅宗と浄土の教えが盛んに広まっている。）

禅宗について

凝念はまず、禅宗について、つぎのようにのべる（平川一九八〇－一九八一：八三五頁）。

《彼禅宗者、仏法玄底、甚深微妙。本来無一物、本無煩悩。元是菩提。達磨西来、不立文字。直指人心、見性成仏。不同余宗森森万法、相違法義、重重扣論。》

（かの禅宗は、仏法の根底にふれ、とても深くて微妙である。「本来無一物」（恵能の言葉）といい、そもそも煩悩はなく元々が菩提だとする。ダルマがインドから来て、テキストに頼らず、無媒介に人間の精神に分け入り、仏性をみてとれば仏になるとする。他の宗派が種々に教義を立て、ぐるぐる議論を戦わせるのとは異なる。）

《天竺二十八祖、以心伝心。彼第二十八祖、達磨大師、梁世伝之漢地、乃至六祖次第相承。然五祖之下、南北二宗始分。六祖南宗之末、漸分五家。道玫律師、承北宗之禅、伝之日本、又伝教大師、自大唐国、伝於此宗、名仏心宗。近来名徳、亦自宋朝而伝之矣。日本諸処、盛以弘伝。》

（インドの二十八祖が心から心に伝え、二十八祖の達磨大師が梁の時代に中国に伝え、六祖恵能まで師資相承された。五祖弘忍の下に南宗と北宗が分かれ、六祖恵能の南宗から五家が分かれた。道玫律師は北宗禅を継承し、日本に伝えた。伝教大師も唐から禅を日本に伝え、仏心宗と名づけた。近年も名僧が宋から日本に禅を伝え、日本の至るところで、盛んに広まっている。）

浄土宗の教え

凝念は続けて、浄土の教えについてのべる（平川一九八〇－一九八一：八四〇頁）。

《又浄土宗教、日域広行。凡此教意、具縛凡夫、欣楽浄土、以所修業、往生浄土。西方浄土、縁深于此土、念仏修行、劣機特為易。生浄土、後乃至成仏。》

（また、浄土宗の教えも、日本に広まっている。そもそもこの教えの意味は、煩悩に縛られた凡夫が、浄土に往生することを楽しみにして、念仏の業を修めることで、浄土に往生するというものである。西方浄土は、この地と縁が深い。念仏修行は劣った機根の者にはとりわけやり易い。浄土に生まれたあと、そこでさらに成仏するのである。）

《汎而言之、一切諸行、廻向浄土、名浄土門、修行万行、期於此成、名聖道門。諸教諸宗、皆是聖道、欣求往生、是浄土門。》

（この教えをまとめて言えば、一切の善行を、浄土への往生に回向するのである。浄土門という。それに対して、さまざまな修行をして、この地で成仏するのが、聖道門である。さまざまな教えや宗派はみな聖道門で、浄土往生を求めるのが浄土門である。）

《源出於起信論、継在龍樹論教。天親菩薩菩提留支曇鸞道綽善導懐感等、乃至日域、咸作解釈、競而弘通。日本近代已来、此教特盛。》

（この浄土門の教えはもともと、馬鳴《めみょう》の『大乗起信論』に出ている。龍樹の『十住毘婆沙論』『大智度論』に説かれ、天親『浄土論』に説かれ、菩提留支はこれを漢訳し、曇鸞の『浄土論註』に説かれ、道綽、善導、懐感《えかん》らがさらに教えを深め、日本にも伝わった。さまざまな解釈が競い合って、広まっている。近年日本では、この教えがとても盛んである。）

十宗としない

続けて凝念は、禅宗と浄土の教えを加えて十宗とはしないことをのべる（平川一九八〇－一九八一：八四四頁）。

《若加此二宗、即成十宗。然常途所因、其啻八宗而已。》

（もしこの二宗を加えるなら、十宗となる。ただし、ふつうには、八宗だけがあることになっている。）

凝念が『八宗綱要』を書いた鎌倉時代中期には、法然らの念仏宗も、禅宗も、無視できない大きな運動となっていた。けれども、念仏宗や禅宗が、平安時代に確立した「八宗」に並びうるものかどうか、論争の最中であった。凝念の慎重な書きぶりから、そのことがわかる。

1・3　源信の『往生要集』

ここでいったん時代をさかのぼって、往生の思想をわが国に定着させた、源信の『往生要集』をとりあげよう。

源信という人物

源信（恵心僧都《えしんそうず》）は九四二年、大和国（今の奈良県）当麻郷に生まれた。紫式部や藤原道長とおよそ同時代の人物である。

父は占部正親、母は清原氏。占部はもと、亀卜《きぼく》などをつかさどる家柄である。父の正親がどんな仕事に就いていたか、伝わっていない。父は源信が七歳のとき死去した。元服の前に比叡山にのぼり、良源の弟子となる。優秀な学僧で、天台の教学を広く学んだ。三二歳のとき、広学竪義（公開試験のようなもの）に合格し、名声を博す。世に流されるな、仏道に励めと母に叱責される。横川（良源が整備した比叡山の一角）の首楞厳院《しゅりょうごんいん》で著述や後進の指導を続けた。

『往生要集』を書き始めたのは九八四年、四三歳のとき。師の良源が病をえたのがきっかけという。やがて良源は死去。それでも翌年には完成しているので、筆才には恵まれていたと言えよう。『往生要集』は評判となり、多くの僧俗の人びとが座右の書として往生を願った。

『往生要集』は、「二十五三昧会《ざんまいえ》」という念仏結社を生み出した。源信もそのメンバーとなる。晩年も横川で著述を続け、一〇一七年に七六歳で亡くなった。

天台と念仏

源信は、往生の思想をリードし、往生を願う一生を過ごした。

けれども終生、天台宗の僧であった。天台宗のさまざまな教学や修行の一環として、念仏の行があった。中国でも、往生を願う念仏の行は、さまざまな宗派にまたがっていた。日本でも、往生を願う念仏の行は、天台をはじめ多くの宗派で行なわれていた。俗世の人びとのあいだでも、往生は大きな関心を集めた。空也《くうや》のような市《いち》の聖《ひじり》も現れた。往生は当時のブームだったのである。

『往生要集』は天台の教学をはみ出し、そうした人びとの思いにこたえるものだった。

＊

天台宗は、法華経を最高の経典だとする。仏の道を歩む者は菩薩として、無量の時間のなかを修行し続けるのが、正しい道だとする。

ただそのいっぽうで、浄土経典も、釈尊が説いた教えに間違いないと認める。浄土経典には、この世界の衆生を、極楽浄土に往生させようという阿弥陀仏（の前生である法蔵菩薩）の本願が記してある。その本願にすがって、浄土に往生することを人びとが願うのを、止めることはできない。

無量時間の菩薩行が主で、往生念仏が従。これが天台のシステムだった。

源信も、この天台のシステムのなかで、念仏し往生を願った。ほとんどそれだけしかしなかったと言ってもよい。でも、だからと言って、天台の修行のシステムが無意味だとか念仏より価値が低いとか、言うことはなかった。往生の思想は、天台のなかの往生念仏だったのである。

抜け道としての極楽往生

そもそも人びとは、なぜ往生に惹かれたのか。

極楽浄土への往生は、いわば、抜け道（ショートカット）のようなものである。

釈尊の教えに導かれ、成仏を人びとはめざしている。しかし成仏は、簡単でない。生まれ変わり死に変わりを果てしなく繰り返し、ようやく成仏にたどりつく（歴劫成仏）。出家した僧たちはとくに覚悟して、それをめざして頑張っている。もっとも内心、不安で仕方がない。まして在家の人びとは、善根を積むことすらむずかしい。むしろ地獄に堕ちるかもしれない。覚りに向かうのは自力（自己責任）である。その資質も能力もない人びとは、修行して成仏するのはあきらめ、極楽浄土に往生することを願うしか、ないではないか。

釈尊の教えがあくまでも正しく価値があると信じられている。だが同時に、それが極端に困難だと思われている。だからこそ、抜け道（ショートカット）が魅力的に映ずる。抜け道を通れば確実に、成仏という最終目的に到達できるのだから。

勧学会

「勧学会《かんがくえ》」という念仏者の集まりが、当時あった。源信が参加した記録はない。けれども源信の周辺の人物が加わっている。源信は、勧学会のことをよく知っていたろう。

源信が参加したのは、これより二〇年ほどあとに結ばれた、「二十五三昧会」という念仏の結社である。源信はその熱心なメンバーとなり、メンバーに看取られて亡くなっている。

源信が『往生要集』を書いたのは、この勧学会と二十五三昧会に挟まれたあいだの時期である。まず、勧学会がどんなものだったか、ざっとみておこう。

＊

勧学会の中心人物は、慶滋保胤《よししげのやすたね》。大学寮の学生《がくしょう》であった。

大学寮の学生らと、天台宗比叡山横川の首楞厳院の僧らが、九六四年に、勧学会なるサークルをつくった。《法華と念仏の併修》(石田：四二八頁)の会合である。年二回、寺に集まり、《法華の講義を聞いた後、法華の経文に題を求めて詩文を作り、夜は念仏して暁に及ぶ》(石田：四二八頁)のが通例だったという。知的雰囲気の漂う、異業種交流の同好サークルのようである。念仏はしたけれども、命懸けというほどではない。

勧学会は、しばらく続いたが、次第にメンバーが減っていったらしい。慶滋保胤は九八六年に出家して、横川に入った。勧学会はそのころ、自然消滅したようである。

保胤は、源信の友人だった。源信は彼を通じて、勧学会のことをよく知っていたと思われる。

二十五三昧会

二十五三昧会は、念仏を、もっと本格的に実践することを目的にした結社である。

この会が成立したのは、九八六年のこと。保胤が出家したのと同じ年である。この会の起請《きしょう》や発願文《ほつがんもん》が残っている。源信も『横川首楞厳院二十五三昧式』を書き残している。

横川は、延暦寺の中心エリアから北に五キロほど離れており、円仁が開いた一帯。九四九年には良源が住まって、寺域を整備した。首楞厳院と称する。

首楞厳三昧会は、この首楞厳院に住む僧ら二十五名が集まって結成した。源信も、途中から参加している。その活動をまとめると、だいたいつぎのようである。

・毎月一五日に二十五名が集まって、念仏三昧の修行をする。
・メンバーは規律を守り、違反した者はやめさせ、代わりを加入させる。
・往生院なる建物を設け、病気で死にそうになったメンバーを住まわせる。
・二人がペアを組んで、二四時間、一人が看病、一人が念仏を行なう。
・埋葬の際、光明真言を唱え、土砂加持を行なう。
・メンバーの墓地（花台廟）を決め、年に春秋二回集まって念仏会を行なう。

・残ったメンバーは、欠けたメンバーと縁を保ち続ける。

臨終の看取りに焦点をあてた、本気の念仏結社であることがわかる。

＊

名簿が残っている。若い僧もいるが、高齢の僧もいる。すぐれた学識よりも、本気で念仏往生を祈念するかどうかが求められた。

メンバーがどういう順序で死ぬかはわからない。その臨終の際のターミナルケアを、互いが担当すると約束するのだ。往生を確実にするため、本人も努力し、周りも助力する。

往生しそこなうといけないので、埋葬の際に、真言の加持も行なった。呪文を唱えた土をかけると、往生に効果があるとされていた。真言密教を排除していない。

メンバーが欠けると順に補充して、結社が永続するように設計してある。勧学会の「サークル気分」は一掃され、往生それ自体にフォーカスした真剣な念仏結社だ。

＊

首楞厳院の二十五三昧会は特殊な事例ではなく、似たような念仏グループの試みが、当時はいくつもあったらしい。臨終の床におおぜいが集まり、念仏を行じた。『往生要集』はこうした人びとの往生信仰の、マニュアルとして機能した。

阿弥陀来迎

なぜ二十五三昧会のような、前のめりの念仏結社が必要だったのか。

それは、臨終のそのとき、極楽往生するか否かが決まると信じられていたからだ。臨終の床に臥す当人はひたすら念仏を唱える。阿弥陀来迎を目のあたりにして、極楽に往生するのだと自覚できる。とりまく人びとも念仏を唱え、雰囲気をもりあげる。臨終の場は、極楽往生のイベントと化すのである。

臨終する当人は、イベントの焦点ではあるが、イベントを主宰することはできない。そこで、メンバーを限って、相互にサーヴィスを約束する、「講」のような誓約集団を形成できると心強い。メンバーは僧侶であるから、一人ひとりの念仏や加持や、儀礼を行なう能力は高い。

亡くなったあと、死んだ当人がメンバーの夢に現れて、極楽に往生できましたと報告する場合があった。往生の様子やこうした夢を根拠に、誰それは往生をとげました、と判定した。

地獄のパノラマ

では、『往生要集』はどういう書物なのか。

冒頭、まず人びとの目を奪うのは、地獄についての微に入り細をうがった描写である。これでもか、これでもかと、凄惨な地獄の様子が描かれる。

*

地獄は八つある。等活地獄、黒縄地獄、衆合地獄、叫喚地獄、大叫喚地獄、焦熱地獄、大焦熱地獄、無間《むげん》地獄、である。

最初の等活地獄は、地下一千由旬《ゆじゅん》（一由旬は一四・四キロともいう）のところにあり、一万由旬四方の大きさである。とてつもなく広い。

等活地獄の罪人は互いに、鉄の爪で相手を切り裂く。血肉がなくなり骨しか残らない。獄卒が鉄棒で打つので身体が砕けてしまう。あるいは、鋭利な刀で肉や魚のように切り刻まれてしまう。風が吹くと元のように生き返り、また同じ苦しみを味わう。（等活とは、等しくよみがえる、の意味である。）

この地獄には、門外に、一六の別処（ブランチ）があるという。そのうち七つが紹介してある。屎泥処、刀輪処、甕熟処、多苦処、闇冥処、不喜処、極苦処。それぞれ生前に犯した罪の種類により、責め苦を受ける。なお残りの九つについては、出典となる経典論書にも説明が書いてない、と但し書きがある。

等活地獄は、これでも、これらの地獄のなかでいちばん軽いのだという。

＊

等活地獄の下には、黒縄地獄がある。以下、地獄は縦に深く並んでいる。下になるほど地獄の規模は大がかりになり、いちばん下の無間地獄（阿鼻地獄ともいう）は、八万由旬四方の大きさで、七重の鉄の壁と網で囲われており、四隅に四十由旬もの大きさの銅製の犬がいる。

無間地獄の苦しさは、それ以外の地獄の苦しみを合わせたより千倍の苦しさである。五逆罪を犯すなどの重罪人が、この地獄に堕される。無間地獄の罪人は、大焦熱地獄の罪人をみると、自在天をみるようでうらやましいのだという。

無間地獄にも別処がある。たとえば、鉄野干食処《てつやかんじきしょ》では、鉄の瓦が降ってきて身体が砕かれる。閻《えん》婆度処《ばどしょ》では、閻婆という大きな鳥が罪人をくわえて空中から落とすとばらばらになる。などなど。

『往生要集』の章立て

このように、迫力満点の地獄の描写から始まる『往生要集』は、全部で一〇章からなる。源信ののべるところによると、《惣有十門、分為三巻》(全部で一〇章で、それを三巻に分ける)(石田三二四頁)で、なかみは以下のとおり。

一、厭離穢土(この世界のよくない様子)
二、欣求浄土(浄土を求める)
三、極楽証拠(なぜ極楽がよいのか)
四、正修念仏(念仏の修行をする)
五、助念方法(念仏の助けとなる方法)
六、別時念仏(特定のときに行なう念仏)

七、念仏利益（念仏をするとどういうよいことがあるか）
八、念仏証拠（念仏を勧める根拠）
九、往生諸行（浄土に生まれるためのさまざまな修行）
十、問答料簡（問答形式による説明）

なお『往生要集』では、「大文第一」と書いて、第一章を意味する。

厭離穢土

第一章の厭離穢土《おんりえど》は、この世界の苦悩の様相を明らかにする。その極端な場合が、さきほど紹介した地獄である。地獄も、この世界（欲界）の一部である。

『往生要集』は、この世界を順番に説明していく。

・地獄
・餓鬼道（閻魔王界と、人・天の間と、二箇所にある）
・畜生道（禽類、獣類、虫類の三つに分かれる）
・阿修羅道
・人道（不浄の相、苦の相、無常の相、の三つがある）

・天道（欲界、色界、無色界、の三つがある）

人びとは、これら六道のあいだで、輪廻を繰り返す。これは仏教の標準的な教えである。源信はさまざまな経典や論書を豊富に引用して、議論を固めていく。

*

この世界は、どこもかしこも穢土なのか。ちょっと見るとよさそうな、天道はどうなのか。なにしろ天に生まれることは、バラモン教、ヒンドゥー教では理想とされていた。

源信の説明をみよう。天といっても数多いので、いちいち具体的にのべることはできない。一カ所についてのべ、他を類推してほしい。《かの忉利天の如きは、快楽極りなしといへども、命終に臨む時は五衰の相現ず。…この相現ずる時、天女・眷属、皆悉く遠離して、これを棄つること草の如し。》（石田：四一頁）天女は、過ぎ去った華やかなセレブ生活の日々を回顧する。寿命を延ばして、沃焦海（阿鼻地獄の近くにある）に堕さないで、と嘆願する。《当に知るべし、この苦は地獄よりも甚だしきことを。》（石田：四二頁）無理やりの理屈にも聞こえるが、源信の典拠は、正法念処経である。

この世界が、価値のない苦しい場所（穢土）であることは、こうして証明された。

欣求浄土

『往生要集』の大事なポイントを、続けて順にみていこう。

第二章の欣求浄土《ごんぐじょうど》は、極楽がすばらしいことの証明である。聖衆来迎（みなで迎えに来てくれる）の楽、蓮華初開の楽、身相神通の楽、五妙境界の楽、快楽無退の楽、引接結縁の楽、聖衆倶会の楽、見仏聞法の楽、随心供仏の楽、増進仏道の楽、の十の楽がある。

これらもまた、さまざまな経典や論書を引用して論証する。

極楽証拠

第三章の極楽証拠は、そのほかの選択肢よりも、極楽浄土がよいことの証明である。

問、十方に浄土があるのに、なぜ極楽なのか。答、天台大師が諸経を引用してそうのべている。迦才もそうのべている。私も、法華経以下、数えきれない経典にそうのべていますよとつけ加えよう。

問、なぜ極楽でなければだめなのか。答、《たとひ余の浄土を勧むとも、またこの難を避れず。仏意、測り難し。ただ仰信すべし。》ほかの浄土だとしても、なぜその浄土か、と論難されるだけだ。釈尊の意図はわからないから、信じればよい。――論証になっているのかよくわからない。理屈では説明できない、ということだ。

極楽（阿弥陀仏の浄土）と兜率天（弥勒菩薩の浄土）とはどちらがよいか。

懐感禅師は群疑論で、十二の点で極楽が優れているとのべている。そのあともいろいろとのべ、結局、《もし別縁あらば余方もまた佳し。およそ意楽に随ふべし。》（石田：八六頁）と結論する。実際、源信は、兜率天への往生も魅力に思っていたという。

正修念仏

第四章の正修念仏は、《一には礼拝門、二には讃歎門、三には作願門、四には観察門、五には回向門》（石田：八七頁）の、五つがあるという。以上は、世親の往生論による。

礼拝とは、《五体を地に投げ、遥かに西方の阿弥陀仏を礼したてまつる》こと。

讃歎とは、阿弥陀仏に対する帰依を、口に出して唱えること。

作願とは、発菩提心を起こすこと。

観察とは、阿弥陀仏の姿をありありと想い浮かべること。

回向とは、自分の善行や功徳を、他に差し向けること。

＊

観察門をさらに詳しくみてみる。

「念仏」といえば当時、仏の姿をありありとイメージする「観仏」のことだった。（「南無阿弥陀仏」と唱える称名念仏こそが「念仏」だと理解するようになったのは、法然以後である。）

この観察には、三つある。《一には別相観、二には惣相観、三には雑略観なり。》（石田：一一八頁）

別相観とは、《まず阿弥陀仏が坐している蓮華の座を観想し、ついで仏の相好の一つ一つを観想することである。》（小原：一四三頁）相好とは、仏の身体の特徴のこと。『往生要集』で源信は、《肉髻、毛髪、耳、額、顔、白毫、睫毛、眼、鼻、歯、舌、…から足の裏の千幅輪…に至る》（小原：一四三頁）まで、四十二の部位について観察のやり方を詳述している。見たこともないものを、ありありと観ずるのはむずかしいだろう。かなりの訓練と精神集中を必要とする。

惣相観とは、仏の身体の各部でなく、その全体を観ずること。

雑略観とは、阿弥陀仏の眉間の白毫をじっと観ずること。《かの仏の眉間に一の白毫あり。右に旋りて宛転せること、五須弥の如し。中に於てまた八万四千の好あり。》白毫は右回りにとぐろを巻いていて、須弥山のように巨大である。その白毫に、八万四千のすぐれた特徴がある、という。《行住坐臥、語黙作々に、常にこの念を以て胸の中に在くこと、飢ゑて食を念ふが如く、渇して水を追ふ如くせよ。》四六時中、話しているときも黙っているときも、白毫を観じ続けなさい。初心者向けだというが、かなりハードな修行である。

助念方法

第五章の助念方法とは、上記の念仏をサポートする補助的な七つの方法のこと。《一には方処供具、二には修行の相貌、三には対治懈怠、四には止悪修善、五には懺悔衆罪、六には対治魔事、七には惣結要行なり。》（石田：一四三頁）

方処供具とは、花を捧げるなどして、仏を供養すること。

修行の相貌とは、摂論集などにもとづき、四通りの修行をすること。

対治懈怠とは、怠惰な心を抑えること。経典の内容を思い出すなどする。

止悪修善とは、悪をとどめて善を行なうこと。経典を読むと効果がある。

懺悔衆罪とは、犯した多くの罪を懺悔すること。その日のうちに懺悔するのがよい。

対治魔事とは、魔のはたらきを抑えること。偏った考えや人間関係のトラブルのことである。

惣結要行とは、往生にとって必要な修行のまとめのこと。

このように、さまざまな修行がプラスになるとしているので、議論が拡散する。

別時念仏

第六章の別時念仏とは、《尋常の別行》と《臨終の行儀》(石田：一九六頁)。つまり、ふだんのときに時間を限って行なう念仏と、臨終の際の念仏である。

尋常の別行は、三日とか十日とか、時間を区切って念仏を行なうことをいう。『往生要集』の念仏は、観仏（瞑想）なので、四六時中やるわけにはいかない。でも、やらないわけにもいかない。そこで、時間を区切って「念仏タイム」を設定すればよい、という発想だ。

臨終の行儀は、重要なので、詳しく紹介しよう。

＊

《第二に、臨終の行儀とは、まづ行事を明し、次に勧念を明す。》（石田：二〇六頁）まずやり方を説明し、つぎに考え方を説明する、という。

行事のやり方。敷地の西北の角に、無常院を設ける。《もし病者あらば安置して中に置く。》身の回りのものは《貪染》（執着）を生ずるので、別の場所に片づける。大勢でつめかけ、法を念ずる。《堂の中に…立像を置》き、《金薄にてこれに塗り》、像の面を西に向け、右手は挙げ、左手に五色の細長い布を垂らす。病者を像の後ろに置き、左手に五色の布を持つ。看病の者たちは《香を焼き華を散らして病者を荘厳す》（石田：二〇六頁）。

病者は、《面を廻らして西に向け、心もまた専注して阿弥陀仏を観想し、心と口と相応して、声々絶ゆることなく、決定して往生の想、花台の聖衆の来りて迎接するの想を作せ。病人、もし前境（現れたイメージ）を見れば、則ち看病人に向ひて説け。》それを聞いたら記録しなさい。《また病人、もし語ることあたはずは、…必ずすべからくしばしば病人に問ふべし、いかなる境界を見たると。》（石田：二〇七頁）何も言わない場合は、周囲の人びとは、何が見えるかしつこく聞かなければならない。《もし罪相を説かば、傍の人、即ち為に念仏して、助けて同じく懺悔し、必ず罪をして滅せしめよ。》病者が、苦しいとか言えば、周囲のひとは念仏し懺悔して、本人の罪をなくしなさい。

病人の親族が来て、看病する場合は、《酒・肉・五辛を食せる人をあらしむることなかれ。》そういう人が来ても、病人のそばに寄ってはならない。さもないと《正念を失ひ、鬼神交乱し、病人狂死して、三悪道に堕せん。》（石田：二〇七頁）どういう臨終を遂げるかが、往生にとって、決定的に重要な瞬間だと考えられているのだ。

こうした行事のやり方の、出典はどこかというと、《四分律抄の瞻病送終の篇に、中国本伝を引きて云く…》とある。四分律はインドの部派仏教の律（修行のルール）だから、こんなことが書いてあるのはおかしい。中国仏教で、寺院で暮らす僧侶のためにその律を拡充してコメントしたものであろう。そもそも初期仏教に、仏像などなかった。要は、中国風のやり方である。

臨終の勧念

臨終の勧念は、誰かが死にそうな病気になったら、友人同輩が病床に訪れて、つぎのように言うことである。《「仏子、年来の間、…ただ西方の業を修せり。…本より期するところは、この臨終の十念なり。今既に病床に臥す。恐れざるべからず。…目を閉ぢ、合掌して、一心に誓期すべし。仏の相好にあらざるより、余の色を見ることなかれ。仏の法音にあらざるより、余の音を聞くことなかれ。…往生の事にあらざるより、余の事を思ふことなかれ。…ただ極楽の七宝の池の中に至りて、初めて応に目を挙げ、合掌して弥陀の尊容を見たてまつり、…海会の聖衆を頂礼して、普賢の行願に悟入すべし」と。》（石田：二〇九頁）病人のもとに大勢で押しかけて、精神集中するようにせっつきなさい、である。

＊

このとき、大事な一〇のポイントがある。

一、《大乗の実智を発して生死の由来を知るべし》（石田：二〇九頁）
二、《まず応にこの界を厭離すべし。》（石田：二一〇頁）
三、《応に、浄土を欣求すべし。》（石田：二一一頁）
四、《往生せんと欲せば、…その業を求むべし。》（石田：二一一頁）
五、《菩提心を発し、かの仏を念ずべし。》（石田：二一二頁）
六、《専ら弥陀如来を念じて、業をして増強ならしむべし。》（石田：二一二頁）
七、《弥陀仏の…色相を念じて、心をして一境に住せしむべし。》（石田：二一二頁）
八、《大悲の光明は決定して来り照したまふ…の念を作すべし。》（石田：二一三頁）
九、《仏は…聖衆と倶に来り、引接…したまふの念を作すべし。》（石田：二一三頁）
十、《「願はくは、仏必ず引接したまへ。」》（石田：二一四頁）
と声に出して言う。

どれも、正しい心のありようである。死にそうでただでさえ苦しいのに、正しい心のありようをしろと、大勢押しかけてきていろいろ言われるのは、たまったものではない。押しかけるほうは、友人同輩を往生させれば、自分の善行にもなるから張り切っている。臨終の病床の混乱が目に浮かぶようである。

念仏利益

第七章の念仏利益《ねんぶつりやく》は、《一には滅罪生善、二には冥得護持、三には現身見仏、四には当来の勝利、五には弥陀の別益、六には引例勧信、七には悪趣の利益》（石田：二三〇頁）、の七つについてのべる。

このうち七の、悪趣の利益についてだけ説明しよう。悪趣の利益とは、悪道に堕ちた者も念仏の利益をうること。源信は、大悲経、菩薩処胎経をひいて論証している。

念仏証拠

第八章の念仏証拠は、なぜ念仏だけを勧めるのか、という根拠を論ずる。

問、どの善業もそれぞれ利益があるのに、なぜ、念仏だけを勧めるのか。それに対する源信の答はこうだ。《今、念仏を勧むるは、これ余の種々の妙行を遮せんとするにはあらず、ただこれ、男女・貴賤、行住坐臥を簡ばず、時処諸縁を論ぜず、これを修するに難からず、乃至、臨終に往生を願ひ求むるに、その便宜を得ること、念仏にしかざればなり。》（石田：二五〇頁）ほかの修行がだめというわけではないが、誰でもいつでも修行しやすく、臨終に往生を願うにもちょうどよいからである、だ。念仏がよいと言うものの、念仏だけとか念仏が絶対だとかは言わない。腰がひけている、と言うべきである。

往生諸行

第九章の往生諸行とは、浄土に生まれるためのさまざまな修行のこと。源信は、大阿弥陀経、弥勒問経、宝積経、などをひいて、詳しく説明する。

＊

観無量寿経では、往生したあとのランクが九つあることになっているのを、紹介している。

・上品上生　…至誠心、深心、廻向発願心をもち経典を読むひと
・上品中生　…経典を読まないが、義趣を解り、因果を信じて大乗を謗らないひと
・上品下生　…因果を信じて大乗を謗らず、無上道心を発すひと
・中品上生　…五戒、八斎戒を保ち、五逆を造らず、善根を廻向するひと
・中品中生　…一日一夜でも八斎戒、五戒を受けてたもったひと
・中品下生　…父母に孝養して、世の仁慈を行なうひと
・下品上生　…悪事を働き、反省せずに、臨終の際に南無阿弥陀仏と唱えたひと
・下品中生　…戒を毀り、臨終の際善知識が教えを説き、八十億劫の罪を除いたひと
・下品下生　…五逆十悪を犯し、臨終の際に善知識に会い、南無無量寿仏と称えたひと

称名念仏によって誰でも救われる、と教えている。が、さまざまな善行によって、極楽往生した

行き先の等級（ランク）が違う。

問答料簡

第十章の問答料簡は、Q＆Aの形式で、一〇のトピックを説明する。《一には極楽の依性《えしょう》、二には往生の階位、三には往生の多少、四には尋常の念相、五には臨終の念相、六には粗心の妙果、七には諸行の勝劣、八には信毀の因縁、九には助道の資縁、十には助道の人法なり。》（石田：二六一頁）

順に、簡単に紹介しよう。

＊

一の極楽の依性とは、極楽浄土の仏国土としてのありさまと阿弥陀仏について。

二の往生の階位とは、極楽に生まれるひとの上品上生〜下品下生の九つのランク。

三の往生の多少とは、極楽に生まれる人びとの人数について。

四の尋常の念相とは、平生の念仏のありさま。

五の臨終の念相とは、臨終の際の念仏のありさま。十念とは十回の念仏のことですか、などの疑問に答える。

六の粗心の妙果とは、正しく往生を願わないで行なう善行も効果があること。

七の諸行の勝劣とは、さまざまな修行の方法の優劣について。

八の信毀の因縁とは、念仏往生を信じることができないのに往生できるかについて。

九の助道の資縁とは、念仏をサポートする外的条件について。

十の助道の人法とは、念仏の助けになる人間と経典について。師や同僚が大切だ。

『往生要集』という書物

以上、『往生要集』の内容のあらましを紹介した。

これが、どういう特徴をもった書物なのか、まとめてみよう。

第一に、天台宗の大枠のなかでの、往生の思想である。

源信は、比叡山延暦寺の僧で、首楞厳院に住し、同輩とともに天台の修行をして一生を送った。その修行のなかでの、阿弥陀信仰であり、極楽浄土への往生の信仰である。歴劫成仏によってこの世界で成仏する、という天台の行法の原則は揺らいでいない。その天台の行法の大枠のなかで、極楽浄土への往生を願う僧俗は多かった。今日の言い方をすれば、天台宗と浄土宗を兼修するのがふつうだった。（今日からみれば、それが「兼修」にみえるだけなのではあるが。）源信は、天台の行法を捨てるように、勧めてもいないし、考えてもいない。

＊

第二に、議論を裏付けるために、さまざまな経典や論書をありったけ引用しまくっている。真言密教だろうが華厳だろうが、龍樹だろうが世親だろうが、どんなテキストでも引用する。多ければ多いほど、人びとが権威を認めていればいるほど、よいという考え方なので、引用が膨らむ。学識の塊りであり、敬意に値する。だが、議論を純化する意図がまったくない。

＊

第三に、源信という人物も多面的である。阿弥陀仏の極楽浄土に往生することを最優先してはいる。けれども、弥勒仏の兜率天に往生するのもよい、と考えていたという記録がある。どれかに集中するというより、あれもこれもという散漫な気質がうかがわれる。

＊

第四に、源信の念仏は、観仏、つまり阿弥陀仏のイメージをありありと頭に刻むことである。目の前にあるものは、目をつぶってもイメージできる。それにひきかえ、阿弥陀仏は目の前にないので、ありありとイメージするのは至難のわざだ。たぶん当麻曼荼羅《たいままんだら》や阿弥陀来迎図などの図像を手助けにしたのだろう。それにしても困難な修行で、とても片手間にはできない。エリート主義である。

＊

第五に、臨終のその瞬間をとりわけ重視する。臨終は誰でも一回きりなので、準備も予測もしにくい。それでも関係者が、そろそろだなと、臨終の病床に集まってくる。そして本人に、阿弥陀仏が見えたかとか、極楽のような気分がするかとか、問いただす。それは、必ず往生できる修行法がないこと、往生できたかどうかは臨終を待たないとわからないこと、を意味する。臨終を重視すれば、平生の修行はそのぶん軽視される。人びとの生活や修行のさまを再組織することもできにくくなる。

＊

第六に、ひとが往生するための条件を特定できていない。仏教は、因果論なので、往生するには相応の原因があるはずだ。その原因は、ひとつには阿弥陀仏の本願である。もうひとつには、往生を願う人間の、善行や信仰である。どちらも往生にプラスになるとは説かれているが、絶対の必要十分条件のかたちではのべられていない。源信自身に迷いがある証拠である。

『往生要集』は安全な常識

『往生要集』は、危険な書物ではない。南都の仏教も、天台も真言も、既存の仏教はそれぞれ価値があり、釈尊の正しい教えにもとづいている。彼ら僧侶が修行を続けるのはよいことだ。貴族や在家の人びとが、堂塔を建て、領地を寄進し、供物をささげ、寺社や僧侶をうやまうのはよいことだ。そして、極楽往生を願うのはよいことだ。そういう論法に乗っかっている。

『往生要集』は、当時の人びとの常識にもとづき、常識をなぞるようにできている。そして、常識を仏典によって補強し、経論によって正当化するように書いてある。このことによって『往生要集』は、人びとの新しい常識となった。

源信の最期

『往生要集』をマニュアルにして、比叡山横川の首楞厳院の僧侶らが念仏結社を結成した。首楞厳院二十五三昧会である。源信もしばらくして、加わっている。

物故者が出るたびにメンバーを補充して、念仏結社は存続した。源信は、古いメンバーの記録を残そうと、物故者の名簿を整理している。

＊

やがて源信自身が、臨終を迎えた。『往生要集』の作法の通りに、往生院に横たわり、阿弥陀仏の像と五色の布で結ばれて、往生のときを待った。しかし、看病の者が気を抜いたすきに、ふと見るともう源信はこと切れていた。マニュアル通りでなくて、失敗である。ほんとうは、看病の者や周囲の者は、念仏を唱えねばならず、源信は、何が見えるか、どんな気分か、報告しなければならなかった。周囲の者は、質問するなどして、答えを記録しなければならなかった。そういうマニュアルを自分で書いたのに、源信はその通りに実行できなかったのである（『楞厳院廿五三昧結衆過去帳』源信伝による、小原：一一頁）。

＊

源信は極楽に往生したのかどうか。生前、弟子に往生するか聞かれて、往生するとしても下品の上生、中生のあたりかなあ、と返事したという（小原：九頁）。死んだあとの源信と夢で話したという弟子もいた。往生はしたものの、新参者は聖衆おおぜいのいちばん外側にいるから、往生したようなしないような、という煮え切らない話だったという（小原：八頁）。要するに、源信が往生をとげたのかどうか、残された周囲の人びとにもはっきりしなかった。

『往生要集』を書いた当人の源信がこのありさまである。それならいったい誰がほんとうに往生するのか。自分は大丈夫か。みんな心配になって当然だ。

往生伝

極楽往生を確実に果たした人物が手本にならなければ、往生の信仰を保ちにくい。そこで、そういう人物の記録を集めた「往生伝」がまとめられた。

わが国では、慶滋保胤の『日本往生極楽記』、大江匡房の『続本朝往生伝』、などがある。『日本往生極楽記』は、『往生要集』より早く成立している。往生伝にあげられている例は、念仏の修行僧で、極楽から迎えに来る夢をみたと言って、そのあと死んだとか、念仏の行を年末まで続け、明くる一月に死んだとか、往生の証拠としては心もとない。

＊

『往生要集』もそうであるが、人びとは往生の「証拠」を求めようとした。

考えればわかるが、往生したかどうかは、往生した当人しか知りえないことである。にもかかわらずその「証拠」を求めることは、信仰のかたちとして未熟であると言われても仕方がない。

1・4　荘園から惣村へ

以上、源信の『往生要集』のなかみをスケッチした。

これは、平安時代の社会のありようを前提にしている。それは荘園制である。

荘園制

荘園は、もともと国有地だった農地を、私有地に再編してしまうこと。国有財産のネコババである。荘園は貴族の権力基盤である。そして財源である。日本の社会も経済も、荘園を中心に回っていた。

日本史を習うと、荘園が存在するのが当たり前のように思えてしまう。そんなことはない。現に律令制の元になった中国では、荘園が全国を覆い尽くすようなことはない。国中が荘園だらけになるなんて、異常事態である。

なぜこんなことになったのか。その順番を考えると、こうである。

＊

まず、中国に匹敵する政府をつくろうと思った。唐と新羅の連合軍に、朝鮮半島でコテンパンに敗れたあと、もっと本格的な戦争になるかもしれないと思ったからである。それには、法制度を整備し、正規軍を組織し、国防を整え、中央集権的な行政機構を樹立しなければならない。そこで中国にそっくりの律令制を採用した。

*

ところが、どうも戦争はなさそうだということになった。中国が攻めてくる気配がない。せっかく整えた律令の国家体制が空ぶりになった。緊張の糸が切れた統治者たちは、国家のことなどどうでもよくなり、自分たちの目先の利益を追い求め始めた。

律令制は、政府が資源をかき集める仕組みだ。いつでも戦争できる態勢である。正規軍を常備する。そんなものは必要ない、と解散してしまった。残ったのは近衛兵と、ボランティアの健児《こんでい》だ。そのうち健児もなしくずしになくなってしまった。

政府は、防衛と安全保障のほか、社会インフラの整備や法秩序の維持にあたるはずだ。でもそんなことをする気がない。死刑の執行すらやめてしまった。

政府職員はやることがない。だから人事に明け暮れる。人事は、彼らの利益の源泉である。そこで本気になる。

政府高官になると、それなりに報酬がでる。でももっとおいしい話は、国有地のはずの農地を自分の私有地にしてしまうことである。ついでに税金も免除する。どうみても不法だが、臨時措置法を乱発して抜け穴をつくる。三世一身法《さんぜいっしんのほう》みたいな。気がつけば、日本中の農地がほとんど荘園になってしまった。

平安貴族の栄華

荘園が増えると、税収が減る。政府職員への報酬も少なくなる。でも気にしない。荘園からの収入（私的なポケットマネー）をえられるので、政府職員は生活に困らない。そして政府職員のポストを世襲して、一族のあいだで権益を独占しようとはかる。

政府職員のポストを世襲するのは、中国の統治の原則から外れている。

儒学は、皇帝や王など、政府のトップの地位が世襲されるのを認める。国家が安定するために必要だから。でも、それ以外の政府職員は、能力主義の抜擢人事で選抜する。さもないと、政府が機能しなくなる。世襲の貴族制は、儒学の官僚制と水と油の関係で、両立できない。

ところが日本では、律令制のもとで、特定の一族が官職を独占的に世襲し、私有地（荘園）も相続する貴族制が盛んになった。日本の荘園制が、どれほど中国の仕組みから逸脱しているのかよくわかるだろう。

*

政府（朝廷）の高いポストを手にすると、荘園を増やせる。荘園が増えると、政府のポストを一族で独り占めにできる。ポスト（人事）と荘園は、ぐるぐるの関係になっている。貴族はいくつかのグループに分かれ、人事抗争を繰り返した。そうして勝ち組になったのが、藤原氏である。

荘園が集積する仕組み

京都には、荘園を多く抱えて権勢をふるう有力貴族が、「権門」として並び立った。人びとは争って彼らに荘園を寄進し、権勢のおこぼれに預かろうとした。寄進とは、自分の荘園を名目上、権門の有力貴族に譲渡し、自分は代官に収まって、ひき続きその荘園を支配し続けることをいう。寄進するからには毎年、収穫の一部を上納しなければならない。そのかわり権門に保護されるので、国司やほかの有力者の介入をはねのけることができる。

この仕組みによって、全国の荘園は、京都の権門を頂点に、いくつもの系統に組織された。そして、自民党の派閥のように、いつも再編を繰り返した。

貴族と寺社

貴族が荘園を所有するように、寺社も荘園を所有した。貴族の荘園が寺社に寄進された。また、地方の荘園も寺社に寄進された。寺社も有力貴族と同様に、権門であった。

貴族は死ぬ。死ぬと、荘園の相続が起こる。相続する子どもが複数いたりして、複雑な所有権の付け替えが起こる。権利関係があいまいになって宙に浮き、横取りされる荘園も出てくる。

寺社は死なない。寺社に一度寄進された荘園は、継続的に管理される。貴族の荘園よりも安定している。そこで時代を経るにつれ、貴族の勢力に比べ、寺社の勢力がじりじり増大していく。

＊

寺社はコストがかかる。僧侶は働かない。大勢の僧侶の生活を維持するため、食費や衣料費などの資源が必要だ。加えて、堂塔伽藍の建築や維持修理に巨額の費用がかかる。寺社の費用はもともと政府が負担するはずだったが、政府にそんな財源はない。寺社が多くの荘園を保有し、その収益によって経費をまかなうのは自然なことなのだ。

＊

荘園は、全国の農民を収奪し、その労働の成果を京都に集め、貴族や寺社が消費する仕組みである。京都は厖大な資源を消費する消費地だ。貴族や僧侶はそれで潤うが、農民は収奪されるばかりで、報われない。

踏みつけにされる農民

当時の経済活動と権力の基盤は、土地である。

土地はそのままでは価値を生まない。そこに農民がいて、耕作し、収穫があってはじめて価値を生む。農民が耕作しなければ、ただの空き地である。

律令制は、公地公民を原則にした。土地は国有地であり、農民にそれを分配する。農民はそれを耕作して生活する。収穫から租税を払う。ほかに労役の負担もある。

問題は、農民の負担が重いことだ。税が重すぎ、生活が苦しい。政府の役人たちは、農民のことなど考えていない。国有地になって、よいことはひとつもない。それまでは豪族に年貢を払っていればよかったが、中央に上納する分が上乗せされる。重い税負担に耐えかねて、逃げ出す農民も出てくる。

＊

逃げ出す先は、私有地（荘園）だ。農民も農耕で生きていかなければならない。私有地は税金を免除されているから、農民の負担を少しは軽くできる。でもなるべく領主や荘園で働く手下の取り分を多くしなければならないから、それなりに負担は重くなる。それにたぶん、荘園は見張りがいて、逃げ出すのは困難だったろう。結局、国有地と似たりよったりの重い負担になるはずだ。

小作農でなく隷属民

当時の農民の生活がどんなだったか。資料がない。歴史書を読んでもよくわからない。

社会学者としては、家族の財産があったかどうか、移動の自由があったかどうか、が気になるポイントだ。財産がなく、移動の自由もなかったとすれば、隷属民。奴隷と同じようなものだ。荘園の手下に命じられていやいや働かされる。希望がないし、生産性も低い。

貴族や寺社は、荘園からたんまり搾り取ることだけ考えている。荘園の手下は、農民をこき使うことだけ考えている。荘園は、農民を収奪する仕組みである。上納されるのは、税ではない。貴族や寺社が吸い上げる私的な収入にすぎない。税ではないから、反対給付は何も与えられない。安全保障も社会インフラも与えられず、農民はただ放置された。

＊

人口の大部分を占める農民は、ほとんど人間扱いされなかった。

よい家に住みよいものを着てよいものを食べ、読み書きができて仏教に触れるのは、貴族か僧侶に限られた。その基盤は荘園だ。農民の犠牲のうえに、彼らセレブの生活が成り立っていた。でも彼らセレブは農民の生活など眼中になかった。喰い詰めた農民は、荘園を飛び出し、路上で野垂れ死にする。誰も片づけないから、死屍累々である。それが当たり前の風景なのだった。

そうこうするうち、武士が登場する。農民の立場もそれにつれて変化する。時代は少しずつだが変わっていく。

武士と荘園

武士の始まりははっきりしない。馬に乗り、直刀ではなく反りのある片刃の刀を用いた。武芸のプロで、運送を業とした。やがて貴族に雇われ、護衛や荘園の管理を任された。

貴族は京都に住む。武士は荘園を警備したり、管理したり、収穫を京都に運んだり、農民との距離が近い。貴族は不在領主である。武士は荘園に住み、やがて在地の領主になっていく。

＊

武士にとって農民は、ただの搾取の対象でない。武士は時間があれば、農業もやる。農民が経済力と権力の基盤であることがよくわかっている。荘園を「経営する」意欲がある。

荘園を経営するには、まず農民の権利を認める。家屋や生産手段や余った農産物などの所有を認める。農民は働く意欲をもつ。生産も拡大し人口も増える。農民同士の結束も固まる。荘園がだんだん、村（惣村）になっていく。武士には、農民の保護者としての側面があるのだ。

日本の村落の歴史を調べると、室町時代にはできて、それから現在まで続いているという。農民の自律的な共同体がそのころできて、ずっと結束を維持していることがわかる。

＊

武士が農村を基盤にするようになると、京都の権門の力が衰えていく。荘園からの収入が滞るようになり、貴族は没落する。寺社の権勢も次第にかげりがみえている。

武士はローカルな武装集団で、互いに対抗している。攻められると危ない。安全のため、互いに主従関係を結び、全国的なネットワークを形成する。貴族や寺社は、荘園を寄進するネットワークを形成した。彼らは武士を必要とした。武士は、自分の領主権を保障（安堵）してくれる、武士団のリーダーに服従する。彼らは貴族や寺社を必要としない。貴族の政権が武家の政権に移行するのは必然的である。

貴族のための仏教

仏教は多額の経費がかかる。先進的であるが、贅沢である。

中国は仏教を国営にした。寺院は国立で、堂塔伽藍は国の資金で建築し、出家は許可制にした。

僧侶は公務員で、生活費は国の経費である。歴代政権のやり方だ。仏教は国の丸抱えになるので、政府の統制を受ける。

日本の仏教もこれを真似した。出家は許可制だ。けれども荘園制が広まると、国の財政が逼迫して、中国のようなやり方ができなくなった。そこで仏教は、貴族を顧客にして、さまざまなサーヴィスを提供した。貴族は対価を払い、荘園も寄進した。寺社は貴族の子弟を受け入れた。荘園は、寺社の財政基盤となった。

*

中国の仏教は、国家のためのサーヴィス（加持祈祷）をした。「鎮護国家」である。日本の仏教も、国家のためのサーヴィスをした。それに加えて、貴族たちへの個別のサーヴィスをした。法要や法会や、加持祈祷である。病気が治るように、安産であるように、政敵が敗れるように。中国ではこうした個人的サーヴィスは、道教の役割だ。道教が日本に密輸入されて、仏教と結びつき、オカルトとなって平安貴族のあいだに大流行した。仏教にとっては資金源だ。

こうしたサーヴィスは、資力がないと受けられない。農民は相手にされなかった。武士は半信半疑で、貴族ほどのめりこまなかった。

本地垂迹説

平安時代の末に、本地垂迹説が唱えられた。本地とは、仏や菩薩の本拠地（インド）のこと。垂迹は移動のこと。インドから仏や菩薩が大勢でやってきて、日本の各地に降り立ち、神々となったという説である。仏典のどこを探してもそんなことは書いてない。けれども仏教側が言い出して、以来幕末まで、日本では定説になった。日本人は、仏と神々を区別しないことにしたのだ。

これにはどういう背景があったか。

いろいろな本を読んでもはっきりしない。推測を含めて考察してみる。

仏は京都の権門のあいだで、権威を保っていた。神々は各地の神社を拠点に勢力を張っていた。本地垂迹説は、寺社権門が、各地の神社を勢力下に収めるという効果がある。神社には神人がいて経済活動などに従事していた。その収益を寺社が吸い取ることができる。

こんなことを考えるのは、寺社権門の荘園からの収益が先細りになって、新たな収益源をみつける必要があったからではないか。当時、ようやく盛んになってきた商業活動を傘下に収めたい。

＊

荘園で、農民の結束と自主性が高まりつつあった。収穫を手許に残すため、寺院への上納に抵抗する。農民のローカルな共同体の背後には、神社がある。

この抵抗を突き崩すのが、本地垂迹説である。神社の神々と仏菩薩の実体が同じなら、仏菩薩のため寺院に上納するのは、神々のためでもある。荘園の農民が、領主への上納をサボタージュしないように圧力をかける意味があったのではないか。

多くの神社では縁起絵巻が書かれた。それによれば神々は、仏教にあこがれ、帰依し、出家したりした。神道と仏教を調和させようとするフィクションである。ただこのストーリーでは、仏菩薩と神々は別々の存在。神々が仏教に帰依するのも、神々の自発的な行動だ。神道と仏教が調和すると言っても、まだ中途半端だ。

本地垂迹説は、「神々＝仏菩薩」だというのだから、もっと強力な主張だ。神道と仏教は、調和するどころではなく、融合してしまう。

農民と仏教

農民が主体性と連帯を強め、村落で結束すると、社会は変化し始める。

第一に、農民を収奪するのがむずかしくなり、荘園からの収益が減少して、権門（貴族や寺院）の勢力が衰える。

第二に、武士の地位が向上する。貴族に雇われたガードマンの立場を脱して、領主となり、また統治者となる。寺院は武士に対抗して、自己武装を試みたが（僧兵）、成功しなかった。

第三に、農民のあいだに、仏教の影響が及び始めた。生活に余裕のできた農民は、自分の置かれた状況やこの世界について理解しようとする。そのきっかけを与えてくれるのが、聖《ひじり》（移動する宗教者）だ。聖たちの活動を通じて、農民たちのあいだに仏教の素地が行き渡っていく。

*

こうした変化を決定づけたのが、鎌倉仏教革命である。

鎌倉仏教革命とは、念仏宗の法然、禅宗の道元、法華宗の日蓮が主導した仏教の革新運動。その主体は、目覚めた農民たちであった。農民を主体に、日本社会は後戻りできない変化をとげる。

それでは、法然の活動からまず見ていこう。

第2章　法　然

法然は、日本仏教の革命家である。

法然より前から、往生の思想はあった。源信は『往生要集』を著し、極楽往生の教えを説いた。僧侶も俗人も思い思いに、往生に役立ちそうな善行を重ねた。

法然の興した念仏宗は、そうしたものとは、異次元の教えである。そして、爆発的に広まった。それはしばしば、「民衆にわかりやすい平易な教えだから」などと説明される。そんな生やさしいものではない。突き抜けるような「純化」の迫力によって仏教の全体を再組織してしまう、体系性と徹底性のゆえである。そして当時の閉塞した社会状況を、鮮やかに切り開く世界観を提供したゆえである。それは、鎌倉仏教「革命」の名にふさわしい。

なぜかこのことは、これまで十分に気づかれず、語られてこなかった。法然の念仏宗がどれほど革命的なものか、改めて強調しておきたい。

2・1　法然とは誰か

武士の子、法然

法然は一一三三年、美作国《みまさか》（いまの岡山県）久米の稲岡庄に生まれた。源信は九四二年の生まれだから、およそ二〇〇年後のことである。

この間、平安の貴族政治と権門体制は爛熟し、その挙げ句に、崩壊に向かいつつあった。法然はそういう、時代の底にうねる矛盾と軋轢のエネルギーをもっとも的確にとらえ、それに言葉を与えた。

法然の父は、漆間《うるま》時国といい、久米郡の横領使《おうりょうし》をつとめていた。横領使は地方官人、武士の家である。母は秦氏の出という。

ところが父・時国は、法然が九歳のとき、明石定明に襲撃され、討たれてしまう。定明は、稲岡庄の預所で、堀河天皇の所領。時国とのあいだでいざこざがあったらしい。

事件のあと、一家は離散の憂き目にあう。母の秦氏のその後は、記録がない。法然は、近くの菩提寺に逃れ、匿われた。定明にみつかると命が危ない。こうした運命のいたずらから、法然は仏の道をおのれの人生とすることになった。

比叡山の学僧となる

法然が京にのぼり比叡山に入るのは、一三歳のとき。はじめ地法房源光が師となる。二年後、功徳院皇円のもとに移った。皇円は関白藤原道兼の曾孫で、有力者である。法然が優秀なので、周囲が彼の将来を考えたのであろう。

一五歳のとき、比叡山の戒壇院で大乗戒を受ける。カリキュラム通りに、天台教学を学んだはずだ。

ところが一八歳のとき法然は、皇円のもとを離れ、比叡山西塔の別所、黒谷の叡空のもとに移った。これは、よほど大きな思想の転機だと思われる。

*

当時、寺院は、比叡山であれどこであれ、世俗の汚濁にまみれていた。

寺院には、最先端の建築がずらりと並び、大勢の僧侶が生活していて、とにかく費用がかかる。それを、有力貴族が支えていた。荘園を、寺院に寄進して、そこからの歳入を寺院の経費にあてるのである。

これにともない、有力貴族の発言権が大きくなる。朝廷は、僧正、僧都など僧官の人事権を握っていた。貴族の子弟を送り込み、座主など有力ポストに就けようとすることもあった。寺院の外郭施設を設け、そのポスト（門跡）を身内に世襲させる場合もあった。寺院本体よりも、門跡の勢力のほうが大きくなる場合もあった。要するに寺院は、出家者の集まりで世俗社会の外にあるはずなのに、世俗社会と同様に門地家柄が幅を利かせ、経済的利害や権謀術策や派閥抗争の渦巻く場と成り果てていたのである。

＊

そこで、仏道を志し初心を貫こうとする者は、寺院からも「出家」しなければならなくなる。これが、別所である。別所は、寺院が管理する通常の建物から離れたエリアに、簡素な家屋（プレハブ）を建て、志ある僧たちが合宿して研鑽を積む場所のこと。私は大学院やオーバードクターの時代、小室直樹博士のゼミや言語研究会といった、非公式のゼミや研究会で学んでいたのだが、いま思えば「別所」だったと言える。

別所は、非公式な活動だから、経済的資源に恵まれない。別に調達しなければならない。おそらくサポーターがいて、細々と維持運営されていたのだろう。

＊

黒谷の別所に移った法然は、念仏に沈潜していく。黒谷の別所に移ったのは、そもそも浄土への往生の可能性を究めるためだったと想像される。

黒谷は、源信の『往生要集』の伝統を受け継ぎ、二十五三昧会を結ぶことで知られていた。叡空は黒谷の指導者の一人で、彼に、法然房という房号を与えた。法然は以後、法然房源空、と名のることになる。法然は、一八歳で叡空の門に入ってから一一七五年に山を降りるまでの二五年間、黒谷で修行を続けた。（このあたりの伝記的事実は、田村圓澄『法然』一九五九、吉川弘文館によっている。）

比叡山を降りる

思索に思索を重ねた法然がついに独自の境地を開き、専修念仏の教義を確信したのは、四三歳のときのことだという。同時に、黒谷を出た。そして京都に下り、まもなく東山大谷に住む。市井の俗人と交わることが、念仏にとって本質的だと確信したのであろう。その地で念仏を説き、門弟や支持者が増えていく。

法然は時の有力者・九条兼実の帰依を受け、往生を説いた。兼実の求めで、『選択本願念仏集』を著した。一一九八年のことである。

法然には多くの伝記があるが、確実に法然に帰依したと思われる有力者は、九条兼実だけだ。

流罪と最期

法然の専修念仏の主張は当時、極端すぎる主張と受け取られた。

仏教は覚りを究極の目標とする。釈尊が覚ったように、釈尊を慕い釈尊に続く人びともみな、覚りをえたい。その目標はひとつであるが、手段はひとつと決まっていない。経典や論書や宗派によって、さまざまな修行の方法が提案されてきた。それなのに法然は、称名念仏こそがただひとつの修行法だと主張する。ほかの修行法はやるだけムダで、やらないほうがよろしい。既存の教団は、なぜそんな主張ができるのか、メチャメチャだ、根拠を示せと、大騒ぎになった。仏教界全体にケンカを売っているのだから、当然だ。

*

にもかかわらず多くの、とくに庶民階層の人びとが念仏信者となった。法然の念仏の主張が、すんなり農民の心に届いたということだ。既存の寺院は、これに脅威を覚えた。南都の興福寺や、比叡山延暦寺などが、念仏停止《ねんぶつちょうじ》を朝廷に訴えた。

一二〇七年には、法然は捕らえられ、土佐に流罪となった。弟子たちも捕らえられ、親鸞は越後に流罪となった。法然が七五歳のときである。法然は土佐に入る前に赦され戻ったが、京都には入れず摂津に逗留した。

一二一一年には京都に戻ることが許された。七九歳。慈円（兼実の弟）の手配で、大谷の禅房が住まいにあてられた。翌年、体調がすぐれなくなり、一月二五日の昼ごろ入滅した。五色の布で仏像と結ぶやり方は、しないと言ってしなかった。

一枚起請文

長年、法然に従った源智が、念仏の肝要について一筆いただき形見にしたいと願うと、書いたのが、つぎの「一枚起請文」である。

《もろこし我がてうに、もろ〳〵の智者達のさたし申さるゝ、観念の念ニモ非ズ。又学文をして念の心を悟リテ申念仏ニモ非ズ。たゞ往生極楽のためニハ、南無阿弥陀仏と申て、疑なく往生スルゾト思とりテ、申外ニハ別ノ子さい候ハず。但三心四修と申事ノ候ハ、皆決定して南無阿弥陀仏にて往生スルゾト思フ内ニ籠リ候也。此外ニをくふかき事を存ぜバ、二尊ノあハれみニハヅレ、本願ニもれ候べし。念仏を信ゼン人ハ、たとひ一代ノ法ヲ能々学ストモ、一文不知ノ愚とんの身ニナシテ、尼入道ノ無ちノともがらニ同しテ、ちしゃノふるまいヲせずして、只一かうに念仏すべし。》（大橋一九九一：一六四頁）

これを私流に訳してみると、こうなる。

《中国や日本のインテリ達があれこれ言っている観相の念仏でもない。経典を読んでそうかと合点してやる念仏でもない。極楽に往生するには「南無阿弥陀仏」と称えて、疑いなく往生するぞと思って念仏する。そのほか余計なことはない。三心四修などのたぐいは、さあきっと南無阿弥陀仏で往生するぞと思うことのうちに、含まれている。これ以外に奥義があると思うのは、釈迦仏、阿弥陀仏の憐れみに外れ、本願からこぼれてしまう。念仏を信じるひとは、たとえお勉強がよくできたとしても、字が読めない愚鈍の身になって、尼入道（男女のナンチャッテ出家者）の無知な人びとと同類になって、インテリぶらないで、ただひたすら念仏するの

がよい。》

法然が生涯をかけて編み出した専修念仏の本質が、にじみ出ている。名文である。

念仏停止

法然が放った念仏の炎は、またたく間に全国に燃え広がった。枯れ草のように、救いのメッセージを待ち望む多くの庶民がいたということである。なぜそんなにも多くの人びとが救いを必要としたのか。これはじっくり考える値打ちのある問題だ。

法然は京都から動かなかったが、弟子たちは活動的に動き回った。これだけ大きな運動になってしまうと、統制がとれるものではない。法然の意に反する異説を唱える弟子たちも現れた。

寺社権門は、専修念仏を、反社会的運動のように受け止めた。法然の没後も、繰り返し念仏停止を求める動きが起こった。※念仏僧は、黒い衣を着ていた。比叡山の僧らは念仏僧をみかけると、黒い衣をはぎ、乱暴を働いた。

※一二〇五年、解脱坊貞慶によって起案され、興福寺が朝廷に訴えた奏状「興福寺奏状」では、専修念仏に対して、次の九箇条の失を挙げて非難している。「第一　新宗を立つる失」「第二　新像を図する失」「第三　釈尊を軽んずる失」「第四　万善を妨ぐる失」「第五　霊神に背く失」「第六　浄土に暗き失」「第七　念仏を誤る失」「第八　釈衆を損ずる失」「第九　国土を乱る失」。（鎌田茂雄 校注／田中久夫 校注『鎌倉旧仏教』岩波書店、一九七一年、三二頁）

『選択往生念仏集』の版木も燃やされた。この書物が印刷されたのは、法然が亡くなった一二一二年の九月である。これを、建暦版という。それまで書写されるなどのかたちで流布していたが、門弟たちから開版の要求が強かったのだ。それから一五年の後、いわゆる嘉禄の法難の際に、延暦寺の門徒が燃やしてしまった（田村：二二〇頁）。この書物の内容が革新的で、他宗派から目の敵にされていたことがわかる。

＊

2・2　『選択本願念仏集』を読む

それではいよいよ、『選択本願念仏集』のなかみを、検証して行こう。

この本は、そう分厚い本ではない。原文は漢文である。

全体の構成

全体は、以下のような見出し文のもと、一六のまとまり（章）に分かれている。

1　道綽禅師、聖道・浄土の二門を立て、しかも聖道を捨てて正しく浄土に帰するの文

2　善導和尚、正雑二行を立てて、雑行を捨てて正行に帰するの文

3　弥陀如来、余行をもって往生の本願としたまはず。ただ念仏をもって往生の本願としたまへるの文

4　三輩念仏往生の文

5　念仏利益の文

6　末法万年の後に、余行ことごとく滅し、特り念仏を留むるの文

7　弥陀の光明、余行の者を照らしたまはず、ただ念仏行者を摂取するの文

8　念仏行者は必ず三心を具足すべきの文

9　念仏の行者は四修の法を行用すべきの文

10　弥陀化仏来迎して、聞経の善を讃歎したまはず、ただ念仏の行を讃歎したまふの文

11　雑善に約対して念仏を讃歎するの文

12　釈尊、定散の諸行を付属したまはず、ただ念仏をもって阿難に付属したまふの文

13　念仏をもつて多善根とし、雑善をもって少善根としたまふの文

14　六方恒沙の諸仏、余行を証誠したまはず、ただ念仏を証誠したまふの文

15　六法の諸仏、念仏の行者を護念したまふの文

16　釈迦如来、弥陀の名号をもって慇懃に舎利弗等に付属したまふの文

以上、番号は原文にはない。便宜のために付けたもの。各章名の訳文は、大橋〔一九九一〕によっている。

このうち、重要な主張は、前半の1〜4あたりにまとまってのべられている。それ以下の各章にも、重要なことがらがあちこちに散らばってのべられている。順に検討して行こう。

末法の世

いまは「末法の世」である。

この危機的な認識が、『選択本願念仏集』を貫いている。

釈尊の滅後五百年または千年は、正法《しょうぼう》の時代。釈尊の教えが正しく行なわれている。それに続く五百年または千年は、像法《ぞうぼう》の時代。仏法は伝わり修行者もいるが、覚りをうるものがいなくなる。それに続く末法《まっぽう》の時代は、釈尊の教えが正しく行なわれなくなる時代である。正法→像法→末法、の順に世の中が衰えていく、が仏教の基本認識だった。

日本では、『末法燈明記』なる書物に従い、一〇五二（永承七）年から末法に入った、と信じられた。

*

当時の社会は脆弱だった。自然災害や疫病が周期的に人びとを襲い、被害に遭った人びとを助けるすべもなかった。荘園制のような収奪のシステムが不平等と格差を助長し、庶民を苦しめ、そうした被害をひときわ耐えがたいものにした。恵まれた立場にあるはずの貴族や僧侶も、彼らの特権が脆弱な基礎のうえに乗っているだけで、いつ崩れてもおかしくないと怯えていた。そんなとき世は末法だと説かれれば、誰もがなるほどと納得できた。

末法の時代、救いから見放された人びとは、どう生きればいいか。法然と同時代の人びとの不安と悩みがこれだった。

往生之業念仏為先

書名『選択本願念仏集』に続けて、《南無阿弥陀仏　往生之業念仏為先》（大橋一九九一：二五七頁）とある。（以下特に断らないかぎり、『選択本願念仏集』からの引用はすべて、大橋〔一九九一〕による。）

「往生之業念仏為先」は、「往生の業は、念仏を先とす」と読める。日本語っぽい漢文に思えるが、中国語としても意味が通っている。この一句が本書の結論である。

ただし「先」という言い方はあいまいだ。後回しの業がほかにあるのか。その点もみていこう。

1　道綽禅師立聖道浄土二門、而捨聖道正帰浄土之文

なぜ聖道門をやめないとダメか

道綽は、『安楽集』でいう。人びとがなかなか覚れないのはどうしてか。大乗には聖道（この世界で修行を重ねる）、浄土（極楽などに往生する）、の二つの門があるが、『大集月蔵経』（大方等大集経の大集月蔵分）にいうように、末法の世では誰も覚れないのだ。《当今末法是五濁悪世、唯有浄土一門可通入路》（今は末法の五濁悪世で、ただ浄土門によって進むしかない）。『大経』（無量寿経）の阿弥陀仏の本願（第一八願）にある通りである。

＊

法然の無量寿経からの第一八願の引用は、《若有衆生縦令一生造悪臨命終時十念相続称我名字若不生者不取正覚》までであって、その後ろに続く文言《唯除五逆誹謗正法》（ただし五逆の大罪を犯した者、正法を誹謗した者は除く）を省いている。注目すべきところである。五逆については、後で論ずる（↓一二八〜九頁）。

＊

引用に続けて法然は、《私云、竊計…》（私に云く、竊に計れば…）と、自分なりのコメントをつけ加えている。

コメントにいう。法相宗、三論宗、華厳宗、法華宗、真言宗など、それぞれが仏教の全体を分類

している。

浄土宗はどうか。道綽によると、聖道門、浄土門に二分できる。聖道門とは、大乗小乗にかかわらず、この世界で四乗（声聞・縁覚・菩薩・仏）の覚りをうること。対する浄土門とは、ずばり往生を説く教え、ついでに往生を説く教え、の二つがある。前者は、無量寿経、観無量寿経、阿弥陀経、天親の往生論、の三経一論である。後者は、華厳経、法華経などの経典や、大乗起信論、十住毘婆沙論などの論書である。

聖道門は、釈尊が没してから時間が経つうえ、難しすぎるので、やめるのがよい。聖道門、浄土門の二門があることは、道綽のほか、曇鸞、天台、迦才、慈恩ものべていた。

曇鸞は『往生論注』で、龍樹の難行／易行は、聖道門／浄土門のことだとしている。

聖道門を学んでいる人びとも、この際、浄土門に移るのがよい。曇鸞は四論（中論、百論、十二門論、智度論）の研究をやめて浄土門に移ったし、道綽は涅槃宗をやめて浄土門に移ったのだ。

三人の先行者

ここで、法然があげている先行者を紹介しておこう。

まず、曇鸞。この人は生没年がはっきりしないが、北魏のころ（五世紀後半〜六世紀前半）の僧である。菩提流支に『観無量寿経』を授けられて往生の思想に回心し、天親の『往生論』の註釈を著した。

つぎに道綽（五六二―六四五）は、北斉から唐にかけての僧。涅槃宗を学んでいたが、曇鸞の碑文をみて浄土教に転ずる。『観無量寿経』を講義し、注釈書『安楽集』を著した。そして善導（六一三―六八一）。六四一年、道綽を訪ねて身辺で師事する。道綽没後は唐の長安でも活動した。『観無量寿経疏』四巻、『往生礼讃』などを著す。

法然が主に根拠とするのはこの、曇鸞、道綽、善導の三人の先行者である。

「浄土門」というくくり

法然が1でのべているのは、仏教を、聖道門／浄土門、に二分できる、である。

こういうくくりは成り立つのか。

任意の基準をもとに、全体をいくつかにくくることは、いつでも誰にでもできる。小乗／大乗とか、顕教／密教とか。また、それぞれの宗派はめいめい教相判釈（教判）をたて、経典の全体をいくつかにくくってきた。そのうえで、真に重要な教えはこれである、と主張した。

＊

往生を唱える浄土教は、それらの宗派に、おまけのようにくっついていた。西洋医学に漢方がくっついているようなものだ。ガンになると、外科手術や放射線治療や化学療法が定番である。でもついでに、漢方薬も出しておきましょうか。おまけは、定番の治療法を押し退けて、独立したひとつの立場を自己主張することができない。

中国でも、そして日本でも、浄土教はこうしたものだった。『八宗綱要』もそういう常識を踏まえて、浄土宗をおまけの扱いにしていた。

＊

法然が試みているのは、そうした恣意的な分類ではない。釈尊のメッセージを、これまでとまったく違ったふうに受け止めるための分類である。

世界はいま、もう末法の世に入った。

釈尊は、世界がやがて末法の世に入ることを、見越していた。末法の世に、どのように教え、人びとを救えばよいか、考えていた。その教えこそが、浄土経典である。末法以前の世界でのノーマルな教え＝聖道門は、もう無効になった。末法の世界では、末法の世界のための教え＝浄土門が、代わってノーマルな教えにならなければならない。

＊

これほどの大胆な主張は、法然以前にほぼ見られない。例外があるとすれば、善導である。善導は、異端の浄土教の僧として、主流から外れ、忘れられていた。それを再発見したのが、法然である。

宗派を超えた宗派

法然の教えは、やがて、浄土宗ないし念仏宗として、僧俗のあいだに燎原《りょうげん》の火のように拡がっていく。

浄土宗は、意味の広い言葉だ。中国や日本で各宗派のあいだに広まったふんわり何となく浄土への往生を目指す考え方を指すこともあれば、法然のようにほかの修行法を捨て念仏に専修する立場を指すこともあり、江戸時代に公認された法然を始祖とする宗派を指すこともある。まぎらわしいので、本書では、法然の唱えたラディカルな極楽浄土への往生の思想と信念を、「念仏宗」とよんで区別することにする。

＊

念仏宗は、これまでの宗派とは違う。言うならば「ウルトラ宗派」だ。

聖道門は、小乗＋大乗。すなわち、法相宗＋三論集＋律宗＋華厳宗＋…＋天台宗＋真言宗、すなわち、Σ宗派である。浄土門は、この聖道門に釣り合い、聖道門に置き換わる存在である。すなわち、

浄土門（＝念仏宗）　／　Σ宗派（法相宗＋三論宗＋…天台宗＋真言宗）　（8）

である。浄土宗（念仏宗）は、それひとつで、残りの宗派すべてに匹敵する。つまり、これまでになかった「ウルトラ宗派」である。

＊

これまでの宗派は、互いに考え方が違い、教理が違い、どの経典を重視するかが違っていた。けれども、互いを基本的に認め合い、共存していた。どれも仏説にもとづき、価値あるものに違いないから、という理屈だ。

だが、念仏宗は違う。これまでの仏教（すべての宗派）を、聖道門（もう無効になった修行法）だとひとからげにして、押し入れに片づけてしまおう、である。

浄土門は、聖道門よりも優位である。――浄土門なるくくりが成立するなら、こういう結論になる。

これまでの宗派が、こんなことを言われて黙っているはずがない。念仏宗を口をきわめて罵り、攻撃するだろう。実際、法然や弟子たちは、こうした弾圧を受けることになった。

純化の試み

法然の往生の思想は、源信とどこが違うか。

源信の『往生要集』は、天台宗の一部。念仏は、通常の修行と兼修するものだった。ノーマル・メソッド（聖道門）に対する、オルタナティヴ・メソッド（おまけ）である。ついでに念仏してもよろしい。ただし、通常の修行をやめてはだめです。念仏の効果で往生できるなら、それはよかったですね。

念仏がおまけであれば、民衆にも気後れがある。通常の修行をする僧侶らは正しい。堂塔を寄進し布施をはずむ貴族らも正しい。どちらもできない民衆が念仏にコミットするには、荒行のように弥陀の名号を称え続けたり、踊ったり、身体的パフォーマンスによる陶酔を演じることで、僧侶や貴族にみあった重みと納得感を腑に落とす必要があった。空也の念仏が受け入れられたのは、このような文脈だった。

＊

法然の『選択本願念仏集』の場合は、もはや天台宗の一部ではない。オルタナティヴ・メソッドが独立した。念仏は、通常の修行との兼修ではない。独立した修行である。そして、これまでの修行より優位する。

さまざまな修行のやり方のなかに埋もれていた念仏を、区別して取り出し、独立で優位な修行に組織だてた。仏教の全体を、シンプルな原理でつくり変えた。仏教は、新たに生まれ変わった。これを、仏教の「純化」とみることができる。

キリスト教になぞらえて言ってみよう。カトリック（いわば、これまでの仏教の宗派の全体）から分離独立して、プロテスタント（「純化」した新しい運動）をつくりだす。法然の念仏往生の思想は、西欧のプロテスタントにも匹敵するものなのである。

2　善導和尚立正雑二行、捨雑行帰正行之文

『観経疏』によれば

浄土門の独立と優位を主張した法然は、つぎに、善導の『観経疏』を引用して、こうのべる。

『観経疏』第四によるならば、行には正行《しょうぎょう》、雑行《ぞうぎょう》の二種がある。

正行とは、もっぱら《往生の経によって行を行ずるもの》（大橋一九九一：九四頁）をいう。具体的には、観無量寿経、阿弥陀経、無量寿経を読誦し、暗唱する。阿弥陀仏と浄土のありさまを想い描き、阿弥陀仏だけを礼拝し、阿弥陀仏の名を称え、阿弥陀仏だけを供養する。これが、正行である。

雑行は、それ以外の修行のやり方すべてである。『往生要集』に記してあった、これをやれ、あれもいいかも、といったさまざまな修行のリストは、「雑行」とひとくくりになっている。

正助二行

法然は続けて言う。善導によれば、正行はまた、二つに分かれるのである。

《又就此正中復有二種、一者一心専念弥陀名号、行住坐臥不問時節久近、念念不捨者是名正定之業、順彼仏願故、若依礼誦等即名為助業》（大橋一九九一：二五九頁）。

正行のなかで、専ら阿弥陀仏の名号を称え続けるのが「正定之業」。阿弥陀仏を礼拝したり、浄土経典を読誦したり、の四つの業は、「助業」である。

称名が正業である

法然はこれにつき、自分の考えをコメントする。

正行を区分すると、五つになるが、そのうち第四の称名が、正業。残りは、助業である。なぜ称名だけが、正定の業なのだろうか。

それは、称名念仏が、阿弥陀仏の本願だからである。《故修之者乗彼仏願必得往生也》（大橋一九九一：二六〇頁）（それゆえ必ず往生する。）

雑行とは

法然はさらに説く。

正定の業である称名、助業であるそのほかの四つの業（浄土経典を読む、極楽浄土を想い描く、阿弥陀仏を礼拝する、阿弥陀仏を供養する）、以外はすべて、雑行である。

雑行と言っても、いろいろあって語り切れない。

五種の正行に対応させて言えば、つぎの五つである。

第一に、浄土経典以外のさまざまな経典を、読んだり暗唱したりする。

第二に、阿弥陀仏の浄土以外を、さまざまな宗派のやり方で想い描く。

第三に、阿弥陀仏以外の仏陀やその使者を、礼拝する。

第四に、阿弥陀仏以外の仏陀や菩薩や…の名を称える。

第五に、阿弥陀仏以外の仏陀や菩薩や…を供養する。


このほか、布施をしたり戒律を守ったり、…のさまざまな善行も、雑行である。

正行、雑行の得失

法然はさらに説く。

正行と雑行では、どういう効果の違いがあるか。

第一に、親疎の違いがある。善導は『観経疏』でこうのべる。衆生が口に念仏を称えれば阿弥陀仏はこれを聞く。仏を礼拝すれば、阿弥陀仏はこれを見る。仏のことを思えば、阿弥陀仏も衆生のことを思う。《彼此三業不相捨離、故名親縁也》（大橋一九九一：二六〇頁）（このように衆生と仏との業が離れないので、親縁というのである）。雑業の場合はこれに反して、衆生と阿弥陀仏の関係が密でない。ゆえに疎である。

第二に、近遠の違いがある。近は親と似ているが、善導が『観経疏』で別にのべているので、別項目とする。
第三に、無間と有間の違いがある。正業助業を行じる者は、阿弥陀仏において思いが途切れないので、無間という。雑行する者は思いが途切れるので、有間という。（《於弥陀仏憶念不間断》大橋一九九一：二六〇頁）
第四に、不廻向と廻向の違いがある。正行は、業がそのまま往生の原因になる。南無阿弥陀仏と称えることのなかに、願と行とが揃っている。それに対して雑行は、あえて廻向するのでないと、そのままでは往生の原因にならない。
第五に、純と雑の違いがある。正助の二行を行ずる者は、極楽の行を行じている。それに対して雑行を行じる者は、極楽の行ではなく、人天に輪廻したり三乗の修行だったりあちこちの浄土に往生したり、と散漫である。ゆえに雑という。

純と雑

法然はさらに説く。
問う、純と雑をいうが、経典や論書に根拠はあるのか。答え、さまざまな経典や論書が、純と雑を対比して論じている。往生を純と雑に二分することは、善導だけでなく、道綽や懐感ものべている。（道綽は、念仏往生／万行往生、懐感は、念仏往生／諸行往生、阿満：四一頁）それ以外の諸師は、このようにはのべていない。

念仏すれば往生する

法然はまた、善導の『往生礼讃』を引用してのべる。《若能如上念々相続畢命為期者、十即十生百即百生》(大橋一九九一:二六一頁)(このように念仏を絶やさず命を終える者は、十人が十人、百人が百人、往生をとげる)。なぜなら、《無外雑縁得正念故、与仏本願相応故、不違教故、随順仏語故》(大橋一九九一:二六一頁)(ノイズに妨げられず正念をうるから、阿弥陀仏の本願と照応するから、仏の教えに違わないから、仏の言葉に従うからだ)。

専ら念仏するかわりに雑行を行ずる者は、百人のうち一人か二人、往生すればよいほうだ。ノイズのせいで正念を失い、教えに相違し、仏の言葉に従わず、阿弥陀仏のことを思い続けず、極楽浄土への思いが途切れ、廻向の願いがうまく行かず、煩悩に悩まされ、反省が足りず、仏の恩に報いようと思い続けず、偉ぶって態度が大きく、同僚とうまく行かず、わざわざ雑縁を求めて正行を台無しにするからである。

法然はこれにつき、コメントして言う。なるほど、これならますます、雑行を捨て正行に専念しなければならない。

*

正行によって、必ず往生できるのか。

法然は、必ず往生できると断言する。それは、善導が『往生礼讃』で、そうのべているからだ。

なぜそう考えられるか。阿弥陀仏は本願を立て、衆生にかかわっている。阿弥陀仏は、衆生のさまを見聞きし、衆生と共にある。この世界は、往生のための舞台なのである。釈尊の教えの全体を、阿弥陀仏の救いを軸に再組織できる。そういう大胆な転換を、法然は善導に導かれて実行する。法然はこのあと、往生の確信のあり方をさらに掘り下げていく。

3　弥陀如来不以余行為往生本願、唯以念仏為往生本願之文

念仏が往生の本願である

阿弥陀仏は、ほかの行でなく、ただ念仏を往生の本願とした。それを証すため、法然は、つぎのように引用する。

『無量寿経』はいう、《設我得仏、十方衆生至心信楽欲生我国、乃至十念、若不生者不取正覚》（大橋一九九一：二六二頁）（私が仏になるとして、衆生が私の国に往生したいと願い、少なくとも十回念仏を称え、往生しないようなら、私は覚らない。）

善導の『観念法門』も『往生礼讃』も、『無量寿経』のこの部分をひいて、同じようにのべている。

＊

法然は、これにコメントしてのべる。

諸仏の願には、共通の願と別願とがある。共通の願とは、四弘誓願（衆生無辺誓願度、煩悩無量

誓願断、法門無尽誓願智、仏道無上誓願成の四つ、すべての仏陀、菩薩に共通する誓願である）をいう。それ以外の誓願が別願である。阿弥陀仏の本願は、別願である。別願であるから、阿弥陀仏を信じ、阿弥陀仏に帰依しなければ、それは実現しない。

さらに、『無量寿経』『大阿弥陀経』を引用しながら、阿弥陀仏が法蔵菩薩であった時代に、本願を立てた経緯を確認する。法蔵菩薩は、世自在王如来のもと、数多の仏国土を見渡して、つぶさに比較検討し、望ましい特徴を選りすぐった。そしてそれを兼ねそなえた、理想の仏国土をつくるのだと誓願を立てた。

阿弥陀仏が法蔵菩薩だったときにたてた本願は、全部で四十八ある。

第一の「無悪趣の願」は、極楽に、三悪趣（地獄・餓鬼・畜生）がないことをいう。

第二の「不更悪趣の願」は、その国土では誰も死後、三悪趣に堕ちないことをいう。

第三の「悉皆金色の願」は、その国土の人びとがすべて金色であることをいう。ほかの仏国土では、金色でないひとも混じっている。

念仏往生の願

法然は、途中の本願を省略して、コメントを続ける。

第十八の「念仏往生の願」は、極楽浄土への往生の行は、念仏だけであるとする。

さまざまな仏国土は、布施、持戒、忍辱、精進、禅定、般若、菩提心、六念、持経、持呪、起立仏塔、飯食沙門、孝養父母、奉事師長、などの行によって往生することになっている。法蔵菩薩はそれらを捨て、念仏を選び取った。だから「選択」という。（選択は、仏教界では「せんじゃく」もしくは「せんちゃく」とよむ。）

選択するのは仏陀で、人間ではない点に注意しよう。

＊

《問曰、…何故第十八願選捨一切諸行、唯偏選取念仏一行為往生本願乎》（大橋一九九一：二六三頁）（問うには、…なぜ第十八願は一切諸行を捨て、念仏だけを往生本願として選んだのか）。答え、《聖意無測、不能輙解》（大橋一九九一：二六三頁）（仏の真意は測り難く、理解できない）。ほんとうの理由はわからない、とまずのべている！

法然は続けて言う。それでも二つの理由が考えられる。第一は、勝劣。念仏は諸行よりもすぐれている。《弥陀一仏の所有の四智・三身・十力・四無畏等の一切の内証の功徳、相好・光明・説法・利生等の一切の外用の功徳、皆ことごとく阿弥陀仏の名号の中に摂在せり。》（大橋一九九一：一〇五頁）《然則仏名号功徳勝余一切功徳、故捨劣取勝以為本願歟》（大橋一九九一：二六三頁）（このように称名の功徳はそのほかの功徳よりすぐれているので、それを選んで本願にしたのである。）

第二は、難易。念仏は修しやすく、諸行は修しにくい。善導の『往生礼讃』に問答がある。なぜ観仏でなく、仏の名を称するのか。観仏は、衆生にとって、むずかしいからである。そこで阿弥陀仏は慈悲により、名を称すればよいとした。《正由称名易故相続即生》（大橋一九九一：二六三頁）（称名は容易なので続けられ、往生できるのである）。

源信の『往生要集』も、同様の理由で、念仏を勧めている。

念仏はこのように、すべての人びとが修することができるので、本願とされたのであろう。かりに仏像をつくり塔を建てることを本願にしたなら、貧しい者は望みを絶たれてしまう。智恵を本願にしたら、愚鈍の者は望みを絶たれてしまう。戒律を守ることを本願にしたなら、戒律を守れない者は望みを絶たれてしまう。法照禅師の『五会法事讃』にも、同趣旨のことがのべてあるとおりである。

本願は成就されたのか

法然は、さらにコメントしてのべる。

問い。菩薩の誓願は、成就する場合もしない場合もあるだろう。法蔵菩薩の本願は、成就されたのか。

答え。法蔵菩薩の誓願はすべて、成就された。阿弥陀仏の極楽世界には、「三悪趣」は存在しない。『無量寿経』の願成就の文に、書いてあるとおりである。また「不更三悪趣の願」も成就されている。また極楽の人や天人は三十二相をそなえており、「具三十二相の願」も成就されている。このように、最初の願（無三悪趣の願）から最後の願（得三法忍の願）まで、すべて成就されている。第十八願だけ成就しないはずがない。

著者から補足しておく。

*

本願が成就されたことの証明は、無量寿経に書いてあるから。

なぜ無量寿経に書いてあると証明になるのか。無量寿経は、釈尊がのべた仏説である。仏は一切知で、すべてを知っている。間違ったことを言わない。仏弟子は、釈尊が覚ってブッダとなったことを公理のように信じて、仏道を歩む。釈尊に帰依しているのに、釈尊の説いた経典（無量寿経）がうそであると考えることはできない。よって、無量寿経に書いてあれば、証明終わり、なのである。

念と声

法然は、続けてコメントする。

問い。『無量寿経』は十念といい、善導の註釈は十声という。念と声の関係は?

答え。《念声是一》（大橋一九九一：二六四頁）（念と声は一つのことである）。『観無量寿経』の下品下生の箇所に、《令声不絶具足十念称南無阿弥陀仏、称仏名故於念々中除八十億劫生死之罪、今依此文声是念々則是声》（大橋一九九一：二六四頁）（声を絶やさず十念を具足して南無阿弥陀仏と称えれば、仏の名を称えるので、念々の中で八十億劫の生死の罪を除く、とある。この文よれば、声は念で念は声である）。『大集日蔵経』に対する懐感の註釈も、念は声だとのべている。

一形か十念か

法然は、さらにコメントを続ける。

問い。『無量寿経』で「乃至」といい、善導の註釈では「下至」という。違いは何か。

答え。同じ意味である。乃至は、多より少に向かう。多は上一形（一生涯）を尽くすこと。少は下十声、一声に至る。

ただし善導とそのほかの諸師には、違いがある。第十八願を、諸師は「十念往生の願」という。善導は「念仏往生の願」という。「十念往生」の言い方は十分でない。一生涯を省き、一念を省くからである。「念仏往生」の言い方は十分である。一生涯を含み一念を含むからである。

＊

著者から補足しよう。

『無量寿経』第十八願に《乃至十念》と書いてあるのを、法然は「一念」でもいいとうまくフォローしている。

これは、念仏は修行なのかという、大事な問題に関わる。

称名念仏は、往生するのに、何回称えればよいのだろう。もしも回数が多ければ多いほどよいのなら、一日中称えていなければならず、修行（それも相当の苦行）になるだろう。『観無量寿経』に「十念」と書いてあるのは、多くなくてもよい、わずかでよいという意味であろう。それなら、一念でもおんなじだ。「一念」のほうが、もっと意味がはっきりする。

善導は『往生礼讃』で、《但使信心求念、上尽一形下至十声一声等以仏願力易得往生》（大橋一九九一：三八一頁補注五一8）とのべ、十声に一声をつけ加えている。法然はこれも念頭に「一念」をつけ加えたのであろう。

＊

4　三輩念仏往生之文

三輩の往生

法然は、『無量寿経』を引用して、三輩が念仏によって往生することを紹介する。三輩とは、上輩・中輩・下輩をいう。

釈尊は阿難に言う、出家し僧侶となって菩提心を起こし、阿弥陀仏を念じ功徳を修めた「上輩」のひとは、臨終のとき阿弥陀仏が大勢を連れて現れ、往生する。

出家し僧侶にならなくても菩提心を起こし、八斎戒を守り、塔を建て仏像をつくるなどの功徳を積んでそれを廻向する「中輩」のひとは、臨終のとき阿弥陀仏が大勢を連れて現れ、往生する。

そういう功徳を修めなくても菩提心を起こし、十念でも一念でも、無量寿仏（阿弥陀仏のこと）を念じて真剣に往生を願うなら、臨終のとき夢に阿弥陀仏を見て、往生する。

＊

『無量寿経』が下輩についてのべる部分は、《一向専意乃至十念々无量寿仏願生其国、若聞深法歓喜信楽不生疑惑、乃至一念々於彼仏、…》（大橋一九九一：二六五頁）と書いてあり、たしかに十念でなく一念でもよいことになっている。

一向念仏

法然は、これにコメントを加える。

問い。上輩は、出家して僧となるなどの行を修する。中輩は、仏塔を建て仏像をつくるなどの行を修する。どうして念仏の行だけでよいと言うのか。

答え。善導は『観念法門』で、こうのべている。『無量寿経』下巻のはじめで、衆生の能力は同じでなく上中下の差があるが、《随其根性仏皆勧専念無量寿仏名、其人命欲終時仏与聖衆自来迎接尽得往生、依此釈意、三輩共云念仏往生也》（大橋一九九一：二六五頁）（それぞれの資質にもとづいて仏は皆にもっぱら阿弥陀仏の名を称えることを勧めている。臨終の際、阿弥陀仏以下大勢が迎えに来て往生する。こういうわけで、三輩がみな往生するのだ。）

＊

法然は、重ねてコメントを加える。

問い。まだすっきりしない。なぜ余行を捨てて、念仏だけと言うのか。

答え。これには三つの意味がありうる。第一は、諸行をやめるので、諸行に言及した。第二は、念仏をサポートするので、諸行を説いた。第三は、念仏にも諸行にも、上中下の区別があることをいう。

第一。善導は『観経疏』で、定（瞑想）と散（それ以外の行）の両方を説いたが、《臨仏本願意在衆生一向専称弥陀仏名之釈意且解之者》（大橋一九九一：二六五頁）（仏の本願の意図は衆生が一向に阿弥陀仏の名を専称するところにある、という箇所の意味をとってこの疑問を解いてみると）、三輩ともに、もっぱら阿弥陀仏を念仏せよ、ということである。《廃諸行唯用念仏故云一向》（大橋一九九一：二六五頁）（諸行をやめただ念仏を用いるから、一向というのである。）

第二。念仏をサポートする諸行にも二通りがある。ひとつは、善導が『観経疏』でものべているような、助業。これは、正雑二行のところでのべた。もうひとつは、出家する、発菩提心、塔を建てる、仏像をつくる、など念仏に関係ない行。念仏の妨げにならなければよい、という考え方である。

第三。念仏に関して上中下の区別があるが、共通なのは「一向専念無量寿仏」である。諸行に関して上中下の区別があるが、共通なのは菩提心である。『往生要集』にもこうしたことがのべてある。

さて、いずれも、なぜ一向念仏なのかをのべている。善導によれば、第一の考え方になるであろう、と法然は言う。

九品の行

法然は、さらに続けてコメントする。

問い。『観無量寿経』の九品のうち、上品と中品で念仏を説かないで、下品で念仏を説くのはどうしてか。

答え。『無量寿経』の三輩と『観無量寿経』の九品とは、対応している。念仏は、三輩に共通するのだから、九品にも共通するのである。『往生要集』によっても、それは明らかだ。《故知、念仏亦可通九品》（大橋一九九一：二六六頁）（よって、念仏は九品に通じるものだということがわかる）。

＊

往生した先の極楽に、人びとのランクがあるという考え方が、九品である。《「下品上生」以外の、残りの八種の往生では、この世に戻ってきて縁のある衆生を極楽に導くことは不可能だ》（阿満：六六頁）と考えられていた。法然は、この考えを打ち破ろうとしている。

5　念仏利益之文

念仏一声

法然は、念仏の利益を、テキストを引用して論証する。

法然は言う。『無量寿経』下によると、釈尊が弥勒菩薩に語るには、阿弥陀仏の名号を聞くことができて、歓喜踊躍し、一念する。この人は無上の功徳をそなえる、と。

また善導の『往生礼讃』によると、《其有得聞彼弥陀仏名号、歓喜至一念皆当得生彼》（大橋一九九一：二六六頁）（かの阿弥陀仏の名号を聞くことができ、喜んで一声念仏するなら、みな極楽に往生することができる）。

＊

法然は、これにコメントする。

問い。三輩を論じた箇所では、念仏と菩提心を並べていたのに、なぜここでは念仏だけを讃えるのか。

答え。《聖意難測》（大橋一九九一：二二六頁）（阿弥陀仏の考えは測りがたい）。そこで善導の解釈をみると、こうある。阿弥陀仏は念仏の行だけを説こうと思った。が、受け手がさまざまなので、ひと通り菩提心の諸行を説いて、三輩を区別した。でも諸行を斥けたのだから、念仏だけを讃えたのである。

＊

法然は、コメントを続ける。

念仏に関連させて三輩を区別するなら、ふた通りありうる。《一随観念深浅而分別之、二以念仏多少而分別之》（大橋一九九一：二六六頁）（ひとつは、念仏する思い入れの深さで分け、もうひとつは、念仏の回数の多い少ないで分ける）。

善導の『観念法門』は、毎日一万遍仏を念じ、…三万回、六万回、十万回の称名をするひとは、上品上生の人である。《当知、三万已上是上品上生業、三万已去上品已下業、既随念数多少分別品位是明矣》（大橋一九九一：二六六頁）（三万遍以上が上品上生に生まれる業で、三万遍以下が上品以下の業だとわかる、念仏の回数の些少によって品位が分かれるのは明らかだ）。

一念の大利

法然は、さらにコメントする。

『無量寿経』の下に、一念すれば大利をえる、とあった。

この「一念」は、『無量寿経』の第十八願成就の一念だが、そこでは大利を説かなかった。下輩の文の一念でもあるが、そこでも大利を説かなかった。ここではじめて一念を説いて大利とし、無上としている。

大利は小利に対する言葉である。《然則以菩提心等諸行而為小利、以乃至一念而為大利也》（大橋一九九一：二六七頁）（つまり、菩提心等の諸行が小利で、一念が大利である）。

＊

また無上の功徳とは、有上の功徳に対する言葉である。《以余行而為有上以念仏而為無上也、既以一念為一無上、当知、以十念為十無上、又以百念為百無上、又以千念為千無上、如是展転従少至多、念仏恒沙無上功徳復応恒沙》（大橋一九九一：二六七頁）（余行を有上とし、念仏を無上とするのだ。

一念は一のまま無上である。十念は十のまま、百念は百のまま、千念は千のまま無上である。少から多に拡がって、念仏の功徳は数かぎりないほど大きい。ならば往生を願うひとは、無上の念仏をやめ、有上小利の諸行をする必要があろうか。

*

著者から、補足する。

「乃至一念」は、回数を問わず、念仏することそれ自体をさす、と考えていい。

念仏の功徳（メリット）は無限であるから、一回の念仏も、千回の念仏も、三万回の念仏も、数えきれない念仏も、その功徳は同等なのである。カントールの無限集合論と、似た考え方になっていることがわかる。すなわち、

1回×無限の功徳　＝　3万回×無限の功徳　　（9）

おわかりだろうか。

6 末法万年後、余行悉滅特留念仏之文

経典か念仏か

法然は、『無量寿経』の下を引用して、のべる。

《当来之世経道滅尽、我以慈悲哀愍特留此経、止住百歳、其有衆生値此経者、随意所願皆可得度》（大橋一九九一：二六七頁）（後の世に、仏の経法が滅び果てるとき、私は慈悲をもってこの経を、百年間留める。衆生がこの経にふさわしいなら、思うままに皆得度するであろう。）

*

法然は、これにコメントする。

問い。『無量寿経』には「特留此経」とあり、念仏を留めるとは書いてない。それなのに、なぜ「特留念仏」と言うのか。

答え。この経はまったく、念仏を説く経である。善導、懐感、恵心らも同意見である。《然則此経止住者則念仏止住也》（大橋一九九一：二六七頁）（ならばすなわち、この経を留めるとは、念仏を留めることなのである）。

もう少し説明すれば、この経に菩提心や持戒が出てくる。菩提心の行はこの経で説かれず、菩提心経（羅什訳の仏説荘厳菩提心経）にある。この経が先に滅したら、どうやって菩提心の行を修めればよいのか。戒本が先に滅したら、どうやって持戒すればよいのか。ほかの行も同様である。

仏教が消滅する

法然は、さらにコメントを続ける。

法然はいう、善導も『往生礼讃』で、三宝（仏教のこと）が滅したあとこの経が百年とどまるので、一念すればみな極楽に往生できるのだ、とのべている。

善導がこの部分を註釈するのを、法然は紹介する。

第一に、聖道門の経典がさきに滅び、浄土門の経典がそのあとも残る。聖道は《機縁浅薄》で浄土は《機縁深厚》ということだ。

第二に、十方浄土の往生は先に滅し、西方浄土の往生はその後も残る。西方浄土は《機縁深厚》なのである。

第三に、弥勒菩薩は兜率天に上生しているというが、この諸経は先に滅し、西方浄土の往生はこの経がその後もとどまる。

第四に、諸行往生の経は先に滅し、念仏往生の経だけ残る。

なぜ浄土門の経を留める

法然は、なおコメントを続ける。

問い。釈尊は、ほかの経を留めてもよかったのに、なぜこの経だけを留めるのか。

答え。その理由は、善導によると、阿弥陀如来の念仏往生の本願を書いてあるのは、この経だけだから。釈尊は慈悲をもって、この経を留めた。《故知四十八願之中既以念仏往生之願而為本願之王也》（大橋一九九一：二六八頁）（ゆえにわかるのは、四十八願のなかで、念仏往生の願は本願の王だということだ）。

＊

問い。念仏の行は、最後の百年のものか、正像末の時期に通じるものか。

答え。《広可通於正像末法》（大橋一九九一：二六八頁）（広く、正法、像法、末法の時代に通じる）。念仏は、三時普益であるが、末法には念仏以外に効果のある教えがないので、特に末法での効果を強調するのである。

7　弥陀光明不照余行者、唯摂取念仏行者之文

念仏行者を照らす

法然は、『観無量寿経』を引用する。

《無量寿仏有八万四千相、一々相有八万四千随形好、一々好有八万四千光明、一々光明遍照十方世界念仏衆生摂取不捨》（大橋一九九一：二六八頁）（無量寿仏には八万四千の相（姿の現れ）があって、どの相にも八万四千の好（細かなディテール）があり、どの好にも八万四千の光明がある。どの光明も、遍く十方世界の念仏する衆生を照らし、摂取する。捨てることはない）。

善導の『観経疏』の内容も、あわせて紹介している。

＊

法然は、これにコメントする。

問い。さまざまに修行し廻向すれば往生できる。阿弥陀仏の光明が念仏者だけを摂取するのは、どういう意味か。

答え。これには三つの意味がある。第一に、親縁（親しい関係）をあらわす。念仏すれば仏は聞き、礼拝すれば仏は見、心に思えば仏は知る。第二に、近縁（近い関係）をあらわす。衆生が仏を見たいと思えば、現れてくださる。第三に、増上縁（一歩進んだ関係）をあらわす。ほかの諸行の善は、念仏に比べるべくもない。十方無数の仏が、念仏の有効性を証誠（保証）している。

善導の『観念法門』の内容も、あわせて紹介している。

＊

法然は、さらにコメントする。

問い。仏の光明が念仏者だけを照らして、余行の者を照らさないのはどうしてか。

答え。ふた通り考えられる。第一は、いまのべた親縁など三通りの意味。第二は、本願による。余行は本願ではないが、念仏は本願だから、念仏者を摂取するのである。

善導の『往生礼讃』の六時礼讃の箇所にも、同様の説明がある。そこに引用する『観経疏』にも《自余修善、雖名是善、若比念仏者、全非比校也》（大橋一九九一：一二一頁）（そのほかの諸行の善は、名前は善でも、念仏と比べると、まったく比較にならない）とある。念仏は、二百十億の仏国土のなかから、選び抜かれた優れた行である。だから、「全非比校」なのである。

8　念仏行者必可具足三心之文

三心とは

法然は、『観無量寿経』を引用する。

《若有衆生願生彼国者、発三種心即便往生、何等為三、一者至誠心、二者深心、三者廻向発願心、具三心者必生彼国》（大橋一九九一：二六八頁）（極楽浄土に往生したい衆生がいれば、三つの心を発すれば往生するだろう。三つとは、第一に至誠心、第二に深心、第三に廻向発願心。この三心をそなえる者は必ず極楽浄土に生まれる）。

＊

ここまで、念仏すれば往生する、と語られてきた。いま、三つの心をもてば、往生するのだという。三つの心をもつことは、往生の条件なのか、そうでないのか。念仏との関係は？

至誠心と深心

法然は、この問題を考えるのに、善導の註釈を参照する。

善導の『観経疏』にはこうある。

まず、至誠心について。至とは真、誠とは実のことである。至誠心は真実心である。見たところ善い行ないをしても、真実心が伴わなければ、虚仮の行、雑毒の善である。かつて法蔵菩薩も、つねに真実心で行を修したのだ。

つぎに、深心について。深心とは、深信の心である。自分は凡夫で、迷いのなかをさまよっている。そして、本願を信じれば往生できる、と信じるのである。深く信じるとは、仏の言葉を信じ、迷うことなく行ずることである。仏の教え、仏の意志、仏の願に従う。それでこそ真の仏弟子である。《又一切行者但能依此経深信行者、必不悞衆生也》（大橋一九九一：二六九頁）（また、すべての行者はただこの経に従い深く信じて行ずるように。衆生を誤らせることはないのだから）。菩薩らは智恵も行も完全ではなく、諸仏の教えの本意を理解できない。《唯可深信仏語専注奉行》（大橋一九九一：二六九頁）（ただ仏の言葉を深く信じ、奉じて行じるように）。深く信じるとは、自分の信念を確立することで、異なる意見や見解にたじろいではいけない。

＊

法然は、コメントを加える。

問い。凡夫は智恵が浅く煩悩が深いので、多くの経典を引用し凡夫は往生できないと攻撃された場合、どうやって持ちこたえるのか。

答え。こう答えなさい。釈尊がそれらの経を説いたのは、観無量寿経、阿弥陀経を説いたのと別の時期だ。それらの経は聖道門の解行を説くのに対し、観無量寿経は五濁の世に凡夫が往生すると説いている。菩薩、羅漢、辟支仏《びゃくしぶつ》（独覚のこと）がいくら諸経をひいて往生しないと反論しても、疑念を持たず信心を増すのみだ。《何以故、由仏語決定成就了義、不為一切所破壊故》（大橋一九九一：二七〇頁）（なぜなら、仏の言葉によって往生は決定《けつじょう》しおおせていて、そんな反論では破壊されないからである）。

＊

著者の補足。

ここでの議論は、菩薩、羅漢、辟支仏が経を引用して「往生しない」と反論しても、気にしなくてもよい、なぜなら、釈尊の説いた浄土経典（仏説）に「往生する」と書いてあるのだから、という論法である。引用されているのは経典（仏説）だが、それを引用しているのは仏ではない。仏以下の存在である。よって、念仏の行者は、仏未満の人びとの言うことではなく、浄土経典（すなわち、仏の言うこと）に従います、である。

仏　＞　菩薩・羅漢・辟支仏　　　　（10）

が、確信の根拠になっている。

諸仏の反論も斥ける

ところがその先には、もっと大胆なことが書いてある。

法然は、こうコメントする。

よく聞け、たとえ化仏（仏の化身）、報仏（願行の報いの仏身）が十方世界に満ちて、浄土に生まれることができると釈尊が教えたのは虚妄（うそ）だ、と論じるとしても、疑問に思って心配することはないのだ。《何以故、一仏一切仏、所有知見解行証悟果位大悲等同无少差別、是故一仏所制即一切仏同制、…諸仏言行不相違失》（大橋一九九一：二七〇頁）（なぜかと言うと、ある仏とすべての仏とで、知見や理解行為や覚りや境位や慈悲は少しも違いがなく、ある仏が決めたことはすべての仏が決めたことである。…諸仏の言行には相違がないからである）。釈迦仏が、念仏すれば往生する、と言っているなら、一切の仏がそう言っているのである。『阿弥陀経』では、釈尊が極楽の様子を褒めたたえ念仏往生を勧めると、十方の諸仏は衆生が信じないといけないので、おのおの舌を出して、その通りだと保証した。《是故一仏所説、即一切仏同証誠其事也》（大橋一九九一：二七〇頁）（このようにある仏が説いたことを、一切仏が証拠だてるのである）。

＊

著者のコメント。もしも一仏の説くところが、諸仏の説くところと同じなら、「化仏や報仏が往生しないと口を揃えて言う」ことなどありえないのではないか。釈迦仏の言うことに反対するほかの諸仏がいる、という想定がどのようにして出てくるのか、なぜそういう想定をしないといけないのか、わかりにくい。浄土門以外の宗派もまた、仏説を根拠にしているので、それら宗派の反論を想定しているのだろうか。

廻向発願心

法然は、つぎのようにコメントする。

三心の第三、廻向発願心とは何だろうか。過去世や今生での自分の善根や、誰かの善根を喜ぶ功徳や、をふり向けて、極楽に往生したいと願うことである。ダイヤモンドのように硬く思い定めるのである。

問い。誰かがやって来て、往生は不可能だ、十悪、五逆、四重、謗法、闡提、破戒、破見などの罪をつくってばかりいるから、と言ったらどう答えるか。

答え。諸仏の教える行は多様で、千差万別である。縁に従ってどれかある行を起こすのがよい。

（法然はここで、二河白道の譬え※を紹介する。往生は、信にもとづく、決死のひと筋の道であると教えている。）

※「二河白道の譬え」とは、極楽浄土への往生を譬えたもの。西に向かう旅人の前に、一本の細い白道がある。南は火（憎悪）の河、北は水（憎悪）の河。背後には盗賊や猛獣が迫る。こちらの岸では、釈尊の「行きなさい」という声、向こうの岸では阿弥陀仏の「来なさい」という声がする。それに励まされて、白道を渡っていくことを、往生に譬えている。良忠『選択伝弘決疑鈔』によると、この譬えは大般涅槃経や大智度論にもとづくという（大橋一九九一：一二八頁注）。

法然は、コメントを続ける。

すべて行者は、昼夜を分かたず、つねにこの譬えを想わねばならない。ゆえにこれを廻向発願心という。《又言廻向者、生彼国已還起大悲廻入生死教化衆生、亦（名）廻向也》（大橋一九九一：二七二頁）（また廻向というのは、極楽に往生して仏となった後、慈悲の心からまた生死に廻入し衆生を教化することも、廻向なのである。

＊

著者によるコメント。

ふつうの仏教では、覚りをえて仏となれば、仏国土を与えられ、その仏国土の衆生を教化する。めいめいの仏は、守備範囲をもっている。阿弥陀仏は、この世界の衆生を招き、往生させるが、招いた先の極楽浄土で衆生を教化する。それに対して、この箇所では、覚った仏が、往生の逆ルートをあえてたどり、この世界に生まれ、この世界の衆生を教化する、という働きがのべられている。それが「廻向」だと。

この廻向は、たしかに自分の善根をつけ替えている。大乗仏教では、仏になる資格が十分にある大菩薩たちが、あえて仏にならないで衆生を救うために活動する、というストーリーがある。しかし、いったん仏になった行者が、もとの生死の世界に「廻入」して、この世界に戻って衆生を救う活動をするという想定（往相に対する、還相）は、独特のものである。善導の『往生礼讃』にも、まったく触れていない（大橋一九九一：一三一頁注）。

三心と往生

法然は、善導の『往生礼讃』にある問答を引用する。

問い。確実に往生するために、どうすればよいのか。

答え。『観無量寿経』に書いてあるように、三心をそなえれば往生できる。三心とは、至誠心、深心、廻向発願心の三つである。もしそのひとつでも欠けていれば、往生できない。これも、『観無量寿経』に書いてある通りである。

＊

法然は、これにコメントする。

至誠心とは、真実心である。外面は信仰深い様子でも、内心がその反対であれば、虚仮である。虚は真の反対である。

深心とは、深信の心である。この世界は疑いが所止（基本）であり、涅槃の城には信が能入（カギ）である。

廻向発願心は、言うまでもない。

これら三心は、すべての修行に通じるのであるが、特に往生には大事である。よく注意して励むように。

9　念仏行者可行用四修法之文

四修法

法然は、善導の『往生礼讃』が、どのような修行法を勧めているか紹介する。

一は、恭敬修。阿弥陀仏や聖衆を礼拝することである。

二は、無余修。阿弥陀仏の名を称え、念じ、礼拝し、そのほかの行を混じえないことである。

三は、無間修。途切れなく行を続けることである。長時修ともいう。

＊

法然は続いて、窺基の『西方要決』が、どのような修行法を勧めているか紹介する。

一は、長時修。往生のための修行だけを続け、ほかの行をしない。

二は、恭敬修。これには五種ある。

その第一は、西方に背を向けず、西に向かってつばを吐いたり便をしたりしない。

その第二は、阿弥陀仏の像や図をつくったり、阿弥陀経を五色の袋に入れたりする。

その第三は、浄土教の指導者を敬う。意見が違ってもかまわない。

その第四は、同僚の行者を敬う。

その第五は、三宝を敬う。仏宝とは、見事につくられたいろいろな仏像のこと。仏像の尊い姿を思うのは、ほんとうの仏を思うようにしなければならない。法宝は、声聞・縁覚・菩薩の教えのこと。尊い経典を大事にしなければならない。僧宝は、僧のこと。持戒厳しい僧侶も破戒の僧侶も敬わなければならない。

三は、無間修。いついかなる時も、浄土を思うようにする。

四は、無余修。阿弥陀仏を礼拝し、念じ、ほかの行を交えない。

なぜ三つなのか

法然は、これにコメントを加える。

善導の『往生礼讃』は、四修というが、三つしかのべていない。これは、深い意図がある。四修とは、長時修、慇重修、無余修、無間修、の四つ。そして長時修は、残りの三修に通用する。たとえば、慇重（恭敬と同じ意味）がやまれば、慇重でなくなってしまう。そこで三修の最後はみな、《畢命為期誓不中止即是長時修》（大橋一九九一：一二三六頁）（命の終わるときまで誓って中止しない、これが長時修である）と結ばれるのだ。

＊

著者のコメント。

善導の『往生礼讃』と窺基の『西方要決』では、同じ四修の説明でも、だいぶ雰囲気が異なる。『西方要決』は、西に背を向けるな、便をするな、仏像を敬え、とか、僧侶を敬え（浄土教だけでなく他宗派の僧でも敬うのだろう）とかと、余計なことがいろいろ書いてある。『西方要決』は、源信の『往生要集』と同じで、焦点が定まらず散乱している。

10　弥陀化仏来迎不讃歎聞経之善、唯讃歎念仏之行之文

阿弥陀仏が念仏をほめる

法然はまず、『観無量寿経』にもとづいてのべる。

さまざまな悪行を重ねる衆生がいた。大乗経典を誹謗こそしなかったが、悪を反省せぬまま臨終を迎えたとき、善知識がいて教え、十二の経典の名前を唱えた。すると、千劫の悪業の罪が取り除かれた。今度は、南無阿弥陀仏と称えるよう教えると、五十億劫の悪行の罪が除かれた。阿弥陀仏や観念勢至が化仏となって現れ、念仏をほめ、その功徳で罪が消えて迎えに来た、と言った。

＊

法然はまた、善導の『観経疏』にもとづいてのべる。

化仏として現れた阿弥陀仏は、称名念仏をほめ、経典の名を唱えることに言及しない。往生が早いこと、念仏は雑行の比ではない。

なぜ念仏は功徳が大きい

法然は、つぎのようにコメントする。

経典の名を聞くことは、本願にない。念仏は、本願にある。だから讃歎した。

『観経疏』はこう説明している。

問い。経典の名を聞くことで除かれる罪の期間が千劫なのに、なぜ念仏は一声でも五百万劫なのか。

答え。死にそうな人間は気が急いて、経典の名前など受けつけない。念仏は落ち着いて集中できるから、罪を除くことのできる期間が長い。

＊

著者のコメント。

罪が消えないと、往生できないのか。それとも、罪があっても、往生できるのか。キリスト教でもイスラム教でも、人びとは罪のあるまま赦されて、救済される。神はなんでもできるからである。阿弥陀仏は、その意思によって罪のある衆生を往生させることができるのか、それとも、衆生がまず罪を消さないとだめなのか。本節は、そこがあいまいであるように感じる。

因果なのか意思なのか

この点を、もう少し掘り下げてみよう。

キリスト教やイスラム教は一神教である。神の意思がなにものにも優先する。人間が罪があろうと、価値がなかろうと、神が救おうとすれば、救われる。神の意思が優先するから、救済の宗教になる。

仏教は、因果論にもとづく。ならばこの世界の因果（真理）がなにものにも優先する。罪ある人間、よくない原因を積んだ人間は、覚りをうることができない。本来は。

ところが浄土三部経は、阿弥陀仏の本願を重視する。本願とは、阿弥陀仏の意思である。阿弥陀仏の意思は、「罪ある人間は覚れない（救われない）」というこの世界の法則を、上回るのか。いわゆる悪人正機説は、阿弥陀の本願は悪人をこそ救うためのものなのだという。それならば、阿弥陀仏の意思はこの世界の因果法則を超越する、と断言するほうがすっきりする。救済の宗教であるという構図がはっきりするからである。

でももしも、その原理で押し切ってしまうと、浄土信仰（阿弥陀仏の本願への帰依）は、仏教の範囲に収まらなくなってしまう。仏教は、どんな意思よりも、因果関係が優先する（この世界の根底である）という考え方なのだから。

いっぽうで、阿弥陀仏の本願が、人びとすべてを救うという原則は維持したい（a）。

もういっぽうで、因果法則が、この世界を支配しているという原則も維持したい（b）。

そこで、この両方を、仏教の枠組みのなかで両立させると、つぎのような構造になる。

人びとは（阿弥陀仏の招きで極楽浄土に往生し）修行して、その結果、覚る。（11b）

⇦

阿弥陀仏は人びとを、極楽浄土に往生させる。（11ａ）

阿弥陀仏の意思のはたらきは、絶対である。阿弥陀仏の本願によって、人びとは極楽浄土に往生する（11ａ）。このことは絶対で、例外はない。

けれどもこの往生（11ａ）は、この宇宙の全体構造（3）の一部である。宇宙の全体構造は因果論によって支配されている。仏教の基本の枠組みから外れていない。

これは、不合理な議論だろうか。そんなことはない。世界が因果的でも、その一部分が意思に支配されていることはありうる。たとえば、この世界は（自然科学の説明によれば）因果法則（たとえばニュートン力学や相対性理論）に支配されているとしても、その一部である、たとえばあなたは、自分の意思によって手足を自由に動かすことができる。あなたの意思が絶対的であることは、この世界が因果論に支配されていることと矛盾しない。

これと同じで、阿弥陀仏の意思は、絶対である。この世界の任意の人びとを、極楽に往生させることができる。でも阿弥陀仏の意思は、この世界ないし宇宙が、因果法則に従っているという骨格を変えない。人びとは、極楽に往生したあとも因果法則に従って、修行によって覚る（しかない）のである。

＊

阿弥陀仏を信じて、極楽往生を願う。この信仰は、仏教に内在する「部分信仰」でありうる。部分であっても、この世界で苦しみ、浄土に往生したいと念願する人びとにとっては、救いになる。仏教の信仰を、極楽往生の部分信仰に圧縮し、純化してしまうのが、念仏宗なのである。

11　約対雑善讃歎念仏之文

雑行と念仏

法然は、『観無量寿経』を踏まえてのべる。

念仏する者は、人間の中の分陀利華（白蓮華）である。『観経疏』の註釈によれば、この部分は、念仏三昧の効能が、雑行などと比べようもないことをのべている。

＊

法然はこれに、コメントを加える。

問い。『観無量寿経』は、念仏者は白蓮華のようだとほめるだけなのに対し、善導は『観経疏』で、念仏を雑行と対比して讃歎しているのはなぜか。

答え。『観無量寿経』ではこの前に、定散の緒善と念仏の行を並べて説いている。対比なしに念仏の効能がすぐれていると言えない。人間の上々人だ、白蓮華のようだとほめるのは、よくないものと対比しているのだ。

問い。念仏が上上なら、『観無量寿経』ではどうして、上上品でなく下下品のところで念仏を説くのか。

答え。下品下生は五逆重罪の人である。念仏でなければ、この逆罪を滅することはできない。弘法大師は『二教論』で、つぎのようにのべている。仏の教えは五つある。第一に素咀纜（経蔵）、第二に毗奈耶（律蔵）、第三は阿毗達磨（論蔵）、第四は般若波羅密多（大乗経典）、第五は陀羅尼門（密教）である。人びとの状態に応じてこれらを説くのであるが、五無間罪などもろもろの悪業を犯した者には妙薬として第五の真言の教えを説く。

五無間罪は五逆罪である。念仏三昧も妙薬である。《若非念仏三昧醍醐之薬者、五逆深重病甚為難治、応知》（大橋一九九一：二七五頁）（念仏三昧という醍醐の薬でなければ、五逆の重罪を犯した病を治すことは難しいことを、知るべきだ）。

重罪も軽罪も

法然は、さらにコメントを続ける。

問い。もしそうなら、下品上生は、十悪を犯しているが、まだ罪は軽い。どうしてこれらの人びとに念仏を説くのか。

答え。《念仏三昧重罪尚滅、何況軽罪哉、余行不然》（大橋一九九一：二七五頁）（念仏は、重い罪でも軽い罪でも滅するのである。ほかの諸行では、こうは行かない）。

《凡九品配当是一往義、五逆廻心通於上々、読誦妙行亦通下々、十悪軽罪破戒次罪各通上下》（大橋一九九一：二七五頁）（『観無量寿経』に、衆生の種類によって九品への往生を配当してあるが、これは一応のことである。五逆でも上品上生に生まれることができるし、経を読み正しく行なっても下品下生に生まれるかもしれない。十悪や軽罪を犯した者、破戒やそれに次ぐ罪を犯した者も、上下いろいろに往生するのである）。迦才も同様の註釈をしている。《見一往文莫起封執》（大橋一九九一：二七五頁）（経典のいちおうのテキストをみて、それにこだわってはいけない）。

＊

また法然は、コメントして言う。

道綽によれば、念仏する者には、始めの利益と終わりの利益がある。道綽の『安楽集』はいう、念仏する衆生は必ず極楽に往生する、これが始めの利益である。終わりの利益は『観音授記経』に書いてある。阿弥陀仏がやがて亡くなると観音、勢至があとを継ぎ、浄土の衆生は阿弥陀仏を見ることがない。しかし念仏して往生する者は、阿弥陀仏が現在して不滅であると見る。これが終わりの利益である。

＊

著者によるコメント。

上品上生～下品下生の九品の区別は、経典に明記してある。それを法然は、いちおう区別してあるだけで、その通りに往生するわけではない、テキストの文面にこだわってはならない、という。

『選択本願念仏集』は、経典や論書を根拠にして、念仏の優位を論証するものにみえた。けれどもここで、法然は、テキストの明文にとらわれるなと言う。テキストよりも、思想の一貫性を優先している。法然は、テキスト原理主義に見えるが、テキスト原理主義におさまらない、ということである。

では法然は、いったいどういう原則に立つのか。それをあとで考えよう。

もうひとつ。阿弥陀仏が長久の寿命のあとやがて死んでしまうことは、経典に書いてある。そのあとで極楽に往生しても、観音や勢至がいるだけで、当然、阿弥陀仏には会えない。ところが念仏により往生した者には、阿弥陀仏が存在していて会えるのだという。念仏による阿弥陀仏と衆生の結びつきは、絶対で永遠のものに化するということか。これも法然の、超絶論理である。

12　釈尊不付属定散諸行、唯以念仏付属阿難之文

阿難への付属

法然は、釈尊が阿難に与えた言葉に注目する。

『観無量寿経』にこうある、《仏告阿難、汝好持是語、持是語者即是持無量寿仏名》（大橋一九九一：二七五頁）（釈尊は阿難に言った、この言葉を保ちなさい、すなわち、無量寿仏の名を保ちなさい）。

善導の『観経疏』にはこうある、《従仏告阿難汝好持是語以下正明付属弥陀号流通於遐代、上来

雖説定散両門之益、望仏本願意在衆生一向専称弥陀仏名》（大橋一九九一：二七五頁）（この箇所以下は、釈尊が阿難に、弥陀号をずっと流通させるよう付属したことを明かしている。この前の箇所に定散両門の利益を説いているが、阿弥陀仏の本願は衆生が一向に阿弥陀仏の名を専称する意図であることを望んでいるのである）。

＊

法然はこれについて、コメントする。

「定善」「散善」「修十善行」「受持三帰」「発菩提心」「深信因果」「読誦大乗」について詳しい解説がある。省略する。

問い。顕教と密教では説くところが異なるが、なぜ密教を大乗に含めるのか。

答え。『貞元入蔵録』では、顕密の区別なく大乗経典としている。

「九品」についても解説がある。省略する。

諸行ではなく念仏

法然は、コメントを続ける。

念仏は専ら、阿弥陀仏の名を称えることである。釈尊は、定散の諸行を阿難に付属したが、後世に流通させない。念仏三昧の一行を、阿難に付属して後代に流通させた。

問い。どうして諸行のなかの深い行でもなく、また『観経疏』玄義分に《此経観仏三昧為宗、亦念仏三昧為宗》（大橋一九九一：二七七頁）（この経は観仏三昧を宗とし、念仏三昧を宗とする）とあるにもかかわらず、念仏三昧だけを後世に伝持せよというのか。

答え。定散の諸行は、本願にない。観仏三昧はすぐれた行であるが、本願にない。だから後世に伝持せよといわないのである。

問い。それなら、なぜ本願の念仏行をじかに説かないで、本願でない定散の諸行を説くのか。

答え。定散の諸行を説くのは、念仏のほうがすぐれていると明らかにするためである。観仏はそれなりにすぐれた行である。《然今至観経流通分、釈迦如来告命阿難、因使付属流通往生要法、嫌観仏法尚不付属阿難、選念仏法即以付属阿難》（大橋一九九一：二七八頁）（だが観無量寿経の流通分には、釈尊が阿難に、往生の要法を付属し流通させるのに、観仏の法を嫌って阿難に頼まず、念仏の法を選んで阿難に頼んだのである）。観仏で仏を瞑想して思い浮かべるだけで、念仏をしなければ、阿弥陀仏の本願に背き、釈尊の教えにも違うことになる。

念仏は今の時代に合っている

法然は、さらにコメントする。

戒を守る行、菩提心の行、読誦大乗の行、など散善の行は、後世に流通するよう付属されていない。

《今又善導和尚所以廃諸行帰念仏者、即為弥陀本願之上亦是釈尊付属之行也、故知、諸行非機失

時、念仏往生当機得時、感応豈唐捐哉》（大橋一九九一：二八七頁）（今また善導が諸行を廃して念仏に帰せしめるのは、阿弥陀仏の本願のゆえ、また釈尊が付属した行だからである。そこからわかるのは、諸行は現状に合わず時機を外れている。念仏は状況に合い時機をえている。阿弥陀仏と衆生のこの感応を無駄にしてよいだろうか）。

13　以念仏為多善根、以雑善為少善根之文

念仏の善根

法然は、『阿弥陀経』にもとづいて、のべる。

少善根の行では、浄土に生まれることはできない。阿弥陀仏の名号を一日、もしくは二日、……もしくは七日、一心に称えたら、臨終のとき極楽に往生する。

善導はこれを註釈して言う。極楽へは、雑行では往生が難しい。七日七夜、集中が途切れないで念仏すれば、臨終のとき聖衆が花をもって現れ、往生して無生忍（不退転）の境位となる。

＊

法然は、これにコメントして言う。

《謂雑善是小善根也、念仏是大善根也》（大橋一九九一：二七九頁）（いわゆる雑善は小善根である。念仏は大善根である）。念仏がすぐれていることをよく理解しよう。

14　六方恒沙諸仏不証誠余行、唯証誠念仏之文

念仏を証誠する

法然は、いくつもの論書を引用して、諸仏が念仏往生を保証することをのべる。

善導の『観念法門』は、阿弥陀経にあるように、無数の諸仏が舌を伸ばし、七日でも一日でも、十声でも一声でも、往生を願えば、臨終のとき阿弥陀仏が聖衆とともに迎えに来て、往生をとげることを証明した、という。（舌を伸ばすのは、本当であるしるし。）

善導の『往生礼讃』も、同様にいう。

善導の『観経疏』も、阿弥陀経を引いていう。十方の諸仏は、釈尊一仏が言うだけでは衆生が信じないといけないので、念仏すれば往生することを保証した。

善導の『法事讃』も、同様にいう。

法照の『浄土五会法事讃』も、同様にいう。

＊

法然は、こうコメントする。

問い。もし諸仏が証明したのなら、『無量寿経』や『観無量寿経』になぜ、そのことが書いてないのか。

答え。第一に、両経には余行のことも書いてある。だから、諸仏の証明が書いてない。第二に、

『阿弥陀経』に証明が書いてあり、それは両経にも通じている。

15 六方諸仏護念念仏行者之文

護念経

法然は、論書にもとづき、のべる。

善導の『観念法門』はいう。『阿弥陀経』にあるように、もし男子女人が一心に念仏すれば、六方の無数の仏が護念して悪鬼神を斥け、横病横死を防いでくれる。よってこの経を、『護念経』というのである。

善導の『往生礼讃』も、同様にいう。

＊

法然は、コメントをのべる。

問い。六方の諸仏だけが、行者を護念するのだろうか。

答え。阿弥陀仏、観音なども来て護念する。善導の『往生礼讃』にいう、『十往生経』は、衆生が往生を願えば、阿弥陀仏が二十五の菩薩を派遣して護る、としている。

また、『観無量寿経』にいう、往生を願う者に、阿弥陀仏は無数の化仏、化観音、勢至菩薩を派遣して、護る。

また、善導の『観念法門』にいう、『般舟三昧経』には、阿弥陀仏を念じるならば、諸天、四天大王、竜神八部が護る、とある。日毎に阿弥陀仏を念じること一万回を、命が終わるまで続ける者は、阿弥陀仏と聖衆が来たって護り、寿命も延びる。

16　釈迦如来以弥陀名号慇懃付属舎利弗等之文

浄土三部経の選択

法然は、経論をひいて、選択の本意を明らかにする。

『阿弥陀経』にいう、釈尊がこの経を説き終わると、舎利弗ら諸比丘や、天人阿修羅らは、歓喜し経を信じて、礼をして去って行った。

善導の『法事讃』は、この文を解釈していう、釈尊は説法の最後に、阿弥陀仏の名を慇懃に付属した。五濁の増す世で、念仏への誹謗が多くなるなど、逆風が強まる。

＊

法然は、コメントを加える。

《私云、凡案三経意諸行之中選択念仏以為旨帰》（大橋一九九一：二八〇頁）（私が思うに、浄土三部経の趣意は、諸行のなかから念仏を選択するということだ）。

『無量寿経』に、三つの選択がある。選択本願、選択讃歎、選択留教、である。選択本願はすでにのべた。選択讃歎とは、釈尊が、菩提心等の行でなく、念仏行だけを讃歎したこと。選択留教とは、釈尊が、念仏だけを後世に留めおかれたこと。

『観無量寿経』にまた、三つの選択がある。選択摂取、選択化讃、選択付属、である。選択摂取とは、阿弥陀仏の光明が、念仏の行者だけを照らすこと。選択化讃とは、経典を聞くことと念仏を称することのうち、阿弥陀仏が念仏する者を迎えるとしたこと。選択付属とは、諸行のうち念仏の一行だけを後世に付属したこと。

『阿弥陀経』に、ひとつ選択がある。選択証誠である。この経ではじめて、六方の諸仏が念仏行を保証した。

『般舟三昧経』にも、ひとつ選択がある。我名選択である。阿弥陀仏が、往生を願う者は我が名を称して休むことがあってはならない、としたことである。

誰の選択か

法然は、さらにコメントを続ける。

《本願摂取我名化讃此之四者、是弥陀選択也、讃歎留教付属此之三者、是釈迦選択也、証誠者六方恒沙諸仏之選択也、然則釈迦弥陀及十方各恒沙諸仏同心選択念仏一行、余行不爾、故知、三経共選念仏以為宗致耳》(大橋一九九一：二八一頁)(本願、摂取、我名、化讃、この四つは、阿弥陀仏の選択である。讃歎、留教、付属の三つは、釈迦仏の選択である。証誠は六方恒沙の諸仏の選択である。

ならばすなわち、釈迦仏、阿弥陀仏、十方おのおの恒沙の諸仏が一致して、念仏一行を選択したのである。余行は選択しなかった。ゆえにわかるのは、浄土三部経はどれも、念仏を選んで、結論としている)。

本書の要約

法然は、『選択本願念仏集』を要約して、こうのべる。

《計也、夫速欲離生死二種勝法中且閣聖道門選入浄土門、欲入浄土門正雑二行中且抛諸雑行選応帰正行、欲修於正行正助二業中猶傍於助業選応専正定、正定之業者即是称仏名、称名必得生、依仏本願故》(大橋一九九一：二八一頁)(まとめるなら、この世界の生死を離れようと思えば、聖道門をおいて浄土門をとるべきだ。浄土門の正雑二行では、雑行をやめ正行にすべきだ。正行の正業助業では、助業をさておいて正定の業に専念すべきだ。正定の業とは称名念仏である。称名すれば必ず往生する、それが本願なのだから)。

＊

著者による補足。

良忠は『決義鈔』で、いま引用した合せて八十一字の「この十六句は集の大意なり」とのべたという。「略選択」ともいう。(大橋一九九一：一五八頁注)。

なぜ善導に拠る

法然は、コメントして言う。

問い。華厳・天台・真言・禅門・三論・法相の諸師が、浄土法門の注釈をしている。なぜ善導の一師だけに拠るのか。

答え。諸師は、注釈をしたが、聖道を宗（第一）とした。善導は、浄土を宗（第一）とした。ゆえに、善導に拠るのである。

問い。浄土の祖師も多い。迦才、慈愍などである。なぜ、善導なのか。

答え。これら諸師は、浄土を宗（第一）とするが、三昧を発していない。善導は、三昧発得（阿弥陀仏の観仏三昧をやりおおせること）のひとである。実践の裏付けがある。よって善導を用いるのである。

問い。それを言うなら、懐感禅師も三昧発得のひとである。なぜ用いないのか。

答え。善導は師で、懐感は弟子である。解釈の相違点も多い。よって善導を用いるのである。

問い。師を用いるなら、道綽は善導の師ではないか。なぜ用いないのか。

答え。道綽は師であるが、三昧発得していない。道綽は往生できるかどうか、善導に聞いて、アドヴァイスを受けている。善導の三昧は師をはるかに上回っていた。

善導は、『観無量寿経』の註釈を書くのに、《頗感霊瑞屢預聖化、既蒙聖冥加然造経科文》（大橋一九九一：二八一頁）（しばしば霊瑞を感じて聖化にあずかり、仏の加護を受けて経のテキストを切り分けて行った)。よってこの註釈は、「証定疏」とよばれたのだ。

著者によるコメント。

法然は、善導は『観無量寿経』の読み方を、阿弥陀仏に教えてもらったのだ、と言っているのである。

＊

夢の教え

法然は、コメントを続ける。

『観経疏』第四巻にいう、善導は『観無量寿経』の真意を明らかにしたいと願って言った、《某今欲出此観経要義楷定古今、若称三世諸仏釈迦仏阿弥陀仏等大悲願意者、願於夢中得見如上所願一切境界諸相、於仏像前結願已日別誦阿弥陀経三遍、念阿弥陀仏三万遍至心発願、即於当夜見西方空中如上諸相境界悉皆顕現、…中有諸仏菩薩、…自此已後毎夜夢中常有一僧而来指授玄義科文、既了更不復見》(大橋一九九一:二八一〜二頁)(自分はいま『観無量寿経』の大事な内容を取り出して古今の説を正したいと思う。三世諸仏釈迦仏阿弥陀仏等の大悲願の意にかなうなら、どうか夢の中で、こうした一切の境界の諸相(極楽のありさま)を見たい。そう仏像の前で願を結び、日毎に阿弥陀経を三遍、念仏を三万遍称えて発願すると、その夜西方の空中に境界の諸相がみな現れた。…その中に仏菩薩がいて、…以後、毎夜夢の中にひとりの僧侶がやってきて、テキストの読み方(玄義分の区分け）を教えてくれた。それが終わると、もう見えなくなった）。

三夜の夢

法然は、さらにコメントする。

『観経疏』の続きである。註釈が完成したので、阿弥陀経を日に十遍、念仏を三万遍、七日間続けるつもりだった。すると夢をみた。白い駱駝に乗ったひとが言う、あなたは必ず往生するであろう。つぎの夜も夢をみた。阿弥陀仏は金色で、十人の僧が囲んでいた。つぎの夜も夢をみた。大きな旗竿に五色の幡がかかっている。そこで三日目でやめた。

この話をするのは、人びとに意義を伝えるためである。西方浄土の教えに帰依し、ともに仏道を完成しよう。

＊

《此義已請証定竟、一句一字不可加減、欲写者一如経法、応知》（大橋一九九一：二八二頁）（この『観経疏』のテキストはすでに仏の保証をえて確定している。一字一句、加減があってはいけない。写本をつくる者は、経文と同様に扱うように、念をおしておく）。

『観経疏』は阿弥陀仏の教え

法然は、『観経疏』という書物について、コメントする。

本書は、浄土への往生を求める人にとって、かけがえない指導者である。《就中毎夜夢中有僧指授玄義、僧者恐是弥陀応現、爾者可謂、此疏是弥陀伝説、何況大唐相伝云、善導是弥陀化身也、爾者可謂、又此文是弥陀直説》（大橋一九九一：二八二頁）（とくに、毎夜夢に僧が現れ、奥深い真義を授けてくれたという。この僧はおそらく阿弥陀仏の応現であろう。この『観経疏』は、阿弥陀仏が伝え説いたものと言ってよいのだ。まして、唐では善導は阿弥陀仏の化身と言い伝えている。ならば『観経疏』は、阿弥陀仏の直説なのである）。

そもそも本地は四十八願を立てた阿弥陀仏である。その垂迹が専修念仏の導師（善導）なのである。

結語

法然は、最後に『選択本願念仏集』を書いた経緯をのべ、本書をしめくくる。

自分はかつて『観経疏』を読み、ただちに余行を捨て念仏に帰依した。以来、念仏だけを行ないひとにも勧めている。念仏の行は、水に映る月のようで、衆生と阿弥陀仏は一体である。

＊

思いがけず、（九条兼実の）仰せで、念仏の大事なポイントをのべることになった。慚愧《ざんき》にたえない。どうか見終わったら、壁底に塗り込めるなどして、その辺に置かないように。読んだ誰かが仏法を誹謗して、悪行に堕ちるといけないからである。

2・3 『選択本願念仏集』のロジック

さて、ここまで、『選択本願念仏集』の議論を順番に追いかけてきた。

そこで印象深いのは、法然の先行者として、善導が大きな存在であること。法然が、善導の『観経疏』に深く深くインスパイアされていることである。

そこでこの節では、『選択本願念仏集』の論理構造(ロジック)を、明らかにしてみたい。

善導とは誰か

善導(六一三〜六八一)については、2・2節の最初(九三頁)でも軽く触れておいた。改めてどんな人物なのか、まとめておく。

善導は、唐代の僧。道綽について浄土教を学び、修行と著述の生涯を送った。弟子に、懐感がいる。主著は『観無量寿経疏』(『観経疏』)四巻。ほかに、『往生礼讃』一巻、『法事讃』二巻、『般舟讃』一巻、『観念法門』一巻がある。

浄土教の論者や流派のなかで、善導の『観経疏』は、余行を捨て専ら称名念仏に集中する点が際立っている。ここまで論理を鋭角に研ぎ澄まし、仏道を「純化」したのは例外的である。才能にあふれ独創的だが、孤立していたと言ってもよい。中国では仏教の主流から外れ、やがて忘れられていく。

中国で、浄土教は盛んだったが、それは、他宗と併修するものだった。宋代には、《天台、禅、律の学僧たちは同時に浄土教の信仰者であった人が多い。》（平川一九七七：一四六頁）こうした傾向は、源信の『往生要集』当時のわが国の状況でもあった。源信は、天台宗の僧でありつつ、浄土思想に深くコミットしていた。中国ではやがて禅宗が主流になるが、「禅浄双修」が常態であった（平川一九七七：一五二頁）。

＊

中国の浄土教の論書のなかで、善導の『観経疏』に深く動かされたのが、法然である。善導のなかにあった「純化」への志向が、法然に火をつけた。そして、法然が受け継いだ称名念仏への「純化」は、わが国で、決して孤立した動きとして立ち消えになるどころか、旧仏教と対峙する、太く大きな潮流となっていくのである。

どんな論理構造（ロジック）なのか

法然の『選択本願念仏集』の、論理構造（ロジック）をまず確認してみよう。

まず前提として、これは仏教の論理構造（ロジック）である。「わたしは仏教を認めません」というひとに対して、仏教のロジックは効果がない。仏教の前提を認めるから、仏教のロジックが人びとをとらえる。そこで読者の皆さんも、仏教の前提を共有していただきたい。

仏教の前提。それは、つぎのようである。

（1）世界は、因果法則（真理）でできている。
（2）人間は、因果法則（真理）を認識できる。
（3）釈尊（ゴータマ）は、因果法則を認識し、覚った人（ブッダ）となった。
（4）自分も、釈尊（ゴータマ）のように、覚った人となろう。

（1）（2）は、インドの人びとの基本的な考え方である。バラモン教、ヒンドゥー教に共通する。仏教はこの上に乗っている。

（2）の、因果法則（真理）を認識したひとを、聖者という。バラモン教、ヒンドゥー教には、聖者がおおぜいいる。

（3）が、仏教に独自の前提である。これは仏教にとって、公理のようなものだから、無条件で承認して（信じて）もらわなければならない。

釈尊（ゴータマ）は、実在した歴史的人物である。このことは、信じる／信じない、の問題ではない。その釈尊（ゴータマ）が、覚ったかどうか。それが問題である。「ゴータマが覚った（ブッダになった）」と思わないのは自由である。でもそのひとは、仏教の外に出て行ってしまう。仏教徒である限り、（3）は前提なのである。

（4）は、仏教徒であることの定義そのものである。自分も、釈尊（ゴータマ）を手本に、覚ろうと思う。同じ人間なのだから、できないはずはない。そう思って、努力しつつ生きるのが、仏教徒だ。

仏典（三蔵）

仏教のロジックの続きである。

釈尊（ゴータマ）を手本に、覚るためには、釈尊の教えに従わなければならない。釈尊は教えを説いた。それは口伝で伝えられ、やがて文字に書き留められた。

釈尊の教えは、三つのグループの書物にまとまっている。

・経　…釈尊が、覚りについてのべた教え
・律　…釈尊が、出家者の修行法についてのべた教え
・論　…釈尊の弟子が、釈尊の教えについてのべた考え

これらの書物を読んで修行するのが、仏教を学ぶということである。

＊

仏教には、以上のことのほか、「こう考えなければならない」といった決まりがない。どう考え

てもよいのが、仏教である。

キリスト教には、「こう考えなければならない」といった決まりがある。それを教義（ドグマ）という。教義を受け入れ、教義の通りに考えるのが、キリスト教の信仰である。

仏教は、キリスト教のような、教義にあたるものがない。その意味で自由である。仏教には思想の自由がある。

*

このうち、律は、ひと通りしかない。（いくつも伝わっているが、写本の系統が違うのと似たような微細な差異である。）

これに対して、経は、何冊もある。数えきれないほどの経がある。そしてどれもみな、釈尊（ゴータマ）が説いた教えである、と考えられている。（実際には、後世にまとめられた経も多い。それらは釈尊の教えでない、という主張を、非仏説という。非仏説を言い始めると収拾がつかなくなる。そこで、すべての経典は仏説であると考えるのが、仏教の約束である。）

論は、仏弟子の著作である。釈尊の述作ではない。仏弟子が、釈尊の教えについて、自分の理解をのべたものである。龍樹や世親など、仏弟子の著作であっても、きわめてレヴェルが高く、経典と同等以上に重視されるものもある。

多くの仏陀（ブッダ）

経典のなかに、釈尊以外の多くの仏陀（ブッダ）が登場する。

釈尊（ゴータマ）は、歴史的人物である。覚って、釈迦仏（釈迦如来）となった。

初期の経典には、仏陀（ブッダ）は、釈尊以外に登場しない。けれども、説話のなかに過去仏が登場するようになった。燃灯仏である。修行時代の前世の釈尊に、授記（将来ブッダになる予言）を与えた仏だ。大乗仏教の時代になると、さらに仏陀（ブッダ）の数がふえ、薬師如来、阿閦仏、阿弥陀仏、毘盧遮那仏、…などが拝まれた。ほかに、観音菩薩、勢至菩薩、文殊菩薩、弥勒菩薩、地蔵菩薩、…などの尊格も信仰を集めた。菩薩は、在家修行者の意味で、大乗仏教の信徒のあり方を理想化したものである。これらの仏陀（ブッダ）や尊格は、いずれも経典のなかに登場する。でもほんとうに存在するのか。釈尊以外の仏陀（ブッダ）は、歴史的人物ではないので、存在したという証拠がない。

でも、存在する。それは、釈尊が経典のなかで、そう証言しているからだ。

経典はすべて、釈尊の説いた教えであることを思い出そう。釈尊は仏陀（ブッダ）である。仏陀（ブッダ）だから、一切知である。どこにどんな仏陀（ブッダ）がいるか、すべて知っている。それに、うそはつかない。ゆえに、経典に△△仏が存在する、とのべてあれば、△△仏は存在するのである。釈尊（ゴータマ）が存在する→釈尊は仏陀（ブッダ）である（以上、仏教の前提）。ならば、経典に出てくる△△仏は存在する。仏教徒は、こう考えるしかない。

経典と「宗」

こうして、多くの経典が存在し、多くの仏陀（ブッダ）が存在する。読んでみると、言っていることがけっこうばらばらである。いったいどれに従って、修行すればよいのだろう。どれもみな、釈尊の教えである。ならばどれに従ってもよい。

仏教には、思想の自由があるのだった。たしかに。だが、別な言い方をすれば、それは思想の混乱である。

＊

そこで中国では、どの経典が大事か、序列をつけて教えを整理する、教相判釈（教判）が試みられた。こういう理由で、この経典や論書を重視する。そう考える僧らの研究グループが、「宗」である。

「宗」はサークルのようなものだから、寺院の組織とは関係ない。寺院は政府が管理している。「宗」は排他的でもない。どの経典も仏説なのだから、どれかの経典が別の経典を徹底的に排除することは、できないのである。

浄土経典が翻訳されると、浄土「宗」のグループもうまれた。ほかの「宗」の人びとが浄土経典も学ぶ、というのが実態だった。

＊

だから善導が、浄土経典にもとづいて仏教のロジックを「純化」させ、「阿弥陀仏原理主義」ともいうべき信仰を生み出したのは、稀有のことだった。

『選択本願念仏集』のロジック

法然は、この善導が組み立てたロジックに、運命的に強くひかれた。そして、レーニンがマルクスにひかれてマルクス・レーニン主義をつくったように、法然は善導にひかれて念仏宗をつくったのである。

このロジックを、確認してみよう。

＊

まず、阿弥陀仏と極楽浄土への往生は、このようなロジックによる。

（5）釈尊が、浄土三部経を説いた。
（6）釈尊は言う、西方の極楽浄土に阿弥陀仏がいる。
（7）阿弥陀仏は、法蔵菩薩のときに本願を立て、それが極楽浄土として実現した。
（8）第十八願で、称名念仏をすれば極楽往生すると約束している。
（9）極楽に往生すれば、あと一回生まれ変われば、仏（ブッダ）になれる。

これらの命題を、当たり前のことだと、漫然と見過ごしてしまってはいけない。それぞれのポイントを確認しておく。

（5）は、浄土経典が仏説であること。その内容が真実であることは、釈尊が仏陀（ブッダ）だから、保証されている。（6）は、阿弥陀仏も極楽浄土もちゃんと存在すると保証する。釈迦仏が紹介しているのだから、存在しないはずはない。（7）は阿弥陀仏の前世の法蔵菩薩が、本願（特別の誓約）を立てたこと。釈迦仏が紹介しているのだから、本願を立てたことは間違いない。その法蔵菩薩が現に成仏し、阿弥陀仏となったのだから、本願がみな実現したこと（阿弥陀仏の仏国土が存在すること）も、間違いない。（8）は、この世界で輪廻を繰り返す衆生が、称名念仏しさえすれば、極楽に招くという約束（第十八願）。本願がすべて実現したのだから、この本願（約束）も実現したに違いない。（9）も、本願の一部である。この約束も効力があるに違いない。

なぜ、称名念仏なのか

ここまでは、浄土三部経に書いてあることである。

これだけなら、称名念仏だけに集中する「念仏宗」にならない。浄土三部経のほかにもさまざまな大乗経典がある。浄土に往生する方法もいろいろある。現に浄土経典は、メインとなる宗派にとって、サイド・リーディング（副読本）のようなものだった。

＊

それを、ドラスティックに組み替えたのが、善導と法然である。それまでの仏教の全体が、阿弥陀仏への信仰に、そして称名念仏による極楽浄土への往生に、「純化」された。こうした「原理主義的」な組み替えのロジックは、つぎのようなものである。

(10)いまは、末法の世である。
(11)仏教の全体は、聖道門（浄土門以外）／浄土門、に分かれる。
(12)末法の世では、聖道門の行（諸行）は効果がなく、浄土門の行（正行）によるしかない。
(13)正行のなかでは、正業（正定の業）によるべきで、助業によるべきではない。
　正業とは、称名念仏である。
(14)念仏は、生涯称えてもよいし、十声称えても、一声称えてもよい。
(15)称名念仏すれば、衆生は誰でも、どんな罪があっても、必ず極楽往生する。
(16)極楽往生した人びとは、極楽で九品の差別があるのでなく、平等である。
(17)極楽往生した人びとは、この世界に戻って衆生を救済する慈悲の行を行なえる。

以上のことを論証しているのが、『選択本願念仏集』にほかならない。

＊

(10)いまは、末法の世である。やがて末法の世になることは、仏教の常識だ。そして当時、すでに末法が始まったと考えられていた。(11)浄土門は、浄土経典にもとづく往生のための行。浄土門以外が、聖道門とひとくくりにされる。そして、(12) 聖道門の諸行は、「末法の世であるから、もはや効力がない」と、失効を宣告される。天台も、真言も、華厳も、法相も、禅門も、…すべて聖道門なのだから、思い切った主張だ。(13) は観仏や礼拝でなく、称名念仏だけで必要十分であることをいう。臨終の際に、阿弥陀如来の来迎がなければ往生が確証できない、という『往生要集』の考え方も、とらないということだ。(14) は、称名念仏を何回すればよいか。法然は、十声でも、一声でも、十分である(往生が決定《けつじょう》する)という。称名念仏はもはや、修行ではない、ということだ。修行であるなら、それが原因となって、往生という結果をうむ、という論理になる。称名念仏は修行ではない。阿弥陀仏との交流である。阿弥陀仏にすべてを託し任せるということである。(15) では、どんな重罪を犯した衆生も、往生できるのか。五逆の罪を犯したとしても、例外なく往生する。限りない過去世に犯し続けてきた罪も、なかったことになる。(16) 極楽に往生するには、上品上生から下品下生までの九品の区別があると、『観無量寿経』に書いてある。しかし法然は、それは一応のことで、実際にはそんな違いはない、と説いた。往生した先で、人びとがみな平等なのなら、この世界を生きる衆生もみな人間として平等であることになる。(17) 極楽からこの世界に戻って、ボランティア活動ができるのは、上品でないとできないことになっていた。法然によれば、九品の区別がないのだから、誰でも往生したあと、この世界に生きる衆生を助けにやってくることができる。この社会のコミュニティが、理想的に再建できることになる。

論理の鎖

法然の『選択本願念仏集』は、同時代の人びとに、強烈なインパクトを与えた。それは、以上の（1）～（17）のロジックが、疑いをさし挟む余地のない一本の「論理の鎖」として、構成されていたからである。極楽往生は、修行のあいまに参考程度に願われるのではなくて、仏道修行者がそれ以外の諸行を捨て、全存在をかけて真剣に追求すべき目標となった。

釈尊が阿弥陀仏について説く
⇩ 阿弥陀仏は本願を立てた
⇩ 本願が実現して極楽浄土がある
⇩ 南無阿弥陀仏と称名念仏を称えれば往生できる
⇩ 称名念仏する以外に救われる可能性はない
（この世界で覚る可能性はない）

（12）

法然は、ただ単に頭で考え理屈を追いかけて、このロジックを編み上げたわけではない。悩みもがき、苦しみ抜いたすえに、それ以外にない生き方として、このひと筋の道にたどり着いた。そう直観した途端に、弾かれるように比叡山を降り、京都の町で、市井の人びとと共に暮らしている。それが、念仏者である自身のいるべき場所だとわかったから。

『選択本願念仏集』は、自問自答の繰り返しである。この論理の鎖に寸分の隙もないのか、もっとも厳しく検証したのは法然自身である。彼ひとりでなく、同時代の大勢の人びとを救う論理の鎖である。だからそれは、当然だ。

＊

法然の覚悟と慈愛は、自身に対する厳しい自己規律（セルフ・ディシプリン）となって表れた。称名念仏は一声でもよいはずである。『選択本願念仏集』にはそう書いてある。しかし彼は生涯、「南無阿弥陀仏」と称えてやまなかった。僧侶としての戒律を持することは必要なく意味もないはずである。しかし彼は生涯、行ないの正しい僧侶として過ごした。法然の身の回りから、称名念仏によって極楽往生を願うのが唯一の道であるという、確信の熱量が滲み出した。彼が大勢の門弟らを引きつけ、彼らを感化し、称名念仏の道を広めるメッセンジャーとして送り出すことができたのは、そのためである。

＊

法然のこの専修念仏のスタイルは、念仏宗という運動のうねりとなった。

法然以前にも、空也のような、民衆のなかで活動するエネルギッシュな念仏僧はいた。けれども彼ら（念仏聖）は、法然のような「オルタナティヴ仏教」の、強度と体系をもたず、「純化」を果たしていなかった。念仏宗は、それまでの念仏と質の違った、運動のうねりをうみだした。

法然が駆動した念仏宗は、それでは、当時の社会に対して、どういう革命的な意味があったのだろうか。

2・4　念仏宗の衝撃

なぜ壁に塗り込めるのか

法然が九条兼実の求めに応じて『選択本願念仏集』を書いたとき、その全体は、もうはるかに前からそらんじるほどに頭の中に組み立てられていただろう。この書物が「危険」なことは、法然自身がよく承知していた。だから、ごく限られた弟子にしか読ませなかった。また、巻末には、読み終わったら壁にでも塗り込めて、外に出さないようにと記されてもいた。けれども、この本が公開され出版されるか否かにかかわらず、念仏宗はおおきな「事件」とならざるをえなかった。

＊

案の定、既成の宗派からは、「念仏停止《ねんぶつちょうじ》」を求める要求が相次いだ。興福寺や延暦寺をはじめ、寺社権門は新興の念仏宗を危険視した。高齢の法然も、親鸞らと共に捕らえられ、流罪となったのは、すでにのべた通りである。

なぜ、「念仏停止」を当局に要求するほど深刻な反対を、既成の宗派の側にひき起こしたのだろうか。

旧仏教への脅威

念仏に純化した運動を、念仏宗といおう。

念仏宗がなぜ、恐れられたか。念仏宗は、これまで平安の権門体制をかたちづくってきた既成の宗派（旧仏教）の、足元を揺るがす脅威だからである。

それはまず、教理の面で、脅威である。

*

旧仏教は、成仏するには、修行が必要であると考える。

宗派によって、基本になる経典が違い、修行のやり方にも違いがある。けれども、修行して成仏しなければならない点は同じだ。そしてその修行は、気の遠くなるほどの時間とエネルギーがかかる。

修行のプロの、出家者がいる。フルタイムの僧侶だ。出家者の僧侶が上で、在家の人びとが下。そういう階層（ヒエラルキー）が当然のように出来ているのが、旧仏教だ。

出家者は働かない。お金がかかる。それを在家の人びとが負担する。寺院に寄進するのは、よいことで、功徳があることになっている。

寺院は荘園をもっていて、農民は年貢で寺院を支える。貴族も荘園をもっている。貴族は寺院にしょっちゅう寄進をする。貴族の荘園で働く農民は、間接的に寺院に年貢を巻き上げられている。そうした農民の負担は、旧仏教では正当なことになっている。

念仏宗は、修行しても成仏できない、と説く。誰も。世が末法だからだ。

それなら、プロの出家者がフルタイムで修行するのはムダである。寺院に寄進するのもムダである。功徳はない。農民が荘園で働いて、年貢を払うのだってムダである。荘園で働かされるこの世界は、まったく意味のない暗闇のような場所だ。年貢は搾取だ。

自分たちの生きる意味と希望はないのか。農民たちは、そう思う。

＊

修行を先送りする

そんなとき、法然の念仏宗が現れた。

念仏宗の僧侶らは、本山の立派な堂楼伽藍に住まってふんぞり返っていたりしない。ボロをまとい、貧乏で、腹を空かして農民のあいだを歩き回る。そして、こう説く。いまは末法の時代だ。これまでの仏教ではもうダメだ。あのな、西方には極楽浄土があって、阿弥陀仏がいらっしゃる。「南無阿弥陀仏」と念仏を唱えるとな、それだけできっと極楽に往生できるのさ。そして極楽で夢のように過ごしながら、すぐ成仏できる。これはな、法然という立派なお方がみつけたお釈迦さまの本当の教えだ。どうだ、すごいだろう。

＊

念仏宗は、何をやっているのか。

念仏宗は、修行を否定しない。修行を「先送り」する。末法の世だから、修行して成仏するのは無理。そこで極楽に、場所を移る。極楽はこの世界ではないから、末法は関係ない。図示するとこんな具合だ。

旧仏教　　修行する　↓　成仏する

⇩

念仏宗　念仏する　↓　極楽に往生する　↓　修行する　↓　成仏する　　(13)

念仏宗は、修行を先送りするから、いまは修行しない。代わりに、念仏する。念仏は、修行ではない。出家も在家もない。フルタイムのプロがいない。すべての人びとは、対等で平等である。阿弥陀仏の前で。極楽に往生するという、阿弥陀仏の本願の前で。

修行と成仏を先送りにし、スキップすると、旧仏教をスキップできる。念仏宗さえあれば、旧仏教はなくてよいことになる。すると荘園、とくに寺社領は、存在しなくてよいことになる。荘園のうえに成り立つ権門体制が、がらがらと音を立てて崩れてしまう。

そう、念仏宗は反体制の、仏教原理主義の運動なのだ。

だから旧仏教にとっては、脅威である。「念仏停止」を求めるのである。

念仏は連帯をつくりだす

念仏宗は、農民を団結させ、連帯をつくりだす。それまでばらばらに、荘園で不本意に働かされていただけだった農民は、念仏を通じて、〈われわれ仲間〉の意識をもつことができた。ムラが、共同体として、団結した。念仏がそれを可能にした。

どうやって、連帯はつくられるのか。

＊

法然の教えによれば、誰でも、どんなに罪があっても、念仏を唱えたとたんに往生が決定《けつじょう》する。必ず極楽に往生し、そこで阿弥陀仏の弟子となって、修行し成仏する。ならば、念仏する者同士の関係は、極楽での仏弟子と仏弟子の関係、成仏した仏と仏の関係である。そこになんの矛盾や葛藤や紛争がありえよう。

そして、極楽に往生して菩薩や仏になった人びとは、志願してこの世界に戻り、苦しむ衆生とともに慈悲のはたらきを行なう。あなたやわたしの間に、そういう慈悲の菩薩や仏が隠れているのではないか。いや、いまある自分たちはみな、その自覚がないだけで、実はそうした菩薩や仏たちなのではないか。

＊

往生が決定するから、この世界の自分たちは極楽に写像される。極楽に写像された人びとを逆写像してたどると、この世界の自分たちになる。念仏＝往生決定、を核にして、ムラの人びとは互いを同志と定義し、連帯し、団結することができる。荘園は、農民の自発的な結合である惣村へと生まれ変わっていく。

＊

現世の善行のランクによって、極楽に行っても上品上生から下品下生までの九種のランクがあるという説を、法然は徹底的に論破していた。往生は念仏するだけでよく、極楽に行けば人びとのあいだにどんな上下の差異もないのだ、と。

極楽（理想世界）をあいだに挟むことで、ムラの人びとの社会関係は、変化する。純化される、と言ってもいい。これがのちに、連帯（一揆）をうんでいくのだ。

旧仏教の衰退

貴族に寄生し荘園の財力を吸い取っていた旧仏教は、念仏宗が出現することで衝撃を受けた。衰退の始まりだ。

念仏宗だけではない。それに刺戟を受けた禅宗も、また法華宗も、念仏宗に続いて勢力を拡大した。鎌倉新仏教である。

旧仏教の側は、念仏宗などの新仏教を抑え込もうとさまざまな手を打った。でも、成功しなかった。貴族に代わって新しい支配層として登場した武士たちが、旧仏教よりも新仏教に肩入れしたことが、理由のひとつである。

禅宗や法華宗が、どのように展開したのかは、第2部、第3部でのべよう。

*

農民の連帯と主体性が高まり、団結力が強くなると、農民を思うままに収奪することが難しくなる。農民の手許に経済余剰が少しは残るようになる。領主と農民の力関係が変化した。この時期に成立した惣村は、強固だった。そして、室町時代〜戦国時代〜江戸時代を通じて、明治まで続いていく。

第3章 法然以後

法然は多くの弟子たちに恵まれた。彼らは、情熱に燃え、弾圧にめげず、人びとのあいだに入って念仏を伝え歩いた。

弟子たちのなかで注目すべきなのは、親鸞である。

親鸞は非僧非俗を称し、妻を迎え子どもをもうけた。法然と正反対である。親鸞は、念仏宗（浄土宗）から分かれた、浄土真宗の祖とみられている。

親鸞と浄土真宗について考えよう。

親鸞というひと

親鸞（一一七三－一二六三）は、京都の生まれ。比叡山に入って天台宗を学ぶ。

二九歳のとき山を下りて、六角堂に参籠した。悩みを抱えていたらしい。救世観音の夢告を受けた。観音は言う。前世の報いであなたが女性を犯すのなら、私が女性の身体になって犯されましょう。都合のよい夢告である。

そのあと法然のもとを訪れ、教えを受けた。弟子に加わった。当時、法然は六九歳である。やがて親鸞は実力を認められ、『選択本願念仏集』を閲読し書写することを許される。この本はまだ、秘されていた。法然の弟子たちのグループの、有力な幹部になった。

*

興福寺が「専修念仏の停止」を訴え、認められ、法然や親鸞は還俗させられ、流罪となった。親鸞は越後に配流された。赦されたあと、親鸞は家族や弟子を伴って東国に赴き、その地で二〇年にわたって教えを説いた。

六〇歳を過ぎて京都に戻り、ほぼ三〇年を過ごして歿《ぼっ》した。大谷の墓所に納められた。還俗させられて以来、僧侶でも俗人でもないからと、生涯を非僧非俗で貫いた。四男三女をもうけた。主著は『教行信証』。正式名は『顕浄土真実教行証文類』。弟子の唯円による『歎異抄』がある。

なぜ独身主義なのか

仏教の僧侶は、独身である。

カトリックの神父は、独身である。

ユダヤ教のラビやイスラム法学者は、独身ではない。結婚して家庭をもつ。バラモンも結婚して家庭をもつ。プロテスタントの牧師も、結婚して家庭をもつ。そういう宗教のほうが多い。

なぜ、仏教の僧侶とカトリックの神父は、独身なのか。

＊

キリスト教の聖職者が独身なのは、新約聖書のパウロの書簡に根拠がある。もうじき世界は終わります。結婚などしないで、独身で祈っていなさい。それがいちばんよい。でも、肉欲をどうしてもがまんできず罪を犯しそうなひとは、結婚してよろしい。敬虔な聖職者は独身／一般人は結婚、の区別がうまれた。

でも、終末がいっこうに訪れない。それに、聖書に「聖職者（神父）を置きなさい」とは書いてない。カトリックに反旗をひるがえしたプロテスタントは、聖職者をなしにしてしまった。牧師はいるが、一般人（信徒の代表）だから、結婚する。

パウロは、結婚しないほうがいい、と勧めただけで、結婚を禁止したわけではない。だから、聖書を読み直せば、結婚してもいいのだと考えることができる。

＊

これに対して、仏教では、出家者は女性と接触してはいけないことが、具足戒（出家者のためのルール）で決められている。修行の妨げになるからと、釈尊がそう決めた。命令である。明文で書いてあるので議論の余地がない。だから、僧侶は結婚することができない。

なぜ釈尊は、そう決めたのか。

仏教は、アンチ・ヒンドゥー教である。アンチ・カースト制である。ヒンドゥー教は、カースト制のトップのバラモンだけが、宗教に携わることができるとした。釈尊（ゴータマ）は、バラモンの下のクシャトリヤだ。ヒンドゥー教では、宗教に携わることを認められない。釈尊は、これをはね除ける必要があった。

あるとき弟子が訊いた。ひとは生まれによってバラモンなのですか、それとも行ないによってバラモンなのですか。釈尊は答えて言った。ひとは、行ないによってバラモンになるのである。

バラモンは浄い。カースト制を下にくだるに従って、穢れているとされる。これに対して仏教はいう。仏教の出家修行者は異性との交わりを断っており、清浄である。パラモンは結婚しているから穢れている。仏教の出家者はもともと、さまざまなカーストの出身である。でも清浄なことはバラモン以上である。仏教は、出家者の清浄さをこれみよがしに演出する必要があったのだ。

＊

出家者が独身であるべきことを定めた戒律（具足戒）があるから、結婚はできない。

ただしこれは、小乗の戒律だ。

大乗仏教は、在家の修行者（菩薩）の運動である。小乗の戒律に縛られる必要はない。在家なのだから、結婚して当然である。

大乗仏教は、多くの大乗経典をつくった。でも、大乗の戒律をつくらなかった。（菩薩戒を定めた経典はないことはないが、律の形式をとっていない。）大乗の菩薩たちがどうやって修行していたか、詳しいことはわかっていない。

＊

さて、中国には、大乗の経典、小乗の経典や論書、律蔵、がばらばらに伝わった。そしていっしょくたに、仏教というくくりになった。仏教の担い手は出家修行者で、主に大乗経典を読み、小乗の戒律（具足戒）に従う。大乗仏教なのに、戒律は小乗仏教（独身主義）、という奇妙な組み合わせになった。

日本にもこれが伝わった。大乗仏教なのに小乗の戒律に従う（独身主義）、という奇妙な組み合わせなところは、中国仏教と同じである。

念仏宗は、出家を認めるのか

念仏宗は、既成の仏教の修行法は無効だとする。修行する→成仏する、を目指すのは、末法の時代では不可能である。大きな寺院を建てたり、そこに出家者が集まって経典を読んだり儀式を行なったりするのは、無意味である。意味があるのは、「南無阿弥陀仏」と念仏を唱えることだけ。これは修行ではない。在家の人びとが誰でもできる。ならば、出家者は存在しなくてよい。理屈から言えば、そうなる。

けれども法然は、出家僧として念仏宗の運動を始め、生涯、戒律を固く守って生きた。戒律を守り独身主義を貫いた。リーダーの法然がそうなので、念仏宗は出家の独身主義を否定しにくい。そこで、法然に連なる念仏宗は、念仏を指導する出家者らを核に、在家の人びとが従うという集団になった。みたところは、既成の仏教と似た組織である。

＊

いっぽう親鸞は、独身主義を捨てて結婚し、子どもをもうけた。それは、たまたま還俗させられたから在家に戻って、結婚したのかもしれない。詳しいことがわからない。

親鸞に従った人びとには、親鸞の血統を尊重するグループもいた。親鸞の血統を受け継いだものが指導者になる。当時、血脈相伝《けちみゃくそうでん》といって、師と弟子のあいだに擬制的な血縁関係を設定し、法統をうけつぐならわしがあった。親鸞の場合は、ほんとうの血統である。やがて親鸞を祖とする浄土真宗が、念仏宗（浄土宗）から分かれた。浄土真宗では、僧侶も結婚する。

＊

カトリックとプロテスタントは、独身主義をめぐって厳しく論争した。カトリックが独身主義、プロテスタントは非独身主義で、なぜそうなのか、理由がはっきりしている。

仏教の宗派のなかでは、浄土真宗だけが非独身主義で、その理由ははっきりしない。明治になって、すべての宗派で僧侶が妻帯するようになったが、その理由もはっきりしない。（政府が許可したから、が理由のようだ。）仏教と独身主義の関係は、割り切れない問題として積み残しの宿題のままである。

法然＋親鸞

こう考えてみてはどうか。

法然は、出家者であることをやめ、俗人として生きるべきだった。もしも「南無阿弥陀仏」の称名念仏が絶対だと思うのならば。末法の世、一切の修行が無益であるなら、そして念仏だけが救いであるなら、それが論理一貫している。

ではなぜ、法然は厳格な出家修行者としての生涯を貫いたのか。それは法然が、既存の仏教界と戦い続け、人びとを既存の宗派の呪縛から解放することを使命としたからだ。既存の仏教界の基準でみても、仏教者として非のうちどころのない存在であることが、戦略的に重要だった。だから出家修行者であり続けた。

もうひとつある。『選択本願念仏集』は、念仏が唯一の救いのチャンスであることの論証だ。さまざまな経典や論書を読み抜き、多くの僧侶の学説を再構成した学術論文である。その論文が、学問的に非の打ちどころのないものであることを示すため、法然はアカデミア（僧職）の一員に留まる必要があった。こうした戦略上の理由により、法然は専修念仏を主張しながら、自分は出家者のままであるという、一貫しない立場に自らを置いたのである。

＊

親鸞は、非僧非俗という立場に身を置いた。出家者だったが、それを辞めた。念仏者のあり方としては、首尾一貫している。

「非僧非俗」は画期的なあり方のように映る。でもある意味、当時は当たり前でもあった。俗人が思い立って、頭を丸めて勝手に出家し、尼になる「尼入道」なる人びとが大勢いた。政府や寺社が正式に認めたわけではない。本人は、出家したつもりで、でも世俗の職業に従事したままだったりする。かと思えば、出家者でありながら、妻や子ども（家族にあたる人びと）を隠している僧侶も大勢いた。

親鸞が特別だったのは、非僧非俗の生き方を念仏宗の運動と結びつけ、弟子たちのグループを率いたことである。血縁を基本とする貴族や武家や商家と同等の、安定した集団を形成することができた。

法然と親鸞は、考えていることは同じでも、生き方として裏返しの関係にある。このふたりを組にすると、念仏宗の可能性と振幅がよく見渡せる。

この二人の関係はどうか。思想や教理はほぼすべて、法然の独創である。親鸞がつけ加えたことはほぼない。ただ親鸞は、その生き方で、念仏宗の可能性を膨らませた。

そして親鸞は、法然に対する信頼と尊敬と同志の結びつきの感覚をもっていた。『歎異抄』のなかで親鸞は、かりに法然に騙されて地獄に堕ちるのだとしても後悔はしない、とのべている。法然は、自分の論証の正しさを確信していたろうが、親鸞はその確信し切れないところを心情で補強している。二人の資質の違いがわかる箇所である。

一向一揆

親鸞の血統を重んじる浄土真宗のグループは、先細りになりかかったこともあったが、蓮如（一四一五―一四九九）の時代に勢力を盛り返した。そして、各地に一向一揆を組織し、戦国時代の台風の目となった。織田信長はじめ武家政権に徹底的に抑え込まれた。

＊

江戸幕府の宗教政策は、政府の言うことを聞かないキリシタンや一向一揆を弾圧することを主眼にしていた。禁止リストに載った宗派は「邪宗門」とよばれ、信仰することができなかった。切支丹、日蓮宗不受布施派、などである。許可リストに載った宗派は、イエごとに宗旨を登録し、変更できないことにした。そして、葬式や法事のほか、宗教活動は原則禁止になった。

親鸞が人気に

明治時代になると、仏教を宗教として再生させよう、という動きが盛んになった。

そこで注目されたのが、親鸞である。

倉田百三の『出家とその弟子』がベストセラーになった。キリスト教の福音書を参考に、親鸞と弟子たちの生涯を物語にしたもの。人間として苦悩する親鸞の姿が、若い読者に訴えた。親鸞は、近代的な知性の先駆として再発見された。

親鸞の人気はその後も衰えず、戦後では、吉本隆明もいくつも著作を著している。

それにひきかえ、法然は人気がいまひとつである。厳格な修行僧としての姿を崩さなかった。近代人の悩みにほど遠く、人間味に欠けるという印象になる。念仏宗がどのような革命的な教義の宗教であったかも、追体験しにくいのであろう。残念なことだ。

＊

本書は、親鸞を悪く言うつもりはない。けれども、仏教史に残した足跡という点で言えば、まず法然に注目しないわけには行かない。親鸞は、法然あっての親鸞である。明治以降、人びとは自由に親鸞のイメージを想い描いた。そのイメージを過去にそのまま投影するのは考えものである。

第2部

道　元

第4章　禅とはなにか

つぎに取り上げるのは、道元である。

道元は、日本の曹洞宗の祖として、鎌倉新仏教の一翼を担ったリーダー。本格的な禅は彼から始まった。では、道元の禅はどこが画期的だったのか。その革命的で破壊的なパワーのありかをつきとめよう。

まずその準備として、そもそも禅とはどういうものか、をおさらいしておこう。仏教にとって禅とは何か。

4・1　禅とはなにか

インドの禅

坐禅は、インドでは当たり前の修行法である。

インドで、仏教の修行者は、誰もがみな、日常的に坐禅をしていた。だから、特に禅にフォーカスしたグループ（禅宗）は、インドに存在しない。

仏教の修行者（僧侶）は、遊行《ゆぎょう》しながら生活する。一箇所にじっとしていない。寺のような施設に属していない。午前中は托鉢をし、食事がすむと、林や草むらの静かな場所で、坐禅をする。雨期には雨安居《うあんご》といって、遊行はしないで一箇所にいるが、生活のリズムはだいたい同じだ。

ヨーガと苦行

坐禅は、上半身をしっかり伸ばし、足を組むなどして、楽な体勢で瞑想する。

＊

インドには坐禅のほかに、ヨーガという行法もある。

ポーズをつくって坐っているところは、坐禅と似ている。けれども、坐ると限らず、いろいろなポーズがある。ヨーガは、息を整え、特別な精神集中を行なう。訓練を要する。最終的には神通力を獲得するのが目的の、ヒンドゥー教の修行法である。

*

ジャイナ教は、仏教と同時期に生まれた、双子の宗教である。修行法は、安楽に坐禅するのでなく、もっと無理な体勢や苦痛をともなう行を採り入れている。苦行である。苦行は、それにみあった果報をもたらすと考えられている。

中国の禅

仏教が中国に伝わった。経典がつぎつぎに翻訳された。中国の人びとにとって、仏教とは、漢訳の仏典を読むことだった。

遊行するインドの修行スタイルは、中国に伝わらなかった。僧侶が乞食《こつじき》して歩くこともない。決まった場所に住んだ。寺である。（ちなみに、「寺」はもともと政府の建物という意味の漢字で、仏教と関係なかった。それが、仏教の施設という意味のようになった。政府が仏教を丸がかえにして、寺も建てたからである。）

*

中国の寺は、金堂（仏像を安置する）があって、塔があって、講堂があって、経蔵があって、僧坊（宿舎）があって、山門があって、周りを塀で囲んで、…みたいな配置になっている。中国仕様の中国建築である。インドにこんなものはない。

僧侶は遊行しないで、一箇所にいる。坐禅するにしても、寺ですることになる。でもそんな場所がない。そのうち、坐禅をするための建物が建てられる場合も出てきた。

兼修が多かった

中国に仏教が伝わってしばらくすると、さまざまな宗派がうまれた。どの経典や論書を重視するか、の違いによる宗派である。たとえば、成実論を重視する成実宗、中論ほかを重視する三論宗、成唯識論を重視する法相宗、法華経ほかを重視する天台宗、浄土経典を重視する浄土宗、華厳経を重視する華厳宗、律蔵を研究する律宗、などなど。

外国の僧侶が中国に来ると、坐禅をしている。坐禅しなさいと書いてある経典類もある。そこで中国の僧侶も、坐禅をするようになった。禅宗というわけではない。△△宗をやりながら、その合間に坐禅もやる。坐禅ばかりやっているわけではない。「兼修」だったのである。

初期の禅宗

禅宗の初祖は、インドから中国にやってきた菩提達摩《ぼだいだるま》ということになっている。常識だ。どの本にもそう書いてある。

けれども『高僧伝』によると、菩提達磨より前に、禅師とよばれる人びとがいたようだ。何人かは外国人である。「禅宗」という用語も使われていた。（松岡二〇二一：一九二頁）

たとえば佛駄跋陀羅はカシミールのひとで、五世紀に中国に来て、禅師とよばれた。『達摩多羅禅経』という経典を翻訳もしている。鳩摩羅什のグループに長安を追われて、廬山に移った。そのほか、禅師とよばれているひとが何人もいる。

さらに『続高僧伝』によると、梁の武帝は建康で多くの禅師を保護した。また、天竺僧の仏陀禅師が、北魏の孝文帝の帰依を受けている。

だから、禅宗を中国に伝えたとされる菩提達磨がやって来たころ（六世紀前半）には、「禅宗」はそれなりに中国に広まっていたのである。

4・2　菩提達摩

南天竺のひと・達摩

さて、達摩（達磨）といえば、縁日で売っている赤いダルマ。手足がなくても起き上がる縁起物だ。願いがかなえば、眼を入れてやる。

このダルマが、禅宗の達磨大師のことである。

なぜ手足がないかといえば、「面壁九年」、何年も壁に向かって坐禅をしていたので、なくなってしまった。菩提達摩をめぐる伝説である。

＊

禅宗では、始祖ダルマは、どのように伝えられているか。

ダルマ物語のもとになっているのは、『景徳伝燈録』『伝法正宗記』などの書物である。だいたいの内容はこうだ。

・菩提達摩は、隋の時代に南天竺（インド）からやってきた僧侶である。
・インドでは、国王の三男であった。（怪しい）
・梁の武帝と面会した。（怪しい）
・武帝は、仏教を保護しているが功徳があるかと聞いた。達摩は、ないと答えた。（怪しい）
・少林寺で、面壁九年の坐禅をした。（怪しい）
・恵可が、入門を乞うた。許されないので、左腕を切って差し出した。（怪しい）
・恵可を問答で指導した。弟子が四人いた。
・魏の宋雲が西域に向かう途中、西域に帰る達摩にあった。（怪しい）

別な『洛陽伽藍記』には、達摩はペルシャの出身だと書いてあったりする。要するに、確実なことはなにもわからないということだ。

禅宗の系譜

禅宗では、釈尊（ゴータマ・ブッダ）の弟子・摩訶迦葉から菩提達摩まで、インドで二八代。そのあと中国では、つぎのような系譜をたどったと考える。

初祖 菩提達摩 ― 二祖 恵可 ― 三祖 僧璨 ― 四祖 道信 ― 五祖 弘忍 ― 六祖 恵能 (14)

師はただ一人の弟子に、正しい教えを伝える。よって、師弟の途切れない系譜が大切であると、禅宗では考える。（禅宗に限らずほかの宗派でも、師弟相伝の系譜が重視されていた。）

＊

実は、弘忍の弟子に、もうひとり神秀がいて、こちらのほうが優勢だった。恵能はこれに異を唱え、自分のほうが正系だと主張した。神秀の系統を「北宗」、恵能の系統を「南宗」という。

＊

六祖・恵能のあと、南宗はさらに複雑に分岐し、潙仰宗《いぎょうしゅう》、臨済宗、曹洞宗、雲門宗、法眼宗、などとなった。

道元は、曹洞宗なので、曹洞宗につながる系譜を取り出してみる。

恵能 ― 青原 ― 石頭 ― 薬山 ― 雲巌 ― 洞山 ― 曹山本寂 ―
雲居道膺（小川二〇一五：二〇頁）　（15）

敦煌文献がみつかる

禅宗のはじまりは、以上のような言い伝えがあるだけで、雲に包まれていた。ところが二〇世紀の初め、偶然に、敦煌の石窟の奥にもうひとつ隠れていた石窟から、大量の古文書がみつかった。イギリスのスタインが、その一部を持ち帰り、大英博物館に収蔵した。フランスのペリオも翌年、同様に持ち帰り、パリの国立図書館に収蔵した。残りは世界各国に散らばり、中国の図書館にも収められている。

この解読が進むと、初期の禅宗の文書がまじっていることがわかった。鈴木大拙の仕事をかわきりに、禅宗の歴史の研究が続いている。

＊

伝統的に、達摩の著書とされてきたのは、『破相論』『血脈論』『悟性論』『二種入』『安心法門』『心経頌』の六冊だった。このうち、『二種入』『安心法門』以外の四冊は別人の著作であることが明らかになっている。

敦煌からみつかった資料のなかに、達摩の資料と思われるものがあった。問答も多く含まれていたが、これらは達摩のものではないようだ。そもそも達摩は、外国人で、坐禅はうまいが、言葉に不自由だった可能性が高い。

これら資料は、『二種入』にあたる部分と、それ以外の部分があった。それ以外の部分（鈴木大拙は、『四行論長巻子』とよんだ）は、達摩によるものではないようだ。

達摩の思想

松岡由紀子（二〇二二）は、敦煌資料の『二種入』にあたる部分を詳しく考察した。これにもとづいて、達摩の思想を取り出してみよう。

＊

『二種入』には曇林の序がついている。曇林は達摩の弟子で、達摩の言葉を中国語に直した。本文はまず、こう言う。道に入るのに、理入と行入《ぎょうにゅう》が大事である。

理入とは、「壁観に凝住」すること。坐禅のことである。しかも「文教に従わ」ない。それまでの禅は、やれあの経に従うとか、この経のなんとか三昧を目指すとか、うるさく言うのだが、達摩の禅は、経典はさておいて、ただ坐禅する。とりつく島がない。

坐禅するだけで経典を読まない。では、教化別伝《きょうげべつでん》で、ほかに教えがあるのかというと、それもない。文字に書かれた経典を読むのが仏教だと思っていた中国の僧侶らは、さぞかし面食らったことだろう。

達摩の禅は、こんなふうで、とても変わっていた。達摩はいつも遊行していて、寺に住み着いている僧侶らと話が合わないし、つきあわない。それどころか、むしろ中国側から警戒され、排除された。

*

「壁観」とは何だろう。経典にも、ほかの論書にも出てこない。この言葉がひとり歩きし、壁に向かって坐禅するのだろうと思われて、「面壁九年」の伝説になった。

壁とは、木石と言っても同じで、心がはたらかないこと。心がはたらくと、妄想が生まれ惑いが生ずる。坐禅して、心をはたらかせず、壁のようになる。これが「安心」である。

では、壁観の坐禅をすると、どうなるのか。

どうもならない。

達摩より以前、人びとは、修行として坐禅をしていた。こういう境地をえよう。最終的には、覚りをえよう。修行をする主体がいて、目的を達成しようとしている。坐禅はその手段である。そう考えて前のめりになるせいで、坐禅は苦行になる。達摩の前はそんな坐禅ばかりだった。

そういう坐禅は、坐禅じゃないぞ。それが、達摩の坐禅だ。

覚るのではないから、頓悟《とんご》でない。もちろん漸悟《ぜんご》でもない。ただ坐禅する。安心する。ただひとき、煩悩を逃れて苦しみを脱する。どれくらいの期間、坐禅をするのか、長さは関係ない。

*

つぎに、行入とは、つぎの四つの行をおこなうこと。それは、報怨行、随縁行、無所求行、称法《しょうぼう》行、の四つである。

報怨行とは、苦を受ける場合に、これははるかな遠い過去世に自分が怨憎を起こした報いだ、いまはそうした悪をなしていないとしても、自分のせいなのだから、耐え忍び、怨みごとを言ってはいけない、という行。

随縁行とは、もしよいことや栄誉があっても、過去世に原因があるので、それが尽きればゼロになる、だから舞い上がってはいけない、という行。

無所求行とは、世の人は執着することか多いが、これが求。だから求めるのをやめることが、苦を避ける道である、という行。

称法行とは、法に称《かな》って行動し、けちけちせず寄付をしなさい、という行。法によれば自分は存在せず、我の垢を離れるからである。

この四つの行は、覚りを求める修行ではまるでない。よりよい社会生活を送るための生き方の秘訣、みたいなものである。だれでも、経典など読まなくても、すんなり理解できる。

＊

天台宗の『摩訶止観』などは、さまざまな経論の内容のてんこ盛りである。達摩の禅はその反対に、およそ教理というものがない。「止観」の裏返しになっている。

なぜ、恵可は腕がないか

さて、こんな達摩が中国各地を遊行（放浪）していると、入門したいという僧侶が現れた。達摩の禅はいっぷう変わっているから、入門しようというのは、よほどのもの好きに違いない。恵可《えか》である。

恵可は、禅宗の二祖である。

伝説によると、二人の出会いはこんな具合だ。

＊

ある雪の降る日のこと。達摩のところに、恵可という僧侶がやって来た。弟子にしてください。達摩はまるで取り合わない。それなら、弟子にしてくれるまで、ここを動きませんからね。達摩のそばでねばる恵可。そうするうちにも雪は降り続き、恵可の腰ぐらいまでになった。何日経ったろうか、恵可は鋭い刃物を取り出して、自分の左腕をすぱり切断した。そして、達摩に差し出した。そこまで本気なのか。達摩は、恵可が弟子になることを許した。

「恵可断臂《えかだんぴ》」の物語である。（なお「臂」とは、腕のこと。）

――これは、真っ赤な嘘である。中国の物語は、あとから盛ったでたらめの作り話が多いので、注意しよう。

＊

ただし恵可は、実際に片腕がなかったらしい。

恵可は達摩の弟子となり、六年間ほど行動を共にした。都で禅について説法をし、禅の修行者に妨害された。でも説得して、彼らを心服させた。禅師ににらまれ、賊に襲われて殺されそうになった。腕を切り取られても、自分で手当てし、誰にも言わなかった。報怨行を実践したのだ。

六年経って、達摩は旅の途中で亡くなった。恵可は達摩を葬った。

＊

達摩のかたわらで、筆記の役目をつとめていた曇林も、腕がなかった。

恵可が腕を切られたあと、曇林も賊に襲われ、腕を切られた。恵可は手当てをし、食事をみつけてきて曇林に与えた。恵可が手間取っているので、曇林は怒った。恵可が言う、さっさと食べればよい。おれは腕がないんだ、と曇林が言うと、おれも腕がないんだよ、恵可が言った。なんだ、そうだったのか。ふたりは打ち解けた。

＊

曇林は、サンスクリット語ができたので、達摩の言うことがわかった。達摩の思想を書き留めることができたのは、曇林のおかげかもしれない。

4・3 恵可と禅問答

禅宗のスタイル

達摩の禅は、ひたすら坐禅をする。公案も問答も、語録もない。そもそも達摩は、外国人で、中国語がよくできない。問答をするどころでない。

二祖・恵可のあと、達摩の教えは、三祖・僧璨、四祖・道信、五祖・弘忍、と受け継がれたという。これらの人びとは、達摩の禅のとがったラディカルなところがなくなって、それまでよくあった中国風の禅に近づいて行った。六祖・恵能は、それをひっくり返し、禅宗を達摩の原点に戻そうとした。禅を、そのほかの宗派と切り離し、禅宗のスタイルを確立した。

こうした紆余曲折は、のちにつくられた禅宗の歴史書（『伝法宝記』『楞伽師資記』『祖堂集』など）からはわかりにくい。敦煌文献から復元する必要がある。

＊

禅宗は、仏教なのか。

達摩は言う。経典は関係ない。ただ坐禅しなさい。覚るためではない。坐禅するために坐禅しなさい。

坐禅しても覚れないのなら、坐禅は修行ではない。修行もしないし、覚りもしない。覚りなどない。達摩の禅がそういうものなら、それは、仏教の枠をはみ出してしまっている。そう。もともと禅は、仏教のストライク・ゾーンをはみ出すものなのだ。このことをよくわかっていた恵能は、あえてわざわざ、仏教をはみ出そうとする。そうして、問答のスタイルができあがった。

安心問答

問答の原型は、「安心問答」である。敦煌文書にある。

弟子が言う、安心させてください。師が答える、心を持って来なさい。安心させてあげよう。(16)

(敦煌(五八)a　松岡二〇二一：二八六頁)

これはもともと、二祖・恵可と弟子の問答だったようだ。

師は、安心することが大事だと言う。弟子は安心したいが、そう思えば思うほど安心できなくなって、困惑する。そこで師に、助けを求める。師は、助ける代わりに、まず心を出してみろ、と言う。そんなことができるわけない。問題がずらされた。問題がずらされたことで、弟子は、自分で問題を乗り越える気づきをうる。

弟子は真剣に、安心したいと思っている。師はそれに、応えようとする。その場で回答をひねり出した。その迫力が、問答の核心である。（どこかでこの問答を聞き覚え、真似して回答してみました、というのはダメである。）

すべては夢

恵可は、こんな問答もしている。

弟子が問う。有餘涅槃を証し、羅漢の果をえた者は、覚ったのでしょうか。師は答える。それは夢だな。（敦煌（一三）a　松岡二〇二一：二八七頁）（17）

壁観は教える。坐禅して、心を壁のように、木石のようにしなさい。精神活動のうみだしたさまざまな意識や観念や妄念がなくなるだろう。そうしたものがあるから、迷いや苦しみがある。誰かのようになりたいとか、修行して覚った（かな）とか思うのは、そうした妄念（夢）なのだ。するど、覚りも夢であることになるのか。これはとても微妙な問題だ。羅漢の覚りが夢なら、釈尊の覚りも夢なのか。こんな問答もある。

弟子が問う。三世の諸佛が衆生を教化し、大勢が道をえたのは、覚りなのではありませんか。師は答える。それも夢だな。（敦煌（一三）d　松岡二〇二一：二八九頁）（18）

釈尊が覚ったので、皆も修行して覚ろう。それを夢と言ってしまえば、仏教は成り立たないことになりそうである。

釈尊を真似するな

だが、達摩の教えは、それでも仏教に踏みとどまっている。坐禅こそ、ほんとうの仏教なのだと主張している。そのロジックは、こうなっていると思う。

＊

釈尊（ゴータマ）は覚った。これは夢ではない。事実だ。でもそのことは、釈尊にしかわからない。

釈尊が覚ったのは、坐禅をしたから。経典を読んだから、ではない。経典には、釈尊が覚ったこと、弟子たちにさまざまなアドヴァイスをしたこと、いろいろな修行法のこと、修行が進んだ場合のさまざまな境地のこと、などなどが書いてある。覚るとはこういう状態ですという説明とか、こうすれば必ず覚れますという方法とか、は書いてない。

釈尊は、自分で工夫をして、坐禅をして覚った。

弟子たち（衆生）は、釈尊が覚ったことにあこがれて、その真似をして覚ろうとしている。釈尊を目標に置いている。そこで経を読む。経を読むのが修行になっている。坐禅はつけたしになってしまっている。

でもこれは、おかしくないだろうか。釈尊と同等の覚りをえたいのなら、経典など読む必要がない。坐禅だけで十分だ。釈尊は、経典など読まず、坐禅するだけで覚ったのだから。釈尊が覚ったことにあこがれて、それを目標にしている限り、釈尊と同等にはなれない。釈尊が覚った、という夢に騙されている。そういう目標を立てるのはやめましょう。釈尊のことは忘れて、ただ坐禅をする。これが正攻法である。

——これが、達摩の教えではないか。

＊

こう考えると、達摩の坐禅は、大乗仏教である。釈尊と同等の覚りをうるための坐禅だから。いままでの大乗仏教は、そこがおかしい。釈尊を目標にし、釈尊をモデル（夢）にして修行している時点で間違っている。目標や夢があるうちは、修行する主体が残っているので、坐禅は完成しないのだ。

達摩の坐禅は、仏教原理主義なのか。

原理主義（fundamentalism）とは、テキストを徹底的に真だと受け止める態度のことをいう。達摩の坐禅は、テキストをどうでもよいと考える。だから、原理主義ではない。仏教原則主義とでもいうべきものである。

問答の逆説

経典にとらわれてはいけない。経典は、法（真理）ではなく、言葉だから。それなら、問答にとらわれてもいけないのではないか。問答も言葉だから。このことと、問答は向き合い、担わなければならない。するとそれは、逆説になるしかない。恵可はそのことを十分にわかっていた。たとえば、つぎのように言う。

行くときは法が行くのである。自分が行くのではない、自分が行かないのでもない。坐るときは法が坐るのである。自分が坐るのではない、自分が坐らないのでもない。(19)

これは完璧な、空と無我の説明である。でもすぐ続けて、つぎのように言う。

このように解をなすのも、妄想である。（敦煌（四九）c　松岡二〇二一：三〇二頁）(20)

正しいことを言う端から、恵可はそれを取り消してしまう。言葉の効力が限定的であることを伝えている。この、取り消すふるまい（パフォーマンス）のほうが、言われる言葉よりも本質的である。それを伝えている。それが伝わればよい。これが問答だ。

問答では、言葉を字義どおりにとらえると、不合理や矛盾がある。それは気にしない。いや、不合理や矛盾があるからこそ、問答は迫力をもって、ひとに迫る。それが、問答の逆説である。

＊

どんなに正しい内容の言葉であっても、それをオウム返しに反復しているだけでは、その言葉を裏切ることになる。経典を読む行為はそうなっていないか。仏教自体がそうなっていないか。

坐禅と問答

坐禅も問答も、妄念（夢）を取り去るためのものである。

人びとは、実際に生きているから、坐禅をしていないとき、問答をしていないときは、妄念（世間の常識）にとらわれている。それは、仕方がない面がある。だからまず、それが妄念（夢）であるとわかっていよう。つぎの恵可の教えは、坐禅の本質でもある。

弟子が問う。心が道の実質だとは、どういうことですか。

師が答える。心は木石のようである。たとえば、あるひとが竜虎の絵を描き、これをみて自分で恐れるようなものである。惑うひとも同じだ。精神の作用で地獄の様子を描き出し、これを恐れている。こうした恐れがなければ、妄想はなくなる。意識は、感覚によって知覚の像を描き出し、それに執着している。このように分別する作用がよくないのだ。（敦煌（一八）de（21）松岡二〇二一：三一一頁）

弟子が問う。法界の実体はどこにありますか。

師が答える。一切みな法界であるな。（敦煌（三五）a　松岡二〇二一：三一三頁）（22）

4・4　恵能と禅宗の確立

恵能の無相戒

『六祖壇経』という書物がある。恵能の著作だとされてきたが、後世の手が入っている。道元も『正法眼蔵』で、偽書で信用できない、と言っている。（松岡二〇二一：三二九頁）

これに対して、敦煌資料のなかに『壇経』がみつかっている。古い写本で、数次の編集過程を経たようだなど、詳しい研究が進んでいる。そこから恵能の文章とされるものを紹介してみよう。

＊

まず注目すべきは、恵能が「無相戒」なるものを提案していることである。

仏教は「三帰依」を唱えることを、入信の儀礼にしている。これは、在家／出家、小乗／大乗、に関係なく、すべての仏教徒に通用するルールである。

三帰依とは、仏法僧に対する帰依のこと。仏は、釈尊（および、四方の諸仏）である。法は、ダルマ（真理）、すなわち、ブッダ（釈尊）の教え、および、それを表している経典である。僧は、サンガ（僧伽）、すなわち、出家者の集団である。この三つに敬意を払い、帰依することが、仏教の信徒の必要十分条件になっている。

＊

これに対して、無相戒は、自三身仏帰依を唱える。

この帰依は、仏（のみ）に対する帰依である。法や僧に対する帰依ではない。法（経典）や出家者（僧）はこの際どうでもよい、ということである。仏教として、革命的だ。

さらに、この仏に対する帰依は、釈尊（ゴータマ・ブッダ）に対する帰依ではなくて、「自三身仏」に帰依する、という類例のないものである。

「自三身仏」とは何か。

ふつうにいう三身仏は、法身（法そのもの）、報身（化身）、応身（阿弥陀仏など）である。「自三身仏」もこれにいちおう対応する。だが帰依のたびに、「自らの色身において」といちいち断りがつく。色身を離れてどこか別のところに、三身仏があるのではない。自分のなかに三身仏がある。（それを、法性とか自性とかいう。）

帰依とは、具体的に何かというと、不善心や不善行を除くこと。日常の実践である。ゴータマ・ブッダが説いた当初の教えに近い。

＊

無相戒を授かるのは、出家も在家も関係ない。

そもそも、僧に帰依しないのだから、出家者の集団の意義も価値も認めず、布施もしないことになる。そもそも出家という観念が成り立たない。人びとはひたすら坐禅する。その彼らに無相戒を授けるのである。自身を離れた仏にも帰依しないのだから、仏像を拝むこともないだろう。経典にも関心がない。華厳宗だろうと天台宗だろうと浄土宗だろうと、あらゆる既成の仏教の全否定である。

中国にはさまざまな宗派があり、意見が違って対立したりした。だが、ここまで徹底した対抗思想はなかった。既成仏教の側からは、反体制のアナキズムにみえたことだろう。

*

ちなみに、恵能の唱えた無相戒は、禅宗の戒律としては結局定着しなかった。代わりに、大乗の菩薩戒（梵網戒）が用いられている。

恵能の四弘誓願

『壇経』に、三帰依に続いてあげられる四弘誓願《しぐぜいがん》は、多くの大乗の菩薩戒とほぼ同じ文言だ。けれども、恵能の説明が、ふつうと違う。

第一は、衆生無辺誓願度。ふつうこれは、菩薩が他者を救う誓願である。しかし、恵能の説明は違う。それは、自らの心中の衆生を度することである。衆生とは自分のこと。他者は後回しだ。

第二は、煩悩無辺誓願断。第三は、法門無辺誓願学。煩悩を断ち切り、仏法をどこまでも学ぶ。

これは通常と同じ説明だ。

第四は、無上仏道誓願成。ふつうは、仏果（阿《あ》耨《のく》多《た》羅《ら》三《さん》藐《みゃく》三《さん》菩《ぼ》提《だい》）をうることをいう。しかし、恵能の説明は違う。常に下心をもって、一切を恭敬する。下心とは、謙虚な態度のこと。いっさいの人やものに対して敬意を払う、へり下った態度のことだという。これが、仏道を行ずることだというのだ。

恵能の四弘誓願は、要するに、大乗の菩薩としての決意表明ではなく、社会を生きる実直な社会人の行動指針、なのである。

＊

そのあと、懺悔の説明がある。

懺悔は、授戒のときに必ず行なうもの。ふつうの懺悔は、過去の悪行を告白し、反省して、後悔を表明する。しかし、恵能の懺悔は違う。それ（自性懺悔）は、いま現在の罪や悪行を取り除くこと。口で言ってもだめで、実行しなければならない。

＊

無相戒には、三聚浄戒も、十重禁戒も、八斎戒もない。他者に守るように促す戒を、ぜんぶ自分が自分で守る戒に変更してしまった。徹底した個人主義である。

恵能の思想

恵能は、自性を説いた。それは、仏性のことだと思われてきた。恵能は、仏教を説き、頓悟を説いた。そう理解するのが通説のようになってきた。

しかし、そうではない。それは、弘忍や道信や神秀の考え方である。

自性は、仏性や如来蔵のような、どこかに、また誰の中に、実体としてあるものではない。衆生が戒を実践していく原動力が、自性清浄心である。（松岡二〇二一：四一九頁）そして、浄なる自性（法身）が仏道を行ずる主体である、とする。刻々の実践があるのであって、常住の仏性があるのではない。（松岡二〇二一：四二〇頁）

＊

恵能は「頓修」をのべている。これは、頓悟とも漸悟とも違う。

頓悟や漸悟は、修行のあとに覚りがある、という前提に立っている。それがすみやかであるか、時間がかかるかの違いである。

頓修とは、そのどちらでもない。「前念、迷えば即ち凡。後念、悟らば即ち仏」だと言う。行のないとき、仏はない。行ずれば、法身と等しい仏になる。そのあと、愚迷になれば、ただちに凡夫である。刻々、どう具体的に行ずるか、だけが問題だ。（松岡二〇二一：四二五頁）

＊

恵能は、無念、無住、無相を唱える。

このうち、無住が重要だという。無住は、人びとの自然な精神のありようである。念は刻々起こって流れていく。それでよい。念はなくならない。大切なのは、念に執着しないことである。無念とは、念がないことではない。念にとらわれないことである。（松岡二〇二一：四三八〜九頁）無相とは、相がないことではない。相は姿かたち。ものを見ないわけにはいかない。見ても認識せず、執着しないことである。

以上は、達摩の坐禅を、言葉に表したものになっている。

4・5 禅宗の「法脈」

禅宗の成立

菩提達摩が中国に伝えた坐禅は、恵可－僧璨－道信－弘忍－恵能、と継承され、以下、北宗と南宗に分かれ、さらにいくつかの門流に分かれて、禅宗として広まった。

このうち、もっともとんがっているのは、達摩、恵可、恵能、の三人である。禅宗として拡がるうち、とんがった部分は丸くなって行った。それでも、禅宗の禅宗たる原点を固めたこの三人の独創的なスタイルは、禅宗に伏流している。道元は、それを汲み上げたと言える。

＊

達摩に始まる坐禅のグループは、従来の仏教の各宗派の存在意義を認めない。出家修行の意味を認めず、経典を評価せず、その教義を認めない。従来の戒（具足戒や梵網戒）も認めない。その結果、彼らのグループは、出家とも在家ともつかず、これまでの各宗派と寺院で共同生活することもできず、閉鎖的なコミュニティとして自立するほかなくなったはずだ。

このコミュニティは、自分たちのルールを設定する。清規《しんぎ》である。

清規の特徴は、律蔵に定められている戒と必ずしも関係がないこと。コミュニティごとに、そのリーダーが定めること。そして、コミュニティが自活していくために、労働をメンバーに課していること。農業などの生産活動や、生活基盤の整備や、武術や、葬儀や、…も労働の一環となる。

農業などの労働も、武術も葬儀も、世俗の活動である。インドの出家者のための具足戒では、もともと禁止されていた。

*

こうした坐禅するグループの生活様式は、道教の集団と似通ってくる。道教には、出家も在家もない。また、労働は禁止されていない。葬儀も行なう。経典を学ぶよりも、さまざまな実践を重視する。このような道教と、禅宗は接近してみえるので、中国の人びとにはなじみやすいところがあったろう。

なぜ、師資相承なのか

禅宗は、このように、それ以前の仏教のあり方を換骨奪胎していく。だが、釈尊（ゴータマ・ブッダ）から伝わる坐禅の継承関係に、徹底してこだわる。伝灯とか法脈とかよばれるものだ。それはなぜか。

それは、釈尊からの師資相承が、禅宗が仏教であることの、そしてそれ以外のさまざまな宗派に対する優位の、根拠になっているからだ。（そしてそれ以外に、根拠がないからだ。）

*

釈尊と無関係に、覚ることもできる。独覚である。でもそれは、仏教とは言わない。仏教は、釈尊の覚りを尊敬し、それと同じ覚りを自分も覚ろうとするものだから。

経典は最初、口伝で伝えられていた。口伝なら、釈尊から伝わってきたことが明らかである。けれども、経典はその後、文字に書かれるようになった。文字は、書写したり、翻訳したりできる。誰でも、信仰をもたない異教徒でも、経典を読める。つまり、経典を読んでいるからといって、釈尊とつながりがあることにはならない。

そこで、どの経典をどう読むか、つまり、教義が大事になった。どの教義が、釈尊の真意に即しているか。この点をめぐって、多くの宗派が分かれて論争した。

修行の仕方を定めた、律も伝わっている。出家者のための具足戒である。大乗仏教は在家の菩薩の運動なので、具足戒になじまない。大乗の修行者らは、経典から律にあたるもの（菩薩戒）を抽出したり、具足戒で代用したりした。

＊

坐禅のグループは、経典にも教義にも律にも頼らない。しかも、真正の仏教であると主張する。その根拠が、坐禅の師資相承である。

われわれのこの坐禅は、釈尊（ゴータマ・ブッダ）からじかに、途切れなく続いたものである。坐禅を伝える師と弟子のあいだ（だけ）に、そのつど、特別ななにかが伝わる。そうして現在に至る、というわけだ。

禅宗は、釈尊から脈々と伝わる、この師資相承の伝授を受け継いでいる。ほかの宗派は受け継いでいない。ゆえに、禅宗の坐禅は特別である。そのように、禅宗の優位を主張する。ただ坐禅したのではだめなのだ。

バプティストとの類似

禅宗が誇りとするこの、坐禅の師資相承の連鎖は、キリスト教プロテスタントの、バプティストの場合と似ている。

バプティストは、名前の通り、特別な洗礼を大事にしている。いわく、バプティスト教会の洗礼は、ほかのプロテスタント教会の洗礼やカトリック教会の洗礼と違います。なにしろ、この洗礼は、イエス・キリストにさかのぼる本物の洗礼です。彼らの主張によれば、バプティスト教会の成立はカトリック教会よりも古い。その由緒ある伝統の洗礼をほどこすのが、バプティスト教会。信徒が受洗するときは、牧師の指導のもと、洗礼用の水たまりにザブンと飛び込む。すると聖霊がはたらいて、イエス・キリストとつながることになっている。

バプティストは、宗教改革のあと、しばらくして現れたグループである。一九世紀末、アメリカのバスティスト系の神学校の教員が、史料を研究して、イングランドでバプティストの洗礼が行なわれたいちばん古い記録はたかだか一六四一年である（つまり、イエス・キリストにさかのぼるわけではない）とする書物を出版した。歴史学として正しい。でも彼はそのため、神学校をやめさせられた。

＊

バプティストにとって、イエス・キリストの洗礼がいまに続いて自分もそれを受けたことが、信仰にとって大事である。

坐禅する弟子にとって、釈尊からとぎれなくいまに続いている坐禅を、自分も行なっていることが、信仰にとって大事である。

釈尊－摩訶迦葉－…と伝わって、二八代目が菩提達摩だという。（とっても怪しい！）つぎつぎ継承されているところを、誰も見たわけではない。菩提達摩だって、それを保証できないだろう。でもそれを信じることが大事。禅宗にとっての真実なのだ。

＊

釈尊―摩訶迦葉―…―菩提達摩―…の法脈が、続いていることが大事。法脈はときに、分裂してもかまわない。分裂するから、禅宗にはいくつかの宗派がある。けれども、法脈が途絶してはだめなのである。

問答から公案へ

唐代には、多くの禅師が現れ、多くの問答書も編まれた。

詳しい話は省略して、話を宋代に飛ばそう。

＊

宋代、禅宗は中国仏教の主流になった。すっかり管理され、体制化してしまった。

中国の歴代政府は、仏教を、国家管理のもとに置いてきた。寺院は国立大学のようである。僧侶は、国家公務員のようである。とんがったところが影をひそめた。

でも、体制化しても、禅宗は禅宗でなければならない。

ならば、問答をやらないといけない。

でも問答は、師と弟子の火花を散らす戦いである。体制化した禅宗で、そんな真剣勝負はできない。できるのは、その真似だけである。それが、公案だ。

＊

公案はもともと、役所の公文書という意味。それが、禅宗の練習問題をさすようになった。問答を文字にしるし、繰り返し出題する。「過去問」だ。なるほど、これなら安心して実行できる。
公案にもとづく禅を、公案禅という。

士大夫と禅僧

宋代は、科挙の時代。儒学を学んだ士大夫が、難しい筆記試験を突破し、政府の高級官僚となった。彼らは仏教にも関心をもった。地位の高い禅宗の僧侶にとっては、彼らと交流するのも仕事のうちみたいになった。

＊

士大夫は、過去問を解くのはお手のものである。公案をあれこれつつき回す「文字禅」が流行りになった。

どんなやり方があるか。公案の代案を考える「代語」。公案の別解を考える「別語」。公案を詩で批評する「頌古《じゅこ》」。公案を散文で批評する「拈古《ねんこ》」。公案の批評を講義する「評唱」。（小川二〇一五：二一六頁）

経典を遠ざけ、文字を読むことを避けていた初期の禅宗はどこへやら、その正反対のものになってしまっている。

文字禅から看話禅へ

公案禅は、まず文字禅として拡がったが、北宋末に大慧宗杲《だいえそうこう》が出て、看話禅《かんなぜん》があっと言う間に広まった。（小川二〇一五：二八頁）

看話禅は、どれかひとつの公案を選び、寝てもさめてもそのことばかり考え、考え、考えて、集中して、エネルギーが高まったところで爆発的な大悟を体験しよう、というものだ。たとえば、

「犬に仏性はあるか。趙州が言った、無！」この問答を考えなさい。理屈をこねず、繰り返し繰り返し考える。眼をつぶって跳ぶ。跳び越えられれば、千万の問題が解決する。跳び越えられなければ、またひたすら跳べ。（小川二〇一五：一一四頁）(23)

師が弟子にこんなことを強いれば、いまはパワハラかアカハラになるだろう。

＊

看話禅が盛んになっても、文字禅も衰えはしなかった。

文字禅の頂点をきわめる語録として、臨済宗の圜悟克勤《えんごこくぐん》の『碧巌録』がまとめられている。看話禅の大家である大慧宗杲は、圜悟克勤の流れを汲んでいる。（小川二〇一五：一一九頁）

なお道元は、看話禅に批判的だった。道元の禅については、次章でのべよう。

＊

看話禅のような行き方に対して、文字をこねくり回すのでなく、頭を空っぽにしてただ坐禅すればよい、というやり方を、黙照禅という。はじめは公案を重視する禅の側からの悪口だった。そのうち曹洞宗は、自分のことをそう呼ぶようになった。

第5章 道元

道元は、曹洞宗を日本にもたらした風雲児だ。

そして『正法眼蔵《しょうぼうげんぞう》』を著した。

この書は、ながいあいだ、主に宗門の内部で読み継がれていた。大正九年に和辻哲郎が「沙門道元」を書き、それを『日本精神史研究』に含めて発表した。これがきっかけで、道元が再評価された。いまでは誰もが認める、中世指折りの思想家である。

道元の『正法眼蔵』はどういう書物なのか。何が書いてあるのか。禅宗の可能性の極限に達した道元の仕事を見届けよう。

5・1　道元という人物

道元は、どんな一生を送った人物なのか。

*

比叡山から禅宗に転向

道元（一二〇〇－一二五三）は、貴族の家に生まれた。出生の事情がはっきりしない。父については諸説ある。母は八歳のときに亡くなった。異母兄の養子になる。子どものときから頭はよかった。一四歳で比叡山に上り、僧侶となった。そののち園城寺（三井寺）で天台宗を学んだ。天台宗に得心がいかず、一二一七年に建仁寺に移り、栄西の弟子・明全のもとで臨済禅を学んだ。建仁寺には留学した僧が多くいた。

一二二三年、明全とともに、宋（南宋）に渡った。明全は同地で死亡してしまう。一二二五年、天童如浄と出会い、親しく教えを受ける。一二二七年、帰国に際して、如浄は道元を「法嗣」（継承者）とし、嗣書（師資相承の系譜を記した書）を手渡した。

道元は二八歳で帰国し、『普勧坐禅儀』を著した。一二三三年、京都深草に禅院の興聖寺を開いた。比叡山の僧徒の妨害を受けた。

四四歳のとき越前に移り、永平寺を開いた。その後、執権・北条時頼《ほうじょうときより》の招きで鎌倉を訪れたが、意にそわないまま永平寺に戻った。『正法眼蔵』は、京都で書き始め、越前に移る前後に大部分が完成している。

晩年は徐々に体調を崩し、京都に戻って、一二五三年八月に歿した。京都の東山で荼毘に付された。遺骨を弟子の懐奘《えじょう》が永平寺に持ち帰っている。

*

当時、すでに念仏宗が勢いを増しており、仏教界は動きつつあった。そんななか、道元は、もっともスタンダードな教えである天台宗を学び、十分な知識を身につけた。そしてその天台宗に不満を覚えて山を降り、禅宗の寺に入っている。禅宗の本質を究めようと、宋に渡航を決意した。中国語も相当よく勉強したようだ。（禅の語録は、平明な日常語で書いてあるので、経典や論書の標準的な漢文が読み書きできても、読みこなせない。）その高い学力のおかげで、中国で如浄に認められ、法嗣（継承者）に任じられている。中国留学が、道元の人生にとってエポックとなった。

坐禅の本質を掴んだ道元は、まっしぐらに、ほんとうの禅を日本に定着させるために力を尽くした。見事な一生だったと言うほかない。

道元を解くカギ

道元の考えは、『正法眼蔵』にまとめてのべられている。坐禅の原理についての難解な本だ。簡単に見通しがえられるような書物ではない。

ほかに、弟子の懐奘による、『正法眼蔵随問記』もある。道元の言葉が聞き書きされていて、参考になる。

そこで『正法眼蔵』を読んでいこうと思うが、その前に、いくつか補助線を設定してみよう。

＊

第一に。『正法眼蔵』は、自信たっぷりの本である。真理をつかみ取っているという確信にあふれている。その確信はどこから来ているのか。

天台宗の僧として、ひと通り以上のことを学んだ。道元は理解力抜群だ。あらゆる経典の内容やその相互関係について、よくわかっている。けれども『正法眼蔵』の自信は、そうした知識から来るものではない。

道元は宋で、天童如浄から、法嗣（後継者）に指名された。釈尊から始まり、菩提達摩を経て如浄、そして自分に至る、師資相承の法脈を記す書類も受け取った。そんな僧侶は、道元だけだ。これも自信の源ではないか。なるほど。ほかの人びとを説得する材料にはなる。でも、仏道をしかと掴んだという道元の自信とは、違うものだ。

道元は、『正法眼蔵』を書く準備として、さまざまな禅の語録から重要箇所を書き抜いて準備稿をつくっている。中国語だ。書き抜く前に、それらを読み抜いて、坐禅の本質を掴んだと確信しただろう。それが、道元の自信の源泉だと思う。語録を読み抜くとは、どういうことなのか。これを押さえることが、読み方の第一だ。

＊

第二に、『正法眼蔵』はなぜ、日本語（和文）で書かれているのか。

仏教や儒学の論文は、漢文で書くのが正式である。道元も、書こうと思えば書けたはずである。でも日本語（和文）で書いた。資料の語録は漢文なのだから、つながりが悪くなるところもあるはずだ。

当時、和文の書籍が増えていた。慈円は、近頃の知識人は漢文の学力が低くなってほんとうに困ったものだ、とこぼしながら、和文で『愚管抄』を書いた。道元より数十年ほど前だ。道元より半世紀あとには、吉田兼好の『徒然草』が成立している。漢字仮名まじり文の文体が成立した。道元の『正法眼蔵』はそれより前だが、和文のすぐれた水準を示している。

なぜ、漢文の学力が衰えたのか。貴族の地位が低くなって、代わりに武士が台頭した。武士は、字が読めればいいほうで、漢文の素養がない。日本全体が、漢字文化の引力圏から離脱する傾向にあった。

禅宗の性格もある。禅は、経典を学習しなくても誰でも、在家の人びとでもできる行である。そのことを強調するなら、和文で書くのがふさわしい。けれども道元は、京都から越前に移ると、フルタイムの修行僧が坐禅を究めることを重視し、永平寺のシステム作りにエネルギーを注いだ。道元自身に、方向性の揺れがある。だから、『正法眼蔵』は和文ではあるが、漢文の要素が色濃く残っている。

道元の戦略を、その文体から見極めることも、ひとつのポイントである。

＊

第三に、『正法眼蔵』の思想の根幹はなにか。

道元は、当時の学識の最先端を走っていた。にしても、今日の仏教学の進展やサンスクリット原典、敦煌文書そのほかの資料を踏まえているわけではない。菩提達摩や恵可や恵能の坐禅原則主義をじかに知り得たわけではない。その制約のなかで、道元が、どれだけオリジナルな坐禅の本質に迫っているか。これも、みどころのひとつである。

『正法眼蔵』には、なにか「とてもよいこと」が書いてあるに違いない、と思って読むひとが多い。そしてそれを取り出し、現代の日本語で表現する。なるほど。ただ私は、道元は、なにかよいことを言おうと、そもそも考えていないのではないかと思う。

どういうことか。

『正法眼蔵』は、厚切りのサンドイッチみたいな、三層の構造になっている。ひとつめの層は、仏教の教えについての層。覚りがどうだとか、空だとか因果だとか仏性だとか、およそさまざまな経典や論書に書いてあることが分厚く含まれている。仏教の本だから、当然である。道元も当然、そうした理屈や教義を踏まえているし、言及もする。もうひとつの層は、道元が参照したさまざまな禅師たちの、問答や教えやコメントや、といった禅宗の教えの層。これも、滋味ゆたかな含蓄に満ちた厚みとなっている。ひとつめの層ともうひとつの層は、どちらも内容どっさり栄養たっぷりで、これを道元シェフが巧みに料理して読者に提供してくれている、ようにみえる。

そうみたのでは、『正法眼蔵』の本当のところがわからない。

道元は、経典や論書に書いてある、よくある仏教の教えなど、どうでもいいと思っている。禅師たちが重ねた問答や公案や文字禅のつみ重ねは、怪しいものだと思っている。それらのなかに、道元の言いたいことはない。むしろ道元は、それらに反対している。そしてそれらにからみとられない、ひと筋の正しい道（正法）の可能性をみつけようとしている。それが、三番目の層である。この層は、分量から言えば、薄い。しかし、注意深く読めば、その層を際立たせるために、残りのふたつの層が置かれているのだとみてとれるはずだ。

＊

これだけのカギを手に、『正法眼蔵』をどこまで読めるかどうか、やってみよう。

ただしその前に、道元について、もう一歩踏み込んだ考察を試みておく。

道元の考える仏教は、これまでの仏教とまるで違った仏教である。いや、もはや仏教とはいえない仏教、むしろ、ポスト仏教と言うべきかもしれない。それがどういうものか、ざっとスケッチをしておく。

5・2 道元のポスト仏教

道元の透視力

道元は、菩提達摩～恵可～恵能の「はじまりの禅宗」のラディカルで破天荒なさまを、ありありと見ることができていたのだろうか。

敦煌文書がみつかり、経典や論書の研究も進み、仏教の歴史的発展のプロセスや大乗非仏説が当たり前になった現在なら、それをみてとることは、まあできる。けれども、それがなかった道元の時代、「はじまりの禅宗」のさまを掴むのは至難のわざだ。それはあたかも、並みの光学望遠鏡しかないのに、大気のゆらぎや重力レンズや星間ガスが邪魔するのをものともせず、遠く離れた銀河系のありさまを手に取るように詳しく観測するようなものだ。

道元が用いたのは、当時の天台教学の基礎知識、漢語で書かれたさまざまな問答集（公案とコメントの束）、そして、日本人としては並外れた中国語（現代の口頭言語）の学力である。それだけを用い、あとは透徹した論理と直観力をはたらかせて、「はじまりの禅宗」の実際をつかみ取る。道元は天才的な透視力を駆使して、それをやりとげたと考えてみよう。

はじまりの禅宗

禅の語録そのほかから、道元が再構成した「はじまりの禅宗」は、つぎのようなものだったはずだ。

1 人びとは、師の指導のもと、釈尊から伝わった坐禅をする。
2 坐禅をしているあいだは、釈尊と同じで、覚りをえている。
3 この坐禅をしないほかの宗派は、覚りをえないから、修行するだけ無駄である。
4 経典を読み、仏像を拝み、功徳をつむなどの行為は、やるだけ無駄である。
5 問答や公案は、人びとを坐禅に導く師の指導で、意味がある。

*

これが「はじまりの禅宗」だとすると、その後行なわれている実際の禅宗には、それ以外の余計な要素が多くまぎれこんでいる。道元は、それが許せない。釈尊の意思に反するではないか。仏教ではないではないか。

多くの仏教徒は、これまでの仏教が仏教だと思っている。

しかしそれは間違いで、正しい坐禅をする「はじまりの禅宗」だけが、ほんとうの仏教である。「はじまりの禅宗」は、ほかの宗派（天台宗や華厳宗や念仏宗や…）と横並びのただの宗派ではない。ほんとうの正しい仏教の唯一のあり方だと言ってよい。

こう主張するのが、坐禅原則主義。ほかの宗派と正面衝突してしまうのは当然だ。

*

1〜5のように、菩提達摩〜恵可〜恵能が考えていたとしても、ほかの禅師たちはそこまで原則主義的ではない。道元は、そうした禅師たちと、微妙に距離をとりつつ、原則主義を貫かねばならない。

それには、禅の原則にもとづいて、人びとを説得する必要がある。自分自身を説得するということでもある。そのために、道元が利用可能な経典や論書や問答をさまざまに引用し、対照し、互いを相対化しながら、禅の原則について和文で説明する必要がある。どの経典や論書や問答にも一〇〇%依拠できない以上、それらのテキストを相対化するのではあるが、それをする自分の書き出すテキストは絶対であるという、絶妙な文体を演出しなければならない。

道元の量子モデル

道元の和文の文体は、どこから繰り出されるか。それは、坐禅する道元の現場から湧きあがる。坐禅する現場では、道元と菩提達摩とは同等である。そして、釈尊（ゴータマ・ブッダ）とも同等である。仏教にとって、これにまさる正しさの源泉はない。

*

道元の確信の根源は、どこにあるのか。それは、坐禅する道元の現場から導かれる。菩提達摩〜

恵可〜恵能が言うように、坐禅をしているとき、そのひとは覚っている。衆生であるまま、仏（覚ったひと）である。坐禅をしていないとき、そのひとはただのひとである。

このことを、正確に考えようとすると、ひとは二つの相をもつ、量子のような存在である、と考えられる。

ひと　…　ひとa　坐禅をしているときは、ひとであって仏
　　　　／
　　　　ひとb　坐禅をしていないときは、ひと　　　(24)

これはひとについての、道元の根本的な仮説である。この仮説を、道元の「ひとの量子モデル」といおう。

ひとは、ひとになったり仏になったり、量子のように相転移している。ひとは、すべてこうしたあり方をしている。そして、仏はどこかに実在するわけではない。量子モデルのうち、「ひとa」のあり方としてしか存在しない。どこかに仏が実在すると考えるのは、妄念である。

覚ってもひとを辞めない

道元の、ひとの量子モデルは、どこが根本的にこれまでと違うのか。

覚っても、ひとを辞めないというところだ。

＊

仏教は、釈尊からしばらくすると、ふつうの人間の覚りと釈尊の覚りを区別した。ふつうの人間は阿羅漢どまりだが、釈尊はそれと段違いの、仏（ブッダ）になるという。大乗仏教になると、覚った仏は新しい仏国土を与えられ、この三千世界のどこか外側にワープして飛び出してしまう、とされた。法華経も浄土経典も華厳経もほかの経典も、そういう前提に立っている。

でもこれは、おかしくはないだろうか。釈尊は、三五歳で覚りをえたあと、八〇歳で入滅するまで、出家の弟子たちとともにサンガで過ごした。教えを説きながら、弟子たちと対等な一員として戒に従って暮らしたのだ。釈尊のほかにも、覚りをえた弟子たちが大勢いた。覚っても人間としてあり続けた。

これがもともとの仏教だった。そのあとの仏教は、そこから逸脱している。釈尊を神格化している。いや、神格化というのはおかしい。釈尊を特別視（仏格化）している。

人間は、覚っても、人間のままだったのではないか。

＊

菩提達摩の坐禅は、この考え方に立っている。

菩提達摩がこの考え方を、どうやって手に入れたのか、わからない。

禅宗では、釈尊から、経典とは別系統に、師資相承でつぎつぎと途切れなく受け継がれて、菩提達摩に伝わったと信じる。そうかもしれない。そうでないと、証明することはできない。あるいは、菩提達摩が坐禅をしているうちに、この考え方に達したのかもわからない。釈尊も、坐禅をするうちにこのような考え方に達したのだろうから、そうだとしても不思議ではない。

＊

道元はこの考え方を、どうやって手に入れたのか。師資相承により、受け継いで、禅宗の正統に立っている、と説明はしている。でも道元は、そんなことより、坐禅をすればそれは自明だ、と坐禅しながら確信したのに違いない。

いわゆる仏教は妄念である

人間を、ひとの量子モデルによって理解するなら、道元は、仏教に対してラディカルで先鋭な態度をとらざるをえない。

＊

まず第一に、修行の考え方が成り立たなくなる。

仏教は、釈尊の覚りを、ブッダの覚りとして格上げし、遠くに置くようになった。出家者は、その遠い目標を目指して、修行をする。

初発心　⇩　修行　⇩　覚り（成仏）　　(25)

が、仏教の考える修行のプロセスである。修行と覚りが分離している。修行は、覚りに至る手段である。（これを、修行過程説、といおう。）

坐禅では、このふたつが分離しない。坐禅は、修行であり覚りである。修行＝覚り。道元はこれを「修証一等」と言っている。菩提達摩や、恵可や恵能や、が唱えた主張だ。坐禅原則主義の基本テーゼである。

＊

すると第二に、修行過程説をとっている、これまでのすべての仏教の宗派や、経典や論書は、成り立たなくなる。それらは、人びとが覚りについて抱く妄念によって成り立っている。要するに、これまでのいわゆる仏教は、妄念であることになる。

大胆と言えば、大胆な主張である。けれども、坐禅原則主義をとり、修証一等の立場に立つならば、これ以外に結論のしようがない。

＊

仏教は妄念である。道元がこのように主張すれば、人びとは受け入れるだろうか。

多義的なサンドイッチ

仏教は妄念である、と主張してもいい。けれども、人びとはそれを受け入れないで、拒絶するだろう。

すると、坐禅原則主義は、どんなに正しいことをのべても、これまでのいわゆる仏教に従う人びとの考えを変える（妄念を取り除く）ことができず、少数者として孤立したままになるだろうと言える。正しい仏道を広め、衆生を救うという本来の目的を、達成することができない。

では、どうする。

ここが、道元の考えどころだ。特に、比叡山の門徒によって京都の拠点を激しく攻撃され、越前に拠点を移さざるをえなくなったこともあり、この問題を真剣に考えたはずである。

＊

道元は、これまでのいわゆる仏教に従う人びとに、はたらきかける努力をあきらめなかった。いきなりポスト仏教の、坐禅原則主義をぶつけて、自分が正しいからそれでよい、というやり方をとらなかった。自分が、坐禅原則主義に立ち、坐禅を通じて「ひとの量子モデル」を体得し、覚りをえていることはそれとして、世の人びと（衆生）をこの道に引き入れようとした。それに有効な言葉を選ぶことにした。

それには、言葉は「多義的」でなければならない。

いっぽうで、言葉は、真理を裏切ることはできない。坐禅原則主義に照らして正しく、ひとの量子モデルにもとづいて間違いなく言えることを、言うのでなければならない。薄い、坐禅原則主義の層である。

そのいっぽうで、言葉は、これまでのいわゆる仏教からみて、意義深く真理に満ち、それを学ぶことが有意義だ（修行である）とみえなければならない。なにしろ人びとは、覚りをえるために修行をしよう、と思っているのである。こうした言葉が、十分な厚みをもって語られる。なにか「よいことを言っている」雰囲気がある。サンドイッチの分厚い外側。大乗仏教の教義の層である。

その反対側には、禅問答のもうひとつの層がある。禅問答は、非合理で矛盾していて、その真意が行方不明であるように書かれている。坐禅原則主義と、大乗仏教の教義と、は矛盾していて、混ぜると非合理になる。それを禅問答の非合理と混ぜると、非合理が目立たなくなる。言説に一貫性がうまれる。サンドイッチの反対側の分厚い外側。禅問答の層である。

＊

この三つの層を、一度に味わうように、『正法眼蔵』のテキストはできている。わざとそう、つくってある。いろいろに味わえるサンドイッチだ。

あるひとは、大乗仏教の教義の層を味わって、ああ勉強になったと思う。リッチな味わいだ。またあるひとは、禅問答の層を味わって、なんてクレージーな問答だと思う。仏教はひと筋縄ではないよなあ、という感想だ。またあるひとは、決め球の坐禅原則主義を投げる前にこれだけ変化球を多投するなんて、道元は苦労しているなあと思う。お気楽な感想だ。もっと味わい方はあるだろうに。とにかく、どうとでも読めて、誰にとっても役に立つ多義的な本を書こうと、道元は思った。それ以外に、どんないい方法があるだろうか。

禅宗は、宗派なのか

そもそも禅宗は、宗派なのか。

仏教の宗派は、小乗にせよ大乗にせよ、大乗のさまざまな宗派にせよ、依拠する経典の違いによって分かれている。禅宗は、そもそも経典に依拠していない。すべての宗派があげて、禅宗に合流すべきであると、ほんとうは思っている。

ただ、そう言っても、既存のほかの宗派がそれを認めるわけではない。認めるはずもない。そこで、それらの宗派と並列するもうひとつの宗派、として存在せざるをえない。

これは禅宗にとって、不本意である。不本意でも、とりあえずそうあるしかない。

そこで、禅宗は、ほんとうは宗派以上のもの（普遍的な仏教）であり、実際には宗派のひとつにすぎないもの（特殊な仏教）という、二重の性格をもつ。

言語をどう考えるのか

もうひとつ、『正法眼蔵』のテキストを考えるのにあたって、禅宗は言語をどう考えるのか、という大事な問題がある。

＊

ひとの量子モデルによれば、坐禅しているとき、ひとは、「ひとであって仏」である。仏は、真理（真如）とともにあり、真理そのものである。真理そのものは、知ることはできても、言葉にできない。真理を言葉にする方法がない。釈尊がそうであったように、仏は真理を言葉で伝えることができない。人びとは言葉で真理に達することができない。だから、坐禅しなければならないのである。

坐禅は、ひとがひとであるまま、真理の側に入り込む方法である。

＊

言葉は、ひとのものである。

仏教の考えによれば、世界は言葉でできていない。世界は出来事でできており、出来事と出来事の因果関係のネットワークでできている。ひともまた、そうした出来事のネットワークの一角を占めている。

ひとは生きるため、考えるために、交流し協力するために、言葉を使う。(覚るために使うのでも、覚ったから使うのでもない。)言葉は、意味をもつ。意味は、必ずしも世界のなかに根拠をもたない。言ってみれば、妄念である。ひとは言葉の意味に左右され、翻弄される。それに左右されず、この世界のなかに足を下ろすことを禅宗は勧める。

禅宗は、坐禅していないときのひと(ひとb)をいざない、坐禅(ひとa)しながら仏の道を生きよう、という提案である。ひとbは、ふつうの人間だから、言葉を用いる。禅宗も、生きる人びとの活動だから、言葉を用いる。ただ、その言葉は、妄念を増殖させるのではなく、妄念を縮小させ、取り除くように用いなければならない。

禅宗の言葉

禅宗には、「禅宗の言葉の用法」がある。『正法眼蔵』ももちろん、これを踏まえている。言葉は、必ず意味とともにある。なのに、言葉を用いて、妄念を縮小させる。そんなことができるのだろうか。

＊

釈尊は、覚って仏となったあと、弟子たちと共に過ごした。言葉を用いて、人びとに教えた。その記録が経典として残っている。

どんな言葉を用いたか。

生老病死は生き物の定めだから、それを受け入れるべきこと。ものごとに執着するのはよくないこと。…。素朴である。達摩の説いた行入《ぎょうにゅう》（報怨行、随縁行、無所求行、称法行、の四つ）と似ている。要するに、そんなに大したことを言っていない。

釈尊はこのあと、仏教の妄念が膨らんでいくにつれて、だんだん人間とは隔絶した存在に格上げされていった。神通力を発揮したり、神変をあらわしたり、やたら複雑な教理の経典をつぎつぎにのべたり、阿閦仏や阿弥陀仏や盧舎那仏について語りはじめた。内容はほとんどヒンドゥー教である。達摩に言わせると、妄念である。

これまでのふつうの仏教では、これらの経典は、釈尊がのべた言葉であることになっている。道元は、それを信じている人びとを相手に、禅宗の言葉を編み出さねばならない。その困難は、釈尊の抱えていた困難よりも、なお大きい。釈尊の周りにいた人びとは、釈尊をはじめ別格のブッダが多くいるという「妄念」にとらわれていなかった。道元は、その妄念を相手にし、その妄念を解き放たなければならない。

そうして編み出されたのが、『正法眼蔵』のテキストの、三層のサンドイッチ構造であった。

『正法眼蔵随聞記』からわかること

道元の弟子・懐奘による『正法眼蔵随聞記』（以下、『随聞記』）は、聞き書きで、道元の著作ではない。本人の推敲を経ていない、言動の記録である。ここにみられる道元の発言が、坐禅原則主義の考え方によって一貫しているか、チェックしてみよう。

懐奘そのひとが、ふつうの仏教の「妄念」にとらわれていて、道元の発言をねじ曲げてしまった可能性もないわけではない。それも頭の隅に入れ、確認してみる。

＊

『随聞記』は、第一～第六に分かれ、それぞれが二〇前後の項目に分かれている。順番に読んでみると、1．坐禅原則主義でポスト仏教の、ラディカルな主張だと読みとれるもの（○）、2．特にはっきりした主張が読み取れない、雑談や逸話のたぐい（△）、3．これまでの仏教の考えをなぞっているように読めるもの（×）、がある。順番は、時系列なのかもしれない。特に意味がないようである。

1の、坐禅原則主義の主張（○）は、以下の項目に認められる。

第一…　一、二、五、一二
第二…　一、四、六、八、九、一一、一二、一四、二〇、二二、二三、二四、二五、二六
第三…　七、一二、一三
第四…　三、七、八
第五…　一〇、二〇、二一、二三
第六…　九、一一

これに対して、3の、これまでの仏教の考えをなぞっているとみえる箇所（×）は、以下のようだ。簡単に、そうみえる理由を付記しておく。

第一…　一四　熱があって坐禅して死んだ場合、結縁で仏家に生まれるはずだ
　　　　一六　人びとはみな仏性があるのだから、卑下するな
　　　　二〇　諸天善神および三宝がひそかに見ている
第二…　二　寺院建立の功徳はなくならない
　　　　五　一念三千の法門をもつのを道心という

一〇　仏性、戒律を守るのがよい
一六　輪廻してたまたま人間に生まれたのだから、仏法を度しなさい
第三…　九　仏像、経典、僧侶を敬え
一四　出家したあと老母が餓死しても功徳は大きい、七世に及ぶという
第四…　六　発心修行すれば、必ず得道するであろう（修行と覚りを分けている）

細かく探せば、たぶんもっと見つけることができる。

＊

それぞれの項目は、「夜話に云く…」「示して云く…」のように始まる逸話が多い。ある日の道元の発言を、記憶が新しいうちに懐奘が書き留めたものであろう。それなりに分量がある。録音機があるわけではないので、記憶違いもあるだろうし、懐奘が自分の考えで道元の言葉を丸めてしまっているところもあるかもしれない。

＊

『随聞記』から全体として受け取れるのは、多義的な語り方をする道元の日常の姿である。その本質がポスト仏教者だったとしても、弟子を指導し寺院を運営する道元は、ただの仏教者（校長先生）としてふるまうときも多かった。若いころは学問好きで、仏典以外の（外道の）書物もよく読んだ。弟子にはそうした学びを勧めていない。けれどもその時代の教養が、雑談のなかにときどき

出てくる。

5・3 『正法眼蔵』・現成公案の巻

『正法眼蔵』は一貫しているか

さて、道元の主著である『正法眼蔵』に目を移そう。

いま伝わっている『正法眼蔵』は、七五巻からなっている。道元は、これを百巻として完成させる計画だったらしい。終生、手を入れていたという。けれども百巻になることはなく、いまのかたちで伝わっている。

『正法眼蔵』のなかみの大部分は、比較的に早い時期（越前に移る前後）に完成していた。仏性の巻のように、不釣り合いに長い巻もある。区切りを工夫すれば、百巻に直すことはそんなにむずかしくなかったはずだ。

*

巻数もさることながら、内容がばらけていることが気になる。

それぞれの巻は独立に書かれ、最後に配列を決めたらしい。

先頭に置かれているのは、「現成公案」の巻である。

これは、内容から言って、先頭にふさわしい。坐禅をするとは、覚るとは、といった、仏道にとって本質的な問題をテーマにしている。

三番目の「仏性」の巻も、力が入っている。達摩の禅を受け継いだ禅師たちの問答を素材に、修行と覚りの関係や、この宇宙をどう考えるかといった世界観の問題を、掘り下げている。抽象的で難解な議論だ。

この二つの間に挟まっている、「摩訶般若波羅蜜」の巻は、内容的に少し浮いている。そのほかの巻は、配列に一貫性があるとも思えず、全体の構成が見通せない。

＊

要するに。

『正法眼蔵』は、今日人びとがイメージするような首尾一貫した「書物」として書かれていないと思われる。全体として、ひとつのヴィジョンのもと、有機的に構成されているのではない。各巻が、それぞれ独自のテーマやときどきの思索に即してばらばらに構想され、書き継がれ、ひとつのタイトルのもとにまとめられている。随想や日記に近い側面がある。

道元の時代、思想家が一貫したオリジナルな書物を書く習慣は、まだ一般的ではなかった。道元は、坐禅原則主義に立脚し、禅宗の新時代を切り開いていた。比叡山など既存の仏教勢力から、目の敵にされるほどとんがっていた。それが『正法眼蔵』の核になっているのは間違いない。けれどもそれ以外の、いままでのふつうの仏教の要素も、かなりまじっている。人びとに受け入れられるように、という配慮と、自分の整理がついていない、という側面と、両方がある。

現成公案

現成公案の巻は、『正法眼蔵』の第一巻に置かれている。

ここに、坐禅原則主義の本質が語られている。九つの節からなり、短い。一〇年あまりにわたって磨き上げ、練りに練った内容である。ここから三つの節をとりあげて、道元の境位をたしかめておこう。

*

「現成公案」とはどういう意味か。

「公案」は、定番の規定問題、というニュアンスがある。禅宗である限りかならず考えなければならない、避けて通れない根本問題をとりあげます、という趣旨だ。

「現成」は、ふつう現成正覚。すなわち、仏となる、という意味である。正覚は、無上正等覚とか、阿耨多羅三藐三菩提《あのくたらさんみゃくさんぼだい》とかと同じで、釈尊（だけ）の無上の覚りをいう。道元は、「正覚」という言葉を使いたくないのだと思う。だから、「現成」というにとどめた。なにが現成するのか、ペンディングになっている。それをそのまま考えましょう、である。

漢文と和文

もうひとつ考えてみたいのは、『正法眼蔵』はなぜ和文で書かれているのか、だ。

＊

中国の禅宗では、もちろん、問答や公案はすべて漢文（現代中国語）である。漢文の読み書き能力が十分でないと、禅宗のアカデミアで相手にされないし、法嗣をつぐことなども不可能である。道元は、中国で学位を取得したわけで、その規準はクリアしている。

日本では、僧侶は漢文の経典を読むことができるし、書くこともまあできる。でも、すらすらというわけにはいかない。ネイティヴではないからだ。まして在家の俗人は、漢文の読み書きは無理である。

では、彼らは、坐禅はできないのか。坐禅をして、その体験を言葉にすることはできないか。坐禅の境地を言葉にすることがむずかしい、という問題はある。ただ、それを言えば、中国の僧たちも事情は同じはずである。でも彼らは、問答や公案を言葉（漢文）に書き表し、コメントをつけたりしているではないか。ならば、日本語（和文）で同じことをやって何が悪いか。いや、和文で同じことをしなければ、日本の禅が成り立たないのではないか。

＊

そう考えるならば、『正法眼蔵』は、日本語（和文）で問答や公案ができるための、実例（サンプル）としての意味がある。経典は漢文かもしれないが、坐禅とこの和文の『正法眼蔵』がありさえすれば、中国での坐禅と遜色ない坐禅が、日本でもできる。こういう構想のもとに、和文が戦略的に選ばれている、と私は思う。

＊

当時、念仏宗が広まっていた。

念仏宗の教理は簡単で、在家の信徒にも理解できる。行《ぎょう》は、「南無阿弥陀仏」と唱える称名念仏で、すぐできる。では、そう唱えるだけで、なぜ救われるのだろうか。念仏僧たちは、唱えやすい和文の讃を工夫し、七五調などにのせて調子よく触れ回った。聴けば耳になじんで口をついて出てくる。和文で仏法を理解する習慣が広まりつつあった。

『正法眼蔵』は、これを背景にしていると思う。和文で坐禅の本質を伝えよう。僧たちもだが、在家の人びとにも届くように。さまざまな機会に衆生にふりまかれるだろう言葉の収蔵庫が、『正法眼蔵』である。

諸仏の仏法なる時節

さて、『正法眼蔵』の冒頭の、現成公案の巻。

まずガツンと一発、お見舞いする。坐禅原則主義のストレート・パンチだ。

道元の考える、坐禅＝ポスト仏教の本質論が、骨太にのべられている。読む人びとは、当惑し、ショックを受け、これはただならぬ教えだと身構えるはずだ。そういう効果を十分に計算したうえで、言葉が選び抜かれている。人びとの理解力の、やや上を行く語り口だ。親切な種明かしは、わざと省いてある。勝手に途方に暮れなさい、である。

*

まず、第一節を読んでみよう。上段は原文。下段は私による現代語訳。一文ごとに、番号（a〜d）を振ってある。

1a　諸法の仏法なる時節、すなはち迷悟あり、修行あり、生あり死あり、諸仏あり衆生あり。

この世界のあらゆる事象をいわゆる仏教からみるなら、迷いがあり修行があり、生と死があり、諸仏があり衆生がある。

1b　万法共に我にあらざる時節、まどひなくさとりなく、諸仏なく衆生なく、生なく滅なし。

（坐禅をして）あらゆる法則のまえに自分が消えてしまっているなら、迷いも覚りもなく、諸仏も衆生もなく、生成も消滅もない。

1c　仏道もとより豊倹より跳出せるゆゑに、生滅あり、迷悟あり、生仏あり。

仏道はそもそも通常の相対的な世界を跳び出しているので、（通常の相対的な世界には）生成と消滅や、迷いと覚りや、衆生と仏や、

1d　しかもかくのごとくなりといへども、華は愛惜にちり、草は棄嫌におふるのみなり。

がある。

だから、そうではあっても、（人間の世界は相変わらず営まれ、）美しい花は散ってゆくし、いやな雑草は生い茂るのである。

＊

第一文（a）と第二文（b）で、ふたつの「時節」が対照してある。同様の出来事が、タイミングによって（坐禅をしなかったりしたりすることで）、a／bのように入れ替わるということだ。1aは、仏法（よくあるいつもの仏教）のメガネをかけて世界をみている。1bは、仏法のメガネを外したポスト仏教にとっての世界である。

1cの仏道とは、坐禅（によって開かれる世界）のこと。仏法（よくある仏教）とは区別されている。仏道は、日常世界からぶっ飛んでいるので、日常世界に生成と消滅や、迷いと覚りや、衆生と仏や、が残ったままなのは仕方がないのだ。

1dは、それでも、人間世界がさまざまな価値や好悪で成り立っていると指摘する。それは、人間の生き物としてのありのままの姿だから、仕方がないのだ。慈悲の眼で人間をみた哀しみが「愛惜」の語にこめられている。

坐禅原則主義からみた、率直な世界の記述である。

＊

『正法眼蔵』の開頭にふさわしい、簡潔ながらよく練り上げられた印象的な文章だと言えるだろう。

仏道をならうといふは

現成公案の巻の第二節は、「自己をはこびて万法を修証するを迷とす」に始まる文章である。これは飛ばして、第三節を検討しよう。3a～3eの五つの文からなる。以下の通りである。

3a　仏道をならふといふは、自己をならふ也。

3b　自己をならふといふは、自己をわするるなり。

3c　自己をわするるといふは、万法に証せらるるなり。

仏道をならうとは、自分をならうことである。

自分をならうとは、自分を忘れる（ないも同然になる）ことである。

自分を忘れるとは、あらゆる法則の集積だとわかることである。

３ｄ　万法に証せらるるといふは、自己の身心および他己の身心をして脱落せしむるなり。

３ｅ　悟迹の休歇なるあり、休歇なる悟迹を長長出ならしむ。

あらゆる法則の集積だとわかるとは、自分の身も心も、ほかの誰かの身も心も、脱け殻になることである。

覚ったあと、覚ったのかなあと思う。それが覚りだから、安心して坐禅を続けなさい。

３ａの「仏道」は、正しい（ポスト仏教の）学びのこと。ならう（習う）は、『論語』の学而篇（学びてときにこれを習う）を連想させる。初めて学ぶのではなく、一度学んだことを繰り返し復習して身につけるニュアンスがある。３ｂの「わすれる」がキーワード。忘れるは、なくなるではない。あるのだが、問題にならなくなる。ないも同然になる。３ｃの「万法に証せられる」は、万法が主体で自己が客体になっている。万法の作用によって、自己が成立していることが明らかになる。自己は、能動的主体としての地位をなくしている。３ｄの「身心脱落」もキーワード。脱落するのだから、事象の連鎖するメカニズムのなかで、遊んだ歯車のように働きがなくなっている。身心がないかのように、すべてが運行する。３ｅはさまざまな解釈がある文。私なりの訳を掲げてみた。

＊

この第三節も、ストレートのど直球で、坐禅原則主義を説いている。とくに3dの身心脱落のくだりは、自己や主体が消滅することが覚りの条件であるとしている。修行の段階がだんだん高まるとか特定の境地に達するとか、理解していない。

風性常住無処不周

では最後に、現成公案の巻の最終節、九節を紹介しよう。この節は、八節までと違い、問答のかたちをとっている。

9a　麻谷山宝徹禅師、あふぎをつかふちなみに、僧きたりてとふ、「風性常住無処不周なり、なにをもてかさらに和尚あふぎをつかふ」

9b　師いはく、「なんぢただ風性常住をしれりとも、いまだところとしていたらずといふことなき道理をしらず」と。

麻谷山宝徹禅師が、扇であおいでいると、僧が来て聞いた、「風性常住無処不周です。なのにどうしていまさら、和尚は扇を使うのですか」

禅師が言うのには、「あなたは風性常住を知っているだけで、無処不周（どこも至らないところがない）という道理をまだ知らないな」

9c 僧いはく、「いかならんかこれ無処不周底の道理」

9d ときに、師、あふぎをつかふのみなり。僧、礼拝す。

9e 仏法の証験、正伝の活路、それかくのごとし。

9f 常住なればあふぎをつかふべからず、つかはぬをりもかぜをきくべきといふは、常住をもしらず、風性をもしらぬなり。

9g 風性は常住なるがゆゑに、仏家の風は、大地の黄金なるを現成せしめ、長河の蘇酪を參熟せり。

僧が言うには、「無処不周の道理って、どういうことですか」

すると、禅師は、扇を使うだけだった。僧は深々と敬礼した。

仏法が示され、師弟のあいだで本当に受け継がれるのは、この通りである。

常住だから扇を使うべきでない、使わなくても風が吹くはずだというのは、常住も風性もわかっていないのだ。

風性は常住なのだからこそ、こうして坐禅は風を起こし、大地のみのりを結ばせ、大河のめぐみを豊かにもたらすのである。

問答を紹介したあとに道元の解説がついている。それも踏まえ、九節の内容を考えてみよう。

＊

風性は、仏性のたとえである。

風性が行き渡っているなら、わざわざ扇で風を起こす必要はないではないか。僧がそう質問すると、禅師は、「風性常住」はともかく、「無処不周」をわかっていないなあ、と答える。え、どういうことですか。僧が問うても、禅師は扇をつかうだけ。僧は、理解して、頭を下げた。

仏性に置き換えてみよう。仏性が行き渡っているなら、わざわざ坐禅をする必要はないではないか。そう僧が問うと、禅師は、「行き渡っている」ということがわかっていない、と答える。僧が重ねて問うと、禅師はただ坐禅するのみ。坐禅は、仏性が行き渡っていることの一部なのだ。坐禅によって、世界は完成する。

＊

問答は、語録からの転用である。

もとの語録は漢文で書いてある。語録の肝心のフレーズ（風性常住無処不周）は、漢文のままになっている。そのほかの部分は、和文に直してある。

日本語で問答はできるのか。落語の「こんにゃく問答」でも、問答は漢文読みくだし文のような文体である。問答を和文に定着させたい、という道元の前向きな意欲がみてとれる。

＊

九節はやはり、坐禅原則主義の主張になっている。そして、仏性をとりあげ、あとに続く「仏性の巻」へのうまい伏線にもなっている。

5・4 『正法眼蔵』・仏性の巻

仏性の巻

仏性の巻は、『正法眼蔵』の三番目の巻。分量が多くて、全部で五九節もある。道元がこの巻を重視していることがわかる。

仏性は、仏教の発展の歴史のなかで、比較的新しい考え方だ。大乗の『涅槃経』に出てくる。中国では、仏性をめぐって論争が起こった。

＊

もしも仏性なるものが実体としてあれば、人びとが修行して覚りに至ることは説明できる。人びとにそなわっている仏性が、その動因となるからだ。発心→修行→覚り。そのプロセスをコントロールするものとしての仏性。このような理解を、修行過程説、ということができる。

道元は、修行過程説に反対する。修証一等（修行＝覚り）を主張する。坐禅は、修行であり・かつ・覚りである。坐禅原則主義である。この考えに立てば、仏性を、実体として存在すると考えるわけにはいかない。では、仏性とは何なのか。

この問題に、道元はわりに手こずったのではないか。だから、仏性の巻が長くなった。仏性の巻の議論の焦点を、いくつかの節から読み取って行こう。

一切衆生、悉有仏性

仏性の巻の第二節が、まず重要である。ここには、仏性についての道元の、斬新な考え方が色濃く現れている。

例によって、原文と私の訳文を、上段と下段に掲げておく。

2a　世尊道の一切衆生、悉有仏性は、その宗旨いかん。	釈尊が言う、「一切衆生、悉有仏性」とは、どういう意味なのか。
2b　是什麼物恁麼来の道転法輪なり。	「是什麼物恁麼来」（是れ什麼物が恁麼に来る）の教えをのべたものである。
2c　あるいは衆生といひ、有情といひ、群生といひ、群類といふ。	衆生は、有情とも、群生とも、群類ともいう。

2d　悉有の言は衆生なり、群有也。

悉有というのは、衆生であり、群有である。

2e　すなはち悉有は仏性なり。

つまり、悉有は仏性だ、と言っている。

2f　悉有の一悉を衆生といふ。

悉有の一悉（一部）を、衆生という。

2g　正当恁麼時は、衆生の内外すなはち仏性の悉有なり。

まさに恁麼の時とは、衆生の内も外も、仏性があまねく存在していることだ。

2h　単伝する皮肉骨髄のみにあらず、汝得吾皮肉骨髄なるがゆゑに。

仏道はばらばらになって伝わるのではない、坐禅を通じて師と弟子のあいだで丸ごと伝わるのだから。

「一切衆生、悉有仏性」は、『大般涅槃経』の獅子吼品にある言葉。ふつうに解釈すれば「すべての衆生には、ことごとく仏性がある」である。文法的にいえば、一切（形容詞）＋衆生（名詞〜主語）＋悉（副詞）＋有（動詞）＋仏性（名詞〜目的語）。これ以外の読み方は考えられない。

ところが道元は、「悉有仏性」を、悉有ハ仏性ナリ、と読む。強引である。文法的にいえば、悉有（名詞〜主語）＋仏性（名詞〜補語）。悉有と仏性のあいだに、是（動詞、…である、の意）が省略されている、と考えるのだ。

道元は、中国語（特に、口語）がよくできる。よくできるから、文法をあえて曲げて、こういう無理読みを思いついたのだろう。無理であろうと、そう読めないことはない。

そう読めるのなら、修行過程説ではなく、坐禅原則主義を、仏性の概念によって根拠づけることができる。

＊

中国語を習ってみると、気がつくことが多い。

昔は八百屋さんの店先に、「一ケ△△円」と書いた値札が並んでいた。「一ケ」とは何だろう。だが中国語を習って、これは「一个」、つまり「1個」の略字ではないかと気がついた。字が読めないひとのことを、「目に一丁字もない」という。たぶんこれは「一个字」、つまり「一個字」を読み間違って、「一丁字」になってしまったのだ。

「所以」と書いて「ゆえん」と読む。日本語として何となく収まりが悪い。中国語で「所以」とは、「それで」の意味。よく使う日常語だ。前段が理由で、後段がその結果をあらわす。これを借りてきたのだろう。

これに似たような感覚を、道元も持ったのだと思う。そして、中国語（漢文）と日本語（和文）のあいだで、芸当をしてみたのだろう。

＊

「是什麽物恁麽来」は、ふつうに読めば、何もの（什麽物）がこのように（恁麽）来たのか、の意味。什麽は現代中国語でもごくふつうに使う疑問詞である。

ところが道元は、『正法眼蔵』の恁麽の巻で、「是什麽物恁麽来」を、疑問文ではなく、「直趣無上菩提」（覚りをじかに表現するもの）、真理の現れであるとして、名詞のように扱う。何かが出来事として起こっている。現成している。その現場に、この世界の真理が現れている、と考えるのだ。

＊

2hの「皮肉骨髄」は、菩提達摩が四人の弟子に、皮、肉、骨、髄をそれぞれ伝えたという言い伝えを踏まえる。恵可は髄を伝えられた。道元が言っているのは、坐禅の師資相承は、単伝（それらがばらばらに伝えられる）ではなく、まとめて伝えられるものなのだということだ。

＊

まとめると、道元は、衆生＝悉有＝仏性である、と考えている。仏性は、衆生のどこかにそなわっているのではなく、衆生であることそのものだ。そして、悉有は、この世界のすべてのことだから、生き物（有情）の範囲を超え出ている。この世界のすべてが、仏性として存在している、である。

従来の仏性の考え方と、まるで違っている。

是什麼物恁麼来

さて、「是什麼物恁麼来」は、六祖・恵能と、弟子の南嶽懐譲《なんがくえじょう》の問答である。『正法眼蔵』は遍参の巻で、この問答をとりあげている。いったん仏性の巻を離れて、この問答を確認しておこう。

3a　南嶽大慧禅師、はじめて曹渓古仏に参ずるに、古仏いはく、是甚麼物恁麼来。

3b　この泥弾子を遍参すること、始終八年なり。

3c　末上に遍参する一著子を古仏に白してまをさく、懐譲会得当初来時、和尚接懐譲、是甚麼物恁麼来。

3d　ちなみに曹渓古仏道、你作麼生会。

大慧禅師・南嶽懐譲が初めて曹渓山の大鑑禅師を訪れた。大鑑禅師は言った、是甚麼物恁麼来（何かがどうやってか来たわい）。

南嶽懐譲はこの泥のかたまり（意味不明の言葉）と格闘すること八年であった。

そしてとうとう、大鑑禅師にこう回答した。最初に訪れたとき、和尚が私に、是甚麼物恁麼来と言った、その意味がわかりました。

大鑑禅師は言った、どうわかったのかな。

3e　ときに大慧まうさく、説似一物即不中。

3f　これ遍参現成なり、

3g　八年現成なり。

3h　曹渓古仏とふ、還假修証否（還た修証を假るや否や）。

3i　大慧まうさく、修証不無、染汚即不得

3j　すなはち曹渓いはく、吾亦如是、汝亦如是、乃至西天諸仏祖亦如是。

懐譲は言った、特定のものを持ち出すと外れます。

これは修行するうちにわかるのですが、

八年かかりました。

大鑑禅師は言った、修行をしたからわかったのかな。

懐譲は言う、そうでもあるのですが、修行にこだわるとダメなんです。

すると大鑑禅師は言った。そうだよ、私もそう、あなたもそう、インドの仏祖たちもみんなそうなんだよ。

以上をまとめると、こんな話だ。

南嶽懐譲が曹溪山の大鑑禅師に教えを乞いに訪れると、初っぱなに、「是甚麼物恁麼来」（何かがどうやってか来たわい）と言われた。わけがわからない。しょうがないので弟子になり、あれこれ考えているうちに、八年経った。そろそろわかったような気がして、懐譲は大鑑禅師に言った。「わかったと思います。」「ほほう、どうやってわかったのかな。」「修行しているうちにわかりました。」「修行して、理解を深めると？」「そうなんですが、でも、修行して理解するぞ、と思ってしまうとダメなのです。」

この世界のすべては、言葉や概念や先入見や妄念が成り立つより先に、「何か（甚麼物）がどうやってか来た」が、あるがままの姿である。それをそのまま受け入れることが大事で、それができれば修行は終わり。修行→覚り、ではないのだ。だから大鑑禅師は、懐譲に会うや否や初っぱなに「何かがどうやってか来た」と言った。それは、この世界のあるがままを、無定形な出来事が起こることだと、言葉で示唆したのである。懐譲は八年かかって、そのことを納得した。そして、決して修行したからそれを覚った、とは言わなかった。

道元は、問答や公案によって覚りをえよう、というよくある禅宗の行き方に、懐疑的だったことがわかる。

数々の問答

仏性の巻の残りの部分は、問答の紹介が続く。

嶺南人（中国の辺境の人間）に仏性があるかないかの問答。狗子（犬）に仏性があるかないかの問答。ミミズを半分に切ったら、どちら側に仏性があるかの問答。……。実際に禅師と問答をするのは、誰にでもできるわけではない。問答を読めば、追体験ができる。教育的効果は大きい、と言うべきだろう。

これら問答のいちいちを取り上げることはやめておこう。道元が、これまでのいわゆる仏教の、仏性をめぐる議論に飽き飽きしていることを、のべている。その箇所（第18節）を紹介しておく。

18a　おほよそ仏性の道理、あきらむる先達すくなし。

18b　諸阿笈摩教および経論師のしるべきにあらず。

18c　仏祖の児孫のみ単伝するなり。

およそ仏性の道理をあきらかにした先人は少ない。

初期仏典を学んでもそれ以降の経論を学んでも知ることはできない。

釈尊から坐禅を受け継いでいる人びとにのみ伝わっているのだ。

18d　仏性の道理は、仏性は成仏よりさきに具足せるにあらず、成仏よりのちに具足するなり。

18e　仏性かならず成仏と同参するなり。

（中略）

18k　かくのごとく学せざるは仏法にあらざるべし。

（後略）

仏性の道理、それは、仏性は、成仏より前にそなわるのでなく、成仏より後にそなわることである。

仏性は成仏と必ず同時にやってくる。

このように学ばなければ仏法ではない。

仏性をめぐる議論は、坐禅を師資相承で受け継いでいる禅宗にのみ、伝わっている。これまでの仏教は、仏教でない。禅宗（ポスト仏教）のみが、仏教だと言っている。

無始劫来は、癡人おほく

仏性の巻の最後（第59節）を、道元は、つぎのようにしめくくっている。

59a　無始劫来は、癡人おほく識神を認じて仏性とせり、本来人とせる、笑殺人なり。

大昔から、愚かな人びとは多く、精神現象のたぐいを仏性と認めてきた。笑わせるぜ。

59b　さらに仏性を道取するに、拕泥滞水なるべきにあらざれども、牆壁瓦礫なり。

仏性について語るなら、泥まみれにならなくてもよいが、塗り壁や瓦礫だって仏性なのだ。

59c　向上に道取するとき、作麼生ならんかこれ仏性。

それ以上、仏性について言ってくれって、どうすりゃいい。

59d　還委悉麼。三頭八臂。

やってらんねーよ。

どうだろうか。

仏性の巻を通読してわかること。道元は、坐禅原則主義で一貫している。坐禅をするとき、ひとは覚る。仏である。ならば、それが仏性である。坐禅をすること（修）と覚り（証）とは一体である。ひとの量子モデルである。これを下敷きにすれば、問題は明快に解ける。そういう構想で、『正法眼蔵』の最初の部分（現成公案の巻や仏性の巻）は組み立てられている。

*

それでは、『正法眼蔵』の残りの部分は、同じ構想で書かれているのだろうか。その点をつぎに確認しておこう。道元という宗教者の、思想家としての姿勢を見極めるためだ。

5・5 『正法眼蔵』・そのほかの巻

陀羅尼の巻

たとえば、一例として、陀羅尼の巻（第49巻）を開いてみよう。

陀羅尼とは、真言（呪文）のこと。陀羅尼は、坐禅原則主義と、折り合いが悪そうに思える。実際のところはどうか。原文をみてみる。

3a〜4f

いはゆる大陀羅尼は、人事これなり。人事は大陀羅尼なるがゆゑに、人事の現成に相逢するなり。（中略）その人事は、焼香礼拝なり。あるいは出家の本師、あるいは伝法の本師あり。（中略）これらの本師にかならず依止奉覲する、真言陀羅尼は呪文なのだが、禅宗では呪文ではなく、師に対する礼として伝わった。だから、焼香して敬意を示しなさい、という規定のようである。坐禅原則主義では、坐禅の師は仏であるから礼拝してよい。こういう決まりをつくると、坐禅コミュニティのなかで厳格な秩序が生まれる。小乗以来の具足戒では、出家者は互いに対等だった。それが、位階秩序に再編される。

6a〜6e

師前にいたりて問訊す。侍僧ちなみに香爐を装し燭をたて、師もしさきより椅子に坐せば、すなはち焼香すべし。師もし帳裏にあらば、すなはち焼香すべし。(中略)師もし地にたちてあらば、請和尚坐と問訊すべし。

禅僧は、師に対する従者のようである。「請和尚坐」は、中国語で「和尚、お坐りください」の意。なぜ中国語かと言えば、中国の寺ではそうだったからだろう。日本の僧がこれを漢音でのべるのか和文でのべるのか、よくわからない。ともかく禅院を、平安仏教の寺院とはまるで違った異空間に設計しようという道元の強い意思を感じる。

10a〜10i

しるべし、礼拝は正法眼蔵なり。正法眼蔵は大陀羅尼なり。(中略)あるいは三拝、あるい

は　触礼一拝なり。あるいは六拝あり。（後略）

師に対する礼拝が、正法眼蔵（仏法のキモ）であり、大陀羅尼（重要な儀式）であるとする。釈尊の定めと関係なく、新しいルールを、道元の権威によって、禅院に設定している。

道元は、永平寺の「清規」も詳細に制定している。これらの規定は、世俗社会に関わらない厳格な独自ルールとして機能する。ちょうどカトリック教会の教会法（エクレジアスティック・ロウ）のようである。

21a～21e

釈迦牟尼仏を礼拝したてまつり、供養したてまつるといふは、あるいは伝法の本師を礼拝し供養し、剃髪の本師を礼拝し供養するなり。（中略）陀羅尼をもて釈迦牟尼仏を供養したてまつるなり。

禅院の師を礼拝するのは「供養」であり、釈尊を礼拝するのと同じである。坐禅原則主義が、異様な組織原理に連続しているようにみえる。

文体が異なる

まず、わかること。

陀羅尼の巻でもそうだが、『正法眼蔵』の残りの大部分は文体がまるで違う。現成公案の巻や仏性の巻のような、ぶっ飛んだ難解なところが少しもない。ただふつうに意味を取ればよいような、教科書のような文体である。言葉が一義的に使われていて、誰が読んでも同じ意味になる。道元もこういう文章を書くときは書くのだ。

＊

なぜ文体が異なるのか。

それは、坐禅原則主義にもとづいた教団をどう設計しようかという、別な課題に直面しているからである。禅院の組織原則、行動原則がのべてある。会社の定款や職務規定と同じで、実用的な文書である。行政文書は、多義的だったり比喩や逆説があったりしてはいけない。プレーン・テキストとして読めなければならない。

『正法眼蔵』の残りの大部分を、こういう巻が占めている。

＊

道元にとって、こういう巻も『正法眼蔵』である。なぜなら、日本に正しい禅院の運動を定着させるために、必要だからだ。

古仏を拝む

もうひとつ。師に弟子が服従する、厳格な規律を形成している。

もともとサンガ（仏教の出家者の集団）には、各自が対等で独立した人格であるという側面と、師に教えを乞い敬意を払い服従するという側面と、両面があった。初心者の比丘は、サンガの先輩を師に選び、指導を受けるのが常だった。

では、どちらの側面が根本かと言えば、あくまでも前者（出家者の平等）だった。釈尊も、覚りをえたあと、ほかの出家者と区別なく、サンガでの共同生活を生涯送ったのである。

＊

これに対して、道元の禅院では、師が過剰に尊崇されている。

それはなぜかと言うと、禅宗の師資相承の原理にもとづく。坐禅をし覚りをえている修行者は、同等な仏である。釈尊～菩提達摩～禅宗の代々の祖は、いずれも仏（古仏）である。だから師弟間（古仏間）の問答は、経典と同等の、いや、同等以上の価値をもつ。

弟子からみて、師は古仏と同等である。尊敬と崇拝の対象である。この原理によって、禅院（出家者の集団）を組織すると、平等の側面を押し退けて服従の側面が主になる。師資相承の原理にもとづいたことの帰結である。

『正法眼蔵』の全貌

『正法眼蔵』はここでは一部を読んだだけだった。残りも丁寧に吟味し、その性格をもっと詳しくつきとめるべきだろう。宿題としておく。

ここまででわかったことを、もう一回まとめておく。

＊

『正法眼蔵』の最重要部分は、坐禅原則主義によって成り立っている。それは、菩提達摩〜恵可〜恵能、以来の正系であり、道元が咀嚼し和文に成型したものである。これまでの研究者は主に、この部分（道元の仏教思想）に、関心を集中させてきた。

『正法眼蔵』のそれ以外の部分はどんな意味があるのか。

道元は、それ以外の部分も、同様に重大であると考えていた。坐禅原則主義にもとづく教団を日本に成立させるためには、思想や教理だけではなく、それを再生産する組織と運動の原理が必要だったからだ。

＊

坐禅原則主義の禅院を、道元ははじめ、京都に創建しようとした。おそらくふたつの理由で、それは無理だと思った。第一に、比叡山をはじめ既存の仏教勢力の妨害がいちじるしい。第二に、京都には有力な在家信徒も多く、禅院の純粋性を保ちにくい。越前は、京都から離れていて、その点で好都合だった。

『正法眼蔵』は、この教団のための基本文書である。

第一に、坐禅原則主義を主張し、天台宗や真言宗や念仏宗や…に対する優位を示す。仏道として坐禅がすぐれていることを論証する。

第二に、道元の禅院が、釈尊～菩提達摩～…以来の正統の系譜に立つことを論証する。師弟関係の秩序を、仏道の修行のなかに位置づける。

第三に、仏教の運動体として、既存の平安仏教と絶縁した、新しい組織原則をもつことを根拠づける。

これだけの射程をもった書物として、『正法眼蔵』は書かれている。

では、道元のこの仏教運動は、どういう社会的インパクトをもたらしたか。それは、章を改めて論じてみよう。

第6章　坐禅原則主義のゆくえ

道元は、禅宗の革新者であり、仏教の革新者である。

中国でも、日本でも、禅は行なわれていた。坐禅は、念仏がほかの行と併修されていたように、ほかの行と併修されていた。それ独自の純粋な性格を持たなかった。

道元は、禅の可能性を突き詰め、仏教全体を塗り替える原理に高めた。そのことを、教理の面で論証し、組織の面で実践した。その宣言が、『正法眼蔵』である。

では、道元のこの運動は、どういう社会的インパクトをもったのか。どういう社会の変化と並行していたのか。

荘園の衰退

道元の禅宗と法然の念仏宗に共通するのは、貧乏（質素倹約）に積極的な価値を認めていることである。それまでの平安仏教が、豪華な堂塔伽藍を誇り、僧侶らが安逸な生活をむさぼっていたことを嫌悪し、拒絶の感情を向けている。

そうした仏教寺院の体制は、農民の負担と犠牲のうえに成り立っていた。寺院の財政基盤は荘園である。寺院が直接に荘園を保有している場合もある。貴族の保有する荘園によって、間接的にサポートされている部分もある。いずれにせよ、平安仏教は、荘園制のうえに乗っかっていた。

＊

武士は、荘園の周辺業務を担うかたちで勢力を拡大し、やがて在地の領主となって、荘園制をシロアリのように喰い尽くしていった。地頭や守護となって、警察権や統治権を握り始めた。権門を頂点とする荘園の収奪システムが、機能しなくなっていく。貴族の勢力は衰退し、代わって、武家の勢力が台頭した。

武士の財力や権力の基盤は、荘園制が解体しても崩れない。むしろ強化されるかもしれない。

念仏宗や禅宗が人びとのあいだに急速に広まったのは、こうした社会変化と密接につながっている。

貧乏に価値がある

念仏宗が農民にアピールしたのは、念仏僧が遊行し、しかも貧乏なことだった。

彼らは必ずしも寺院に属さない。念仏を広めて歩く。念仏の行は容易に学べる。農民は、念仏を媒介にして、人びとが対等に結びつく宗教コミューンとして農村を再構成することができる。

親鸞の系統の浄土真宗は、寺院を建てない。代わりに蓮如の時代には、道場を建てた。イスラム教のモスクやユダヤ教のシナゴーグのような、集会所である。

*

道元も、貧乏を価値があるとした。『正法眼蔵』にも、そのように明記している。けれども道元は、出家者を禅院に集め、プロの坐禅修行者として訓練するスタイルを選んだ。中国の禅寺と同じ行き方である。

出家者の集団生活は、それなりにお金がかかる。財政基盤が必要である。

中国の場合、寺院は国営で、政府資金があてにできた。あてにできない場合でも、禅宗の僧侶は農作業などの労働をして、自力更生でなんとかなった。

日本の場合、寺院を設営すると、だんだんお金がかかるようになる。バラックで貧乏なまま、というわけには行かない。『正法眼蔵』の陀羅尼の巻をみても、線香を用意したり和尚を椅子に掛けさせたりと、立派な待遇が始まっている。道元の禅宗は、荘園と縁を切っているようだから、別な財政基盤が必要だ。

行き着くところ、それは、本寺－末寺の上納システムになるだろう。各地に禅宗の出家者が散って、寺院を開く。費用は地元の支援者の寄進に頼る。出家者を越前の本山に集めて訓練し、かっちりした師弟関係を築く。その関係が再生産されていく限り、末寺から本寺への上納が途切れない。

室町時代から江戸時代にかけて、日本の各宗派の寺院は、本寺－末寺の階層構造に再編された。

道元の禅宗は、その先頭を切っていたとも言えよう。

武士と禅

禅宗は、武士に歓迎された。いくつか理由があった。

第一に、それまでの仏教（平安仏教）は、京都の貴族との結びつきが強かった。新興の武士階級は、平安仏教との関係をリセットしたいと思った。念仏宗や禅宗は、平安仏教に対する対抗仏教だから、武士の心情に合致した。

第二に、禅宗は、念仏宗と同じで、経典を読まなくてもよかった。武士は、貴族と比べてさえ、学問が苦手だ。読み書きが覚束ない者も多い。禅宗は、修行（実践）を重視する。口だけでなく、実行をともなう。武士の行動スタイルと合っている。

第三に、武士は戦闘を職業とする。仏教の、殺生戒に反している。これまでの仏教の教理に照らすと、悪業であり、とても救われない存在だ。武士は世俗の職業であって、世を捨てて修行するわけにも行きにくい。

でも武士にも、坐禅ならできる。ときどきやればよく、しょっちゅうでなくてもよい。しかも坐禅すれば、それが覚りであり、仏であるという。救いから排除されていない。自分たちにちょうどよい、と武士は思った。

念仏は他力で、農民に向いている。禅は自分の主体的実践がすべてで、領地を経営し軍務にも従事する武士に向いている。平安仏教にも絡めとられない。貴族のように農地を荘園として寄進しなくても、収益の一部を寄附するだけでよい。ドライな結びつきだ。禅宗は、密教（オカルト）の要素がなく、合理的である点もよい。

こうして鎌倉は、禅宗の寺院が多くなった。室町幕府になってから、京都にも禅宗の寺院が増えた。

禅宗と経典

道元の禅宗は、坐禅を重視し、経典を重視しない。でも、経典をまるで無視するわけには行かない。坐禅が釈尊から伝わったにしても、経典もまた釈尊から伝わっているからである。禅宗は、経典のなかで、般若経典を重視する。般若経典は、空を唱えている。禅の覚りと整合する。道元は『正法眼蔵』の二番目に、摩訶般若波羅蜜の巻を置いている。また、仏性の巻の後半には、龍樹（ナーガールジュナ）の坐禅について論じた箇所がある。龍樹は『中論』を著した、般若思想の中心人物である。

般若経典は、消しゴムのようで、小乗の経典や論書や、そのほかの経典の効力をなしにしてしまうように用いることができる。

それ以外の大乗経典、たとえば、浄土経典とか法華経とか華厳経とか密教経典とかは、うまく坐禅原則主義と組み合わせることがむずかしい。涅槃経は「仏性」を唱えて、大乗教に影響をもっていた。道元は『正法眼蔵』で、「仏性」の概念を換骨奪胎し、坐禅原則主義に合致するように解釈しなおしてしまった。

こうすることで、経典の知識がある人びとも、禅宗をたやすく非難できないようにすることができる。

禅宗と儒学

禅宗の僧侶は、語録や公案を読むので、漢文の学力はある。けれども、仏教の経典や論書を熱心に学ぶ動機に乏しい。そこで代わりに読むのが、儒学を初めとする中国の典籍である。

禅宗の僧侶は、特に宋代に、儒学を学び政府の職員となった士大夫層と交流した。その流儀が、日本の禅宗にも伝わった。

儒学は、行政文書の作成と直結している。貴族に代わり、武士が政治を担当するようになると、儒学の知識を提供して文書の作成をサポートする人びとが必要になった。その役割を担ったのが、主に禅宗の僧侶たちだった。

禅宗と儒学の組み合わせは、室町時代を通じて続き、藤原惺窩や林羅山ら、のちに江戸時代の儒学を起ちあげる基点となった。

体制か反体制か

念仏宗は、反体制になりうる宗教運動である。

なぜなら、第一に、念仏宗は末法思想に立って、それ以外の宗派の修行が無効であると宣言している。修行による覚りか、念仏による往生か、という二者択一を迫る。ほかの宗派と妥協の余地がない。

第二に、念仏は、庶民が誰でもできる行である。僧侶が指導する必要がない。在家の人びとがコミュニティをつくって、自立する可能性を与える。宗教改革がカトリック教会とそれにつながる領主の統治権を否定し、新教徒の自立した統治をうながしたのと似たロジックをそなえている。つまり、反体制に転じうる。

こうして、一向に念仏する人びとは、一向一揆を駆動することができる。念仏原理主義なのである。

*

これに対して、道元の坐禅原則主義は、反体制に転じにくかった。

道元の禅は、これまでのよくある仏教に対する、もうひとつの仏教（オルタナティヴ）である。坐禅すれば、これまでの仏教は要らない。それなら、反体制に転じてもよかったのではないか。

そうなりにくかったのは、第一に、道元が、彼の教団を、厳格なルールに従った階層的で自律的な組織に編成したこと。禅宗は、清規といって、寺ごとに独自の集団規律を定めてよい。道元も思案を尽くして、禅院のルールを定めた。軍隊のような組織ができあがった。禅院は兵舎のようで、僧たちは勝手に民衆のなかに入って遊行し交流するわけにはいかない。

道元は、京都での在家の信徒の拡大に見切りをつけて、越前に引っ込み、出家の弟子を訓練して禅宗教団に組織化することに集中した。坐禅原則主義で武装し、そのほかの仏教宗派の攻撃や誘惑をはね除ける、強固な教団をつくろうとした。さもなければ坐禅原則主義は、日本に定着せず、消え去るだろうという強い危機感をもっていた。

修道院のようなものをつくったのだから、坐禅は民衆に広まりにくい。民衆に広まらなければ、反体制になりにくい。

第二に、坐禅原則主義は、社会秩序を覆す新しい原理になりにくかった。

念仏宗は、仏教の行ないを念仏に還元し、世俗の行為も念仏と両立するものに限定して行った。荘園制や武家の統治権力と衝突する。誰もが念仏するのだから、この衝突は誰にとっても課題になる。

禅宗は、宗教的な行為を坐禅に還元する。坐禅はコストのかかる行である。そこで、それに耐える出家者を選んで、訓練するやり方を選んだ。坐禅の行と世俗の行為は、空間的にも、担い手の点でも、隔てられている。坐禅の行と世俗の行為が両立しがたかったとしても、それは誰にとっても の課題ではない。

第三に、禅宗の在家信徒は、武士が多かった。さもなければ、上層の庶民だ。彼らは、体制を支える側の人びとだ。体制の矛盾や生きづらさが、禅と触れることで耐えやすくなる。なぜなら坐禅は、現にあるこの世界がすでに、価値あるものとして完成している、と発見するのだから。

＊

禅宗はこのように、体制派だ。

それは、道元が、統治者にすぐ尻尾をふるたぐいの軽薄な知性の持ち主だったという意味ではない。

越前に落ち着いた道元は、鎌倉幕府の当局に請われて、鎌倉にわざわざ出向いている。この旅行は、道元を失望させるものだった。幕府当局は、道元の力を借りて、禅宗を興隆させ、それを政治力に転化しようとしたのだろう。どういう話があったのか、詳細は不明である。ともかく道元は、幻滅を覚えて越前に戻り、二度と鎌倉と関わらなかった。どんな圧力だろうと、仏教の原則を1ミリも譲る気がなかったことがわかる。

＊

もうひとつの宗派である、日蓮の法華宗はどうなのか。

章を改めて、考えてみよう。

第3部

日蓮

第7章　日蓮とは誰か

日蓮（一二二二−一二八二）は、法然、道元に続く、鎌倉仏教の偉大なリーダー。日蓮宗を創始した開祖だとされている。

それに間違いはない。ただ「日蓮宗」というのは、明治になって始まった言い方である。本書では、江戸時代までの言い方である、「法華宗」を用いることにしよう。

＊

第3部「日蓮」では、日蓮の思想と行動をとりあげよう。それにはまず、その前史から始めるのが順当だ。でも実は、必要ない。それはもうすんでいる。日蓮が対抗したのは、念仏宗と禅宗なのだから。本書の第1部、第2部が、日蓮の前史になっている。

そこで、第7章ではいきなり、日蓮という特異な人物に注目してみよう。

『法華経の行者　日蓮』

日蓮は、明治になって再評価された。

その典型例は、姉崎正治の『法華経の行者日蓮』である。

＊

姉崎正治（一八七三－一九四九）は、宗教学者。仏教系の英語塾で学び、東京帝国大学哲学科で井上哲次郎に学ぶ。比較宗教学の草分けで、ドイツ、イギリスに留学して東洋学ほかを学んだのちに帰国して、一九〇四年に東京帝国大学宗教学講座の初代教授となる。宗教間の対話につとめ、宗教を学問的に研究する道を拓いた。学士院会員、貴族院議員をつとめる。多数の著書がある。

一九一四年ごろ、招かれて、ハーバード大学で講義をし、日蓮をとりあげた。それをまとめた著書が、『法華経の行者日蓮』（博文館、一九一六）、*Nichiren: the buddhist prophet*, 1916, Harvard University Press である。姉崎は日蓮を「法華経の行者」として描き出し、近代的な視点からの検証にたえる人物としての造形を与えた。

＊

日蓮は、鎌倉新仏教の担い手としての評価が高まった。研究も進んだ。われわれが今日知る日蓮の像は、そうやってかたちづくられたものである。

では、日蓮の生涯をたどってみよう。

安房の漁師の子

日蓮は、貞応元（一二二二）年に安房の小湊の漁師の家に生まれた。辺鄙な田舎の庶民の子である。しかも漁師。殺生をなりわいとする職業で、仏教では罪深いとされる。名のある僧侶らと比べて、ハンディを背負っての生い立ちだ。

子どものころは家業を手伝っていたろう。後年、日蓮は、「貧窮下賤の者」「一旃陀羅《せんだら》」と自分をふり返っている。旃陀羅はチャンダーラの音訳。インドのアウトカースト（被差別民）のことである。

＊

日蓮は、一二歳で近くの清澄寺に預けられた。天台宗の寺院である。日蓮は頭がよかったうえ、親も理解があったのだろう。

一六歳で出家して、是聖房蓮長と名のった。

比叡山で学ぶ

出家したあと、まず鎌倉に出て、浄土宗の教えを学んだ。

五年後に清澄寺にいったん戻り、そのあと比叡山に上った。そのあと一二年間の日蓮の消息について、記録らしい記録が残っていない。無名の天台僧として、各所の学僧を訪ねて学んでいたと想像される。

日蓮が後年書いたものをみると、天台宗に限らず、浄土宗や禅宗や律宗や法相宗や華厳宗や、およそあらゆる経典や論書を幅広く学んでいる。そればかりか、儒学をはじめ漢籍からも自在に引用している。それなりの学識を身につけた。

それでも、日蓮の議論の骨格はやはり、天台宗にもとづいている。それはあとで論じよう。

故郷で念仏宗を非難する

三二歳になって、日蓮は清澄寺に戻った。

師の道禅坊は喜んで、日蓮のために法座を設けた。日蓮はいきなり、法華経が正法である、それを誹謗する念仏の信心を捨てて、法華経に帰依しなさい、と説いた。座は大騒ぎになった。聴衆には念仏宗の信徒も大勢混じっていたからである。

東条郷の地頭だった東条景信は、念仏宗の熱心な信徒だったので激昂し、日蓮を斬ってやると息巻いた。日蓮は師のはからいで、その場をなんとか脱出した。

鎌倉の松葉谷に落ち着く

その年の五月に、日蓮は鎌倉に出て、名越《なごえ》の松葉谷《まつばがやつ》に草庵を結んだ。名越は、鎌倉から逗子に抜ける切り通しの手前で、庶民的な場所である。

翌年は、台風などの自然災害や地震が相次いだ。世は末法であった。日蓮は、松葉谷の草庵を拠点に、法華経へ帰依するようにという辻説法を続けた。

日蓮は、駿河の実相寺という天台宗の寺の経蔵で、一切経を読み始めた。二年間をかけている。そして、天変地異の原因は、正法を誹謗したことに原因がある、という結論をえた。『金光明経』『大集経』『仁王経』『薬師経』『涅槃経』『法華経』に、その文証をみつけたとした。

そうして敢然と書き上げたのが、『立正安国論』※である。

焼き討ちにあう

日蓮は『立正安国論』を、人づてに、北条家のトップである北条時頼に届けた。日蓮、三九歳のときである。

時頼は執権のポストを数年前に北条長時に譲っていた。でも依然、実力者である。日蓮は、幕府当局に働きかけて、政治を動かし、法華経を中心とする国家体制を築いてもらおうと、本気で思っていたのだろう。

けれども時頼は、動かなかった。『立正安国論』を握りつぶした。そんな面倒な話に巻き込まれたくないと思った。

当時は、念仏宗や禅宗が全盛の時代である。幕府の有力者のなかにも、念仏や禅の支持者が多くいる。彼らはどこからとなく『立正安国論』の内容をかぎつけ、日蓮に対する反感が高まった。日蓮の周辺は不穏な空気に包まれた。

＊

『立正安国論』を届けてから一カ月後、日蓮の住まう松葉谷の草庵は、大勢の念仏宗の門徒に囲まれた。日蓮を見つけ次第、打ちのめそう、殺してもかまうものか、と殺気だった群衆である。草庵は火で焼かれた。日蓮はかろうじて裏山に逃れた。

これを、松葉谷の法難という。

鎌倉にいるのは危険である。ひそかに下総に移り、富木胤継のもとにかくまわれた。

このときから、五三歳になって、佐渡の流罪を赦されて戻るまで、日蓮は一五年間も、迫害と流浪の日々を送ることになった。

伊豆に流罪となる

翌年の五月、日蓮は下総を出て、鎌倉に戻った。

日蓮をみて、念仏宗の門徒は驚いた。松葉谷の焼き討ちで、日蓮は死んだものと思われていたからである。

日蓮は、たちまち幕府によって捕らえられた。伊豆に流罪となって、伊東に移された。

※立正安国論：鎌倉時代の仏書。一二六〇年日蓮撰。《安国論》とも。打ち続く天変地異と社会不安について思索した結果、正法である《法華経》に帰することによって国が安泰になると確信して書かれたもので、北条時頼に提示された。日蓮の三大部の一つ。

流罪は二年に及び、ようやく赦された。日蓮が四二歳のときである。

下総で襲撃される

その翌年、日蓮は小湊に帰郷して、病気の母を見舞った。

そのあと、天津の城主・工藤吉隆の招きで屋敷に赴く途中、念仏門徒の地頭・東条景信とその手勢に襲撃された。弟子のひとりが死亡した。駆けつけた工藤吉隆も斬られ、あとで死んだ。日蓮は額を斬られ、腕を折られて重傷を負ったけれども、命は助かった。

これを、小松原の法難という。

蒙古来襲

文永五(一二六八)年、蒙古の使者が九州の太宰府を訪れ、書簡を届けた。日蓮四七歳のときである。

日蓮が『立正安国論』で予言した「外国の来襲」が的中し、現実のものとなった。

日蓮は、各宗派の公開討論を求める書状(十一通御書)を、鎌倉諸寺や幕府の要人に送ったが、無視された。

龍口の法難

それから三年後、日蓮は、『立正安国論』に平左衛門尉頼綱あての書状をつけて、幕府に送り届けた。入れ違いに、平左衛門尉頼綱が手勢を引き連れ、日蓮の草庵を襲って日蓮を捕らえた。放置できない危険人物、とみなされていたわけである。

日蓮は、若宮大路を引き立てられた。若宮大路は、鶴岡八幡宮から南の由比ヶ浜にまっすぐ通じる参道である。日蓮は、法華経の行者が迫害されるのを、黙って見ていていいのか、釈迦仏が法華経を説いたとき、会座に集まって約束したではないか、と八幡を叱りつけたという。鶴岡八幡宮は岩清水八幡宮を招いたもので、武術の神。源氏の守護神であった。当時の人びとは、神仏習合で、神と仏を区別していなかった。八幡神は大菩薩とされていたから、仏教の論理で叱責することができたのである。

日蓮のこうした確たる信念と態度は、護送する武士たちに強い印象を与えた。動揺する者もいたろう。

＊

一行が由比ヶ浜に出ると、日蓮は、長谷にいた四条金吾頼基を呼びにやった。頼基はすぐやってきて、日蓮の乗った馬にすがり、自分も後を追い腹を切って死ぬ、と言った。

一行は、頼基とその兄弟と共に、腰越《こしごえ》の龍ノ口《たつのくち》にやって来た。腰越は、稲村ヶ崎から七里ヶ浜を過ぎ、そろそろ江ノ島にさしかかるあたりである。このあたりで、日蓮を斬り捨てる段取りになっていたのだ。

警護の武士たちは、準備を始めた。

伝説によると、このとき江ノ島の方角から、なにか光る球体がやってきた。時刻は明け方で薄暗かったのに、あたりが明るくなった。武士たちは怖じ気づき、逃げ出す者もあった。日蓮を斬るどころではなくなってしまったという。奇蹟である。

実際には、日蓮が、斬るなら夜の明けぬうちに、さっさと斬れ、と腹を固めたところ、武士たちは誰も斬れなかった、ということだったかもしれない。

日蓮は、命が助かった。

*

そのあと一行は、相模の本間四郎左衛門の屋敷に向かった。昼ごろに着いた。そのあと最終的な流刑地である、佐渡に護送された。

「龍ノ口で頸をはねられた」


死刑になりそうで、命が助かった。こんな出来事は本人に、深いショックを与える。ドストエフスキーも、死刑になるところを助かってシベリアに流刑になった。その後の彼の文学に深い影を落としている。

自分は、龍ノ口で頸をはねられたのである。日蓮は、龍ノ口の法難の直後の四条金吾あての書状でも、佐渡で書いた『開目抄』でも、そう記している。法華経の行者として、釈尊の見守るなか、自分は奇蹟の人生を歩んでいる。日蓮はますます、そんな自覚とともに生きる宿命を背負った。

＊

この龍ノ口の法難をピークに、まだまだ日蓮の苦難は続く。佐渡への流罪も厳しいものだった。だが一面、日蓮は迫害をかえって喜ぶかのような文章も残している。迫害を受けるのは、法華経の行者としてひと筋の道を歩むゆえである。法華経に書いてある迫害がわが身にふりかかるのは、自分が選ばれた存在であり、正しい道を歩んでいることの証明ではないか。逆境であればあるほど、かえって勇気が湧いてくる不思議な強さが、日蓮の持ち味である。

『大集経』に予言がある

日蓮は、迫害が繰り返され、蒙古が襲来するなどの状況が起こるたび、経典を読んで、そのなかに該当する文言を探しあてる。

『大集経』のなかに、こんなことが書いてあった。「国王や軍人たちが、釈尊の弟子を悩ませ、刀杖で攻撃し、財産を奪うなどしたら、外敵を差し向け内乱を起こし、病気や飢えや自然災害や社会的混乱を起こして、国王の統治を脅かすであろう。」梵天や帝釈天などインドの神々は、仏教の守護神である。彼らがこうした制裁を加えるだろう、というのだ。

聖典のなかにこう書いてある。それを現実の状況にあてはめ、警告を発する。旧約聖書の預言者のやり方ととてもよく似ている。姉崎正治が、日蓮を「預言者」とよんだのは、たしかに理由があるのだ。

*

蒙古襲来については、「法華経守護の梵天や帝釈天は、隣国に命令して日本を処罰し、釈迦仏への約束を守ろうとした」のだと、日蓮は解釈する。このロジックも、旧約聖書と似ている。旧約聖書では、イスラエルの民がヤハウェへの信仰に背いたので、隣国バビロニアに攻めて来させ、イスラエルの民をバビロンに捕囚させたのだ、と考える。

佐渡での苦難

その年、文永八（一二七一）年の秋、日蓮は相模を発って、佐渡に向かった。寺泊に到着したのは十日あまりの後。本格的な冬が迫っている。道中にもさまざま苦難があったようだ。佐渡に渡る船は暴風雨にあい、なんとか島の南端の松ヶ崎にたどり着いた。本間重連のもとに連行され、そのあと塚原三昧堂に監禁された。塚原は、墓地のようなところで、三昧堂といってもただのあばら屋である。寒さをしのぐのも容易でない。なんなら死んでしまえ、と言わんばかりだった。

日蓮はここで、雪のなか、四カ月を過ごした。食べ物が乏しい。阿仏房と千日尼の夫婦が日蓮に帰依して、こっそり食糧をとどけてくれたので、生き延びた。この夫婦はこのせいで、罰金を課せられたり住居を没収されたりした。

佐渡で日蓮は、富木胤継にあてて『佐渡御書』という手紙を書いた。

そこで日蓮は、迫害と苦難の原因を、自分が過去世で法華経を誹謗した罪によるものだとのべている。そして、この迫害と苦難によって、過去世の罪過が取り除かれる、だからそれは喜ばしいことなのだとも。この世界の出来事はすべて法華経によって合理的に理解できるという、原理主義的な態度である。

＊

『開目抄』ほかを著す

日蓮は翌年の四月、塚原三昧堂から一の谷《いちのさわ》に移った。

日蓮を預かったのは、本間重連の配下の、近藤清久という人物だった。清久は、日蓮と接するうちに敬意をおぼえ、便宜をはかってくれるようになった。

＊

日蓮ははじめ、自分の姿を、『法華経』の常不軽《じょうふきょう》菩薩と重ね合わせていた。常不軽菩薩は常不軽菩薩品で出てくる修行者で、会うひとごとに「あなたを軽んじません」と言ってまわる。うるさがられてじゃけんに追い払われても、それをやめない。

そのうち日蓮は、自分の姿を、『法華経』の上行菩薩と重ね合わせるようになる。上行菩薩は、従地涌出品に出てくる地涌《じゆ》の菩薩のリーダーである。地涌の菩薩は、釈尊が覚りをえてのちに教えを受けた声聞とは違って、永遠の昔に覚って教えを説いていた「久遠実成仏《くおんじつじょうぶつ》」（釈尊のほんとうの正体）の教えを受けた菩薩の大群で、地下に隠れていたのである。彼らは、困難にめげず、末法の世に法華経を広める使命を託されている。

＊

日蓮が佐渡にいるあいだに著した重要な書物が、『開目抄』である。これは、法華経の信仰がなぜ、仏法の中心でなければならないのかを、さまざまな経典や論書を参照しながら論証したもの。法華経原理主義の基礎論とも言えるものである。

もうひとつ、一の谷に移ってから、『観心本尊抄』を書いた。こちらは、法華経原理主義をもう一歩進めている。

これらについては、次章で詳しく検討しよう。

鎌倉に戻る

文永一一（一二七四）年三月、赦免状が届いた。日蓮五三歳。赦されて鎌倉に帰り着いた。

日蓮は、評定所で、平左衛門尉頼綱と対面した。頼綱は聞いた。蒙古はいつ来襲するだろうか。日蓮は答えた。今年、来襲するだろう。もしも来襲したら、ひとたまりもない。真言宗の僧侶に祈祷させたら、なおひどいことになるからやめなさい。

日蓮の諫言は、三回目だ。三回諫言して、聞き入れられなければ、身を隠すより仕方がない。当時としては、それなりに高齢でもある。

日蓮は、身延山に引き籠もることにした。

身延山に入る

身延山は、いまの山梨県南巨摩郡身延町にある。甲府から富士宮に抜ける街道を西に入ったところ。標高一〇〇〇メートルの山の中だ。いまは総本山の久遠寺が建っている。

甲州の豪族、波木井《はきり》実長が、この地に日蓮を迎えたいと申し出たのだという。急造の安普請の庵をこしらえた。

日蓮は弟子を連れて入山したが、ほんとうに貧乏所帯だった。近くに人家もなく、まず食べ物がない。木こりさえも、めったに訪れない。おまけに、数年すると柱が腐り、壁が落ちて、部屋のなかに月の光が射し込むありさまだ。寒さの防ぎようがない。

大雪が降ると雪が固まった。薪を差し入れてくれるひともいないので、暖がとれない。ひびやあかぎれがひどく、死者が続出した。日蓮はこのさまを、地獄に譬えている。大勢で騒がしかった数十人の弟子たちは、身延山に入って数年目のとりわけ厳しい冬に、あらかたいなくなった。

こういうぎりぎりの生活のなかで、日蓮は体力をひどく消耗し、健康を害したろう。学問はおろか、読経もままならない日々であった。

池上での最期

還暦を迎えるころ、日蓮は下痢に悩まされて、体調をいちじるしく損なってしまった。性格も変わって、気難しくなった。

弘安五（一二八二）年、日蓮六一歳の秋、身延山に入って九年目である。体調がますます思わしくなく、この冬を越すのは無理だろうと思われた。そこで山を下り、常陸の温泉に療養に行くことになった。まあ、常陸までたどり着ければ、の話だった。

＊

日蓮のため、波木井実長は、馬と供を用意した。

日蓮一行は九月九日に出発、川口、富士吉田、山中湖を通って、足柄山麓から平塚に出た。そのあと瀬谷から、池上に向かった。一七日の夕刻に洗足池（大田区にあって、池上本門寺の北にある）のほとりに到着。池上に行こうとして道に迷い、万福寺という寺に泊まった。念仏宗の寺であった。住職は、日蓮と知って、丁重にもてなした。

日蓮一行は、一九日の昼に無事、池上宗仲の屋敷に入った。

池上宗仲、宗長の兄弟は、昔から日蓮の教えに帰依する法華経の信徒だった。

＊

池上宗仲の屋敷で、日蓮は病が重くなり、床についた。

一〇月八日、日蓮は、日興に筆記させて、六人の弟子の名前をあげた。それは、日持、日頂、日向、日興、日朗、日昭の六人である。この六人を、「六老僧」「六上足」などという。

一〇月一三日の朝、一同が法華経を読経するなか、日蓮は生涯を閉じた。

翌日、納棺し、荼毘に付された。

遺骨は一〇月二五日に身延に届き、埋葬された。

原理主義者・日蓮

日蓮の特長は、ものごとをどこまでも突き詰め、原理原則を貫き通す、その徹底性である。それに献身してやまない、あふれる情熱である。

法然の念仏宗や、道元の禅宗と対抗することで、両者から大いに影響を受けたという面もある。だが、そもそも日蓮のなかに原理主義的な精神があって、それが折にふれ横溢して行ったと考えたほうがいい。

＊

日蓮が学んだのは、天台宗だった。天台宗は、彼の出発点である。

天台宗は、仏教の経典や論書のすべてを網羅し、比較し、俯瞰する、総合性と体系性に特徴がある。そのなかで、法華経は、最上の地位を与えられてはいた。しかしそれは、唯一絶対ではなかった。

日蓮は、この天台宗の教学を組み換えて、純化し、法華経が唯一絶対だという教義につくりかえた。わが国で最初に現れた、テキスト原理主義だと言えるかもしれない。いや、仏教の歴史を見渡しても、日蓮のようなやり方でテキスト原理主義を樹立した思想家はほかにいない、と言えるだろう。

＊

テキスト原理主義は、正典の一字一句に真理が刻まれていると考え、そのテキスト全体を規準にしてものを考え、行動を組織する。ある意味、合理的な態度である。

ユダヤ教やイスラム教は、そもそもこの傾向が強い宗教である。なぜなら、どちらの宗教も、正典を法律（行動の指針）として、現実に適用していくからだ。

キリスト教は、聖書を法律として直接に適用するわけではない。とは言え、聖書のそのように読む試みは不可能ではない。キリスト教は信徒の誰もが、同じ聖書のテキストを信仰の基点にする。だから、テキストを原理主義的に読む試みは、そうでないキリスト教徒にも影響を与える。

仏教とテキスト原理主義

仏教で、テキスト原理主義が存在しにくい（ほとんど存在できない）のはなぜか。それは、まず第一に、テキスト（経典）の分量がやたらに多いこと。全部を読むのはほぼ不可能なほどだ。そして第二に、どのテキスト（経典）も、同等の権威をもっていること。どれも仏説なのだから。さらに第三に、それぞれの言っていることがまちまちで、無関係だったり矛盾したり、正反対だったりする。こんな状態で、どれかのテキスト（経典）だけにこだわれば、仏教は空中分解してしまうだろう。

念仏宗は、浄土三部経にこだわった。それは、いまは「末法」だからという理由で、ほかの経典をフリーズ（効力停止）にしてしまったから可能だった。とは言え、念仏宗以外の宗派は、そんな論理を認めない。念仏宗とそれ以外の宗派の対立と抗争が起こる。

禅宗は、坐禅にこだわった。そして、すべての経典（テキスト）の効力に疑問符を付した。坐禅（覚りの実践）ではないから、という理由である。禅宗以外の宗派は、そんな論理を認めない。禅宗とそれ以外の宗派との分裂と抗争が起こる。

法華宗は、すべてのテキスト（経典や論書）の効力を認めたうえで、その意義と価値を法華経に帰着させようとする。法華経が、すべてのテキスト（経典や論書）を包含する。だから、法華経のテキストだけを忠実に読めば、それでよいとする。とは言え、法華宗以外の宗派は、そんな論理を認めない。法華宗とそれ以外の宗派の対立と抗争が起こる。

＊

テキスト原理主義はこのように、仏教に分裂をもたらす。

これは、キリスト教にないことである。キリスト教は、すべての信徒が聖書の全体を読む。人間の勝手な判断で、マタイ福音書だけを読むとか、ローマ人への手紙だけを読むとか、ヨハネ黙示録だけを読むとかは、許されない。聖書全体が神の言葉であり、聖書に神が宿っている。それを人間がばらばらにしてはいけない。

プロテスタントのさまざまな宗派は、解釈の違いによるものではあっても、テキストの違いによるものではない。よって、市民社会は分裂しない。市民がプロテスタントの新しい神学のもと、社会の新しいヴィジョンを掲げて団結できた。市民革命の主体をつくりあげることができた。

これに対して、鎌倉仏教革命は、対立しあう三つの宗派（念仏宗／禅宗／法華宗）をうんだ。この三つには、共通点がまるでない。人びとのあいだに、連帯を築くことができない。この結果、西欧と日本の歴史の歩みは、別なルートをたどることになったのだ。

法華経原理主義のつくり方

それはともかく、日蓮は、人びとを説得できる法華経原理主義をつくり出そうとした。その条件は、つぎのようである。

第一に、仏教のすべてのテキスト（経典と論書）を読み、その内容を把握すること。

第二に、法華経のテキストを整理して、体系的で一貫した主張に成型すること。

第三に、仏教のすべてのテキストの内容が、法華経に縮約できることを証明すること。

日蓮は、これに成功しているか。日蓮は、法華経原理主義をつくり出したか。つぎの章では、日蓮の著した重要テキストを読み、このことを検討してみよう。

第8章　日蓮のテキストを読む

日蓮は、流罪された先の佐渡で、『開目抄』を書いた。

この書物が、法華経原理主義を確立した。法華経の行者としての自覚にあふれた、気迫のこもった文体だ。日蓮に従った人びとは、南無妙法蓮華経を唱え、混乱した世の中を正しく生きる道筋をみつけて歩み始めた。

なぜ法華経なのか。なぜ法華経だけを読めば仏道を体現できるのか。その確信はどこからやって来るのか。

それを明らかにするため、順を追って考えていこう。

8・1　天台の五時教判

中国でうまれた宗派

天台宗や真言宗など、日本に伝わった仏教の宗派は、中国で始まったものが多い。

インドの教団（サンガ）が中国にそのまま伝わったのなら、中国で独自に宗派を立ち上げる必要はなかったろう。仏教はインドから、教団ではなく、経典だけがばらばらに伝わった。中国の人びとは、それを漢文に翻訳した。そして、仏教はいったい何を言いたいのだろうと考えた。

インドで、さまざまな教団が考えたてんでんばらばらな経典が、すべて釈尊ののべた言葉だとして伝わってきた。小乗／大乗。般若経／華厳経／浄土経／法華経／密教。そのほか、さまざまな論書もある。このテキストが大事なのではないか。いや、このテキストではないか。どの経典や論書を重視するかによって、いくつものグループが生まれた。それが、宗派である。

遅れて来た天台宗

天台宗も、そうした宗派のひとつである。

ほかの宗派は、日本に、だいたい奈良時代までに伝わっていた。三論宗。法相宗。倶舎宗。華厳宗。…。この経論によいことが書いてある。この経は重要だ。そう考えて形成される僧侶のグループが、中国の宗派だった。それがそのまま、日本に輸入された。奈良時代に、六つの宗派があったので、南都六宗というのだった。

天台宗は、日本に伝わらなかった。出遅れた。

日本に伝わらなかった宗派は、三階宗などいくつもある。天台宗は、一時、中国で盛り下がっていた。それで伝わりそこなったらしい。

それはいけないと、天台宗を日本に伝えたのが、最澄である。遣唐使船に乗り、中国に渡って、天台山で教えを受け、天台宗を日本に持ち帰った。そして比叡山延暦寺を開いた。比叡山の天台宗はのちに、日本仏教の中心になった。この功績に敬意を表して、最澄を伝教大師という。

天台宗とは

天台宗は、北斉の慧文を初祖、南嶽慧思を二祖とする。実質的な開祖は、三祖の智顗《ちぎ》（五三八－五九七）である。智顗は天台山にいたので、天台智顗という。

智顗は、鳩摩羅什が訳した『法華経』『大般若経』『大智度論』や、『涅槃経』などにもとづいて、五時八教の教判（後述）を立て、天台宗の教学を確立した。そして『法華玄義』『法華文句』『摩訶止観』を著した。天台大師とよばれる。

智顗のあと、しばらく教勢がふるわなかった。玄朗や湛然が出て盛り返し、その系統が入唐した最澄に伝わった。

天台宗の特徴

天台宗の特徴は、仏教全体を見渡し、それを体系的に秩序づける点である。

このために大事なのが、教相判釈《きょうそうはんじゃく》、略して教判《きょうはん》だ。

そんなことを考えなければならないのは、仏教ならではのことだ。

イスラム教なら、クルアーン（コーラン）は、最初から最後までムハンマドに啓示されたアッラー（神）の言葉で、一貫しており、矛盾はない。どこが大事でどこが大事でないなどと、人間が決めてはいけない。よって、教判のような作業はありえない。

キリスト教ではどうか。聖書の書物はいくつもある。でもどれも神の言葉だから、等しく大切だと考えなければならない。ここで言っていることとあそこで言っていることが矛盾しているようにみえたとしても、聖書のどの書物も神の言葉だから、等しく尊重すべきなのは当然だ。どうしても信仰の整合性がとれない場合は、公会議（あるいは、プロテスタントの場合なら、その宗派の信徒の全体会議）を開いて、こう考えることにします、と決める。公認の教義である。勝手に誰かがそんなことを決めてはいけない。

＊

教判の考え方の前提を、確認しておく。
（1）どの経典も、釈尊（ゴータマ・ブッダ）がのべたものである。
（2）いくつもの経典のあいだに、みたところ、考え方の違いや矛盾や齟齬がある。

（3）釈尊の考え方は体系的で、統一的に理解できる。

よって、釈尊の説いた教えの本意はどこにあるのかという、探索がスタートするのである。仏教には、方便とか対機説法とかいう考え方があり、説いてある教えの文言を字義どおりに解釈しなくてもよいことになっている。教えを説いた釈尊と、教えを聞いた衆生とが、人間として対等であると考えるから、こういう発想になる。

＊

天台宗の興った当時、さまざまな教判が提案されていた。それらを総合した天台宗の教判は、体系性が高い。天台宗のほかに、華厳宗なども教判をもっている。

わが国にとりわけ影響を与えたのは、天台の五時教判である。その内容をつぎに説明しよう。

天台の五時教判

天台智顗は、すべての経典や論書を読み抜いて、天台の「五時教判」というものを立てた。釈尊の説法の時期を、五つに区切る。そして、すべての経典を、そのそれぞれの時期に割り振る。なぜその時期にその経典をのべたのか、理屈を用意する。そのことで、釈尊の考え（真意）がどこにあるかわかる。それが、五時教判の考え方である。

では、どういう時期に区切るのか。具体的には、以下の通り。

（1）華厳時　…華厳経を説いた
（2）鹿苑時（阿含時とも）…阿含経を説いた
（3）方等時　…勝鬘経、大日経、維摩経などを説いた
（4）般若時　…般若経を説いた
（5）法華涅槃時　…法華経と大般涅槃経を説いた

華厳時は三七日間、鹿苑時は一二年間、…などと継続期間が想定されている。経典は、どの時期に説かれたかによって、その位置づけやランク（重要度）が異なる。これを踏まえると、釈尊の真意を再構成することができる、とする。

＊

五時教判の考え方を、説明しよう。

釈尊は、菩提樹下で覚りをえて、そのあとすぐ説法を試みた。そのとき説かれたのが、華厳経である。これは難しかった。学位をとったばかりの大学院生が、専門知識をふんだんに用いて、本気で講義をしてしまった。聴衆には、さっぱりわからなかった。説法としては失敗である。そこで釈尊は反省して、相手のレヴェルに合わせて経を説くことにした。

そこで、つぎに説いたのが、阿含経である。初心者に合せて、わかりやすい言葉で譬えも用いて説法した。聴衆に理解しやすかった。いわゆる小乗仏教の経典が、これにあたる。

これに手応えを感じて、釈尊は、少し教えのレヴェルをあげた。方等時である。阿含経には説かなかった、少し難しい議論も織りまぜた。だんだん本格的な大乗の教えが語られていった。

そのあと、一連の般若経典を説いた。空の考えをしっかり盛り込んでいる。

そして最後に、すべての教えを包括する最高の真理として、法華経を説いたとする。それから、いよいよ死ぬ間際に、大般涅槃経を説いたのだという。

＊

天台宗にはなお、五時のほかに、八教という経典の分類原理がある。化法の四教（蔵・通・別・円）、化義の四教（頓・漸・秘密・不定）、である。五時と八教を組み合わせると、詳細に経典を評価できる。

＊

これらを総合すると、経典の大事な順番は、

法華経・涅槃経　＞　華厳経　＞　般若経　＞　そのほかの大乗経典　＞　小乗経典　(26)

の順番になる。

法華経原理主義へ

日蓮が学んだのは、この天台宗の五時教判である。さまざまな経典のなかで、法華経が最高である。その論証が、厳密で体系的である。日蓮はそれを、深く納得したろう。

そして思った。法華経が最高なら、最初から法華経だけを学べばよいではないか。なぜだらだらほかの経典を学ばなければならないか。日蓮はストレートに、法華経原理主義を選び取った。

天台宗と、日蓮の法華宗とは、考えていることはあまり違わない。でも、決定的なところが異なる。人びとの行を、法華経だけに集中し、それ以外を排除しようとするところだ。

＊

天台宗は言うなれば、悠長なアカデミズムである。恵まれて余裕があって、自由に修行する僧侶たちが、いろいろな経典を読んで、理屈をこねくり回す。この経とあの経では、どっちがよいでしょう。どちらの経もためになりますね。だから、天台宗の行は散漫だ。読経をしたり、坐禅をしたり、念仏（浄土のイメージトレーニング）をしたり、密教の行をしたり、山岳修行をしたり、なんでもありである。自分たちのやりたいようにやり、庶民のことなどそっちのけだ。

これに対して、日蓮の法華宗は、せっかちなラディカリズムだ。人びとが救われることを第一に考える。法華経のアイデアを中心にすえる。人びとの日々の実践を考える。社会のありようを考える。日本国の運命を考える。仏法と現実社会を一体化させて考える。恵まれて余裕がある僧侶たちではなく、それぞれの持ち場で働いている庶民のことを第一に考える。

日蓮はなぜ、こうしたラディカリズムに踏み出したか。それは、念仏宗や禅宗が、ひと足先にラディカリズムを実践していたからだ。天台宗は後れをとった。その危機感が、法華経原理主義に日蓮を向かわせたのだ。

念仏宗のブームは、日蓮の故郷の一帯にも及んでいた。地頭の東条景信は熱烈な念仏信徒で、日蓮を斬ろうとした。念仏宗は、仏教原理主義（ファンダメンタリズム）のようなものである。念仏宗が正しいのなら、天台宗は存在できない。法華経の価値も否定されてしまう。そこで踏みとどまるには、天台宗を内側から踏み越えて、法華経原理主義に組み換えるしかないではないか。

＊

ひと足先に、ラディカリズムに舵を切った念仏宗と禅宗に後れをとるまいと、天台宗も続いた。それをひとりで成し遂げたのが、日蓮である。

天台宗のどこをどう変形すると、法華宗のラディカリズムになるのだろうか。その秘密を、日蓮の著作に探ってみよう。

この目的のため選んだのは、『立正安国論』『開目抄』『観心本尊抄』の三冊だ。

『立正安国論』は、最初に書かれた。漢文体である。

『開目抄』は、佐渡で書かれた。和文である。

『観心本尊抄』は、同じく佐渡で書かれた。これは、漢文体である。

同じ法華経原理主義で書かれながら、少しずつ深まり、湾曲している三冊。その特徴を掘り下げてみる。

8・2 『立正安国論』を読む

『立正安国論』とは

『立正安国論』は、日蓮が最初に書き上げた論文である。正嘉二（一二五八）年に一切経の閲読を始め、文応元（一二六〇）年に『立正安国論』を北条時頼に届けられているので、執筆はその間と考えられる。日蓮三七〜三九歳である。

この書物は、漢文で書かれている。経論からの引用があるので、漢文で書くのが便利であったろう。ただ、読み手の武士が漢文をすらすら読めたかというと、心許ない。

以下、『立正安国論』からの引用を上段、私の訳文を下段に示した。参考のため、渡辺宝陽・小松邦彰編『日蓮聖人全集　第一巻宗義1』の該当個所の頁数を付しておく。同書は、漢文の原文でなく読み下し文を掲げている。

＊

『立正安国論』とは、立正（正法＝法華経をきちんと立てれば）安国（日本国を平安にすることができる）という意味。宗教の範囲をはみ出し、政治の領域にまたがっている。はじめから政治志向、現実志向の書物である。法然の『選択本願念仏集』や道元の『正法眼蔵』がきっちり宗教の範囲に収まる書物であるのにくらべて、日蓮らしい。

念仏宗と論争する

『立正安国論』は、問答体である。

客がやって来てつぎつぎ疑問を投げかけ、主が答える。客は、念仏宗の信徒である。主は、法華経を信じており、日蓮そのひとのようである。問答が進むにつれて、主が主導権を握り、最後は客が説得されて、法華経原理主義に理解を示す。単純と言えば単純な構成だ。

『立正安国論』というタイトルから想像するような、当局にむけて提言するスタイルで書かれてはいない。なかみはけっこう宗教問答そのものになっている。

なぜ仏法は廃れるのか

旅の客がやってきて、嘆いて言う。天変地異や飢饉や疫病が続いている。なぜ世の中が乱れているのでしょう。阿弥陀仏の名を称え、薬師如来や法華経や仁王経や真言宗の祈祷や坐禅や…をやってみても、死人が増えるばかりです。

主人が答えて言う、正法が重んじられないからだ。『金光明経』にはこうある。世尊や四天王などこの国を守護するものらもこの国を捨ててしまう。

他方怨賊侵掠国内人民受諸苦悩土地無有所楽之処 158　――他方、外国の賊が国内を侵略し、人民は苦しみ、楽しめる場所とてない

『仁王経』にはこうある。大火や気候変動が起こるなど、災難が続く。

四方賊来侵国内外 163　――四方の賊が来たって国の内外を侵略する

『大集経《だいじっきょう》』にはこうある。ひどい地震や日照りが続き、殺生・偸盗・邪淫・妄語…がはびこり、みな悪道に堕ちる。

其王教令人不随従常為隣国之所侵 163　――王が命令しても人びとは従わず、隣国によく侵略される

これらの経典の説くところは明らかだろう。正しい教えをわきまえないから、善神や聖人がこの国を捨て、災いが起こるのである。

客は言う、仏教の教えはそれなりに根付いているではありませんか。なぜ、仏法僧をないがしろにしていると言えますか。

主は言う。実際をみなさい。『法華経』に書いてある。悪世の比丘は心がねじけていて、法華経の行者を受け入れようとしない。『涅槃経』に書いてある。像法の時代の比丘は、正法を誹謗するであろう、と。

*

法然が悪比丘である

客は言う。その、悪比丘とは誰のことですか。

主は言う。法然が『選択本願念仏集』を書いた。道綽が聖道・浄土の二門を立てた。彼らは、聖道門を捨て浄土門に帰依すべきだ、などとのべている。

就之見之引曇鸞道綽善導之謬釈建聖道浄土難行易行之旨以法華真言惣一代之大乗六百三十七部二千八百八十三巻一切諸仏菩薩…或捨或閉或閣或抛[177]

これをみると、曇鸞道綽善導の誤った解釈にもとづいて聖道浄土の難行易行の別を立て、法華真言など釈尊一代の大乗経六三七部二八八三巻の一切諸仏や菩薩を…捨て、閉じ、置き、放るものだ。

こうして国王も人民も、浄土三部経のほかに経なく、阿弥陀仏のほかに仏なしと思いこんでいるありさまだ。そのため仏堂も僧坊も荒れ果てている。『選択集』を禁止するのが先決だ。

客は言う。でも法然を、勢至菩薩の化身とか、善導の生まれ変わりだとか言うひともいます。この教えで往生したひとも少なくないのではありませんか。

主は言う。法然は自分勝手な言葉をのべているだけで、経典に即していない。ためしに『摩訶止観』や『入唐巡礼記』（慈覚大師の書）をじっくり読んでみればわかることだ。『涅槃経』は、法を破壊する者をみて排除しなければ、法の怨敵だとしている。自分は怨敵ではないから、こうして説明しているわけだ。先年、延暦寺や興福寺が当局に働きかけて、『選択集』の版木を焼き捨て、法然の墓所を破壊した。隆観ら門弟を遠国に流罪にした。これは、三世の仏恩に報いることになるのである。

他国から侵略させる

客は言う。なるほど、『選択集』の誤りは明らかになりました。

主は言う。『薬師経』の七難のうち、二難が残っている。『大集経』の三災のうち、一災がまだ起こっていない。『仁王経』の七難のうち一難がまだ現れていない。それは、「四方の賊来たって国を侵す」という難である。

客は言う。自分は阿弥陀仏を信じて諸仏を斥け、浄土三部経を仰いでほかの経を捨てておいてきました。これでは阿鼻地獄に堕ちることは明らかです。あなたの教えに従い、泰平の世の中を待ち望みたいと思います。

念仏宗を丸パクリ

以上が、『立正安国論』のだいたいの中身である。

要するに、法然の念仏宗との対決である。

＊

念仏宗も、禅宗も、法華宗も、もとはと言えば天台宗から出ている。

天台宗では、念仏（観仏）も坐禅も法華経もいっしょくたに、天台宗の修行に組み込んでいた。排斥しあう関係にはない。

ところが天台宗から、称名念仏の念仏宗が分離した。念仏原理主義である。禅宗も分離した。坐禅原則主義である。どちらも、もとの天台宗から分離し純化することで、原理主義になり原則主義になった。

日蓮はそれに対抗して、法華経の絶対的な価値を強調した。法華経の絶対的な価値を強調するには、やはり、天台宗から分離して純化しなければならない。天台宗のなかでは、法華経は重要度が高いとは言っても、般若経や密教やそのほかの重要経典に足を引っ張られ、相対化されているからである。天台宗から分離してはじめて、法華経の唯一絶対を主張することができる。

＊

こうして、日蓮の法華経中心思想は、どんどん法然の念仏原理主義に似てくる。念仏宗の原理主義のあり方を、そっくり写し取ることで、自分を原理主義につくりあげていく。念仏宗なしに、日蓮の法華経原理主義は成立できなかったろう。その、情けないと言えば情けない実態を、『立正安国論』の議論の組み立てが示している。

ちなみに、日蓮の議論には、法然は出てきても、親鸞は出てこない。当時、念仏宗のインパクトは法然が与えたもので、のちに大きな勢力になる親鸞の門流はまったく意識されてもいなかったことがわかる。思想家として親鸞が注目されるようになるのは、明治になってから。とりわけ、倉田百三の『出家とその弟子』がベストセラーになってからだ。いま法然が、親鸞の影にかくれてしまっているのは、歴史の実際からあまりに歪んで逸脱していると言うべきだろう。

議論の詰めが甘くないか

さて、日蓮は、法然の『選択本願念仏集』を読んでいる。かなりしっかり読みこんでいる。『立正安国論』の客の発言から、それがわかる。

日蓮は、天台宗の清澄寺で出家し、法華経をはじめとするオーソドックスな天台教学を学んだ。ただ地元には、地頭の東条景信をはじめ、念仏宗の門徒があふれていた。念仏宗に違和感を抱きつつ、その原理主義的な熱情にただならぬ引力を感じたろう。だから鎌倉に出た最初に、浄土宗の寺で学んでいるのだ。そのあと天台宗を極めに比叡山延暦寺に上ったあとも、あらゆる経論をできる限り学び、仏教に対する全体的な見通し（スコープ）を手に入れようとした。天台宗がもっていたようなスコープ。ただし、念仏原理主義のような強度をもったスコープ。

＊

日蓮の頭のなかには、ライバルとして、念仏宗（法然の議論）がいつもあった。頭にこびりついていた。

法然の議論は、丹念で緻密なものだ。合理的で体系的でもある。いまは末法だから、これまでの修行で覚るやり方は通用しない。経典の効力も停止した。（ほんとうにそうか、チェック。）それなら、阿弥陀仏の極楽浄土に往生するしかない。（ほんとうにそうか、チェック。）では、どうすれば往生できるか。称名念仏を称えればよい。一回でもよい。（ほんとうにそうか、チェック。）こうしたステップを丹念に積み重ねて、往生への確信を手にする。これまでの仏教をひっくり返す大きなエネルギーが、この緻密な論証から生まれるのである。

＊

日蓮の議論は、法然の緻密でかっちりした議論に比べると、粗い。大雑把だ。資質の違いもあるのだろう。法然はよい家柄の出の秀才で、学者タイプだ。理詰めの議論に向いている。日蓮は、庶民の体質を感じさせるワイルドな行動派だ。議論の詰めが甘い部分は、馬力でカヴァーする。だから論証として日蓮の議論をみると、けっこう穴だらけで、論証になっているのかと思う。

自分が行動に、仏菩薩が感応する

日蓮の信仰は、それでも堅固だ。それが周囲の人びとにわかるので、つき従う人びとが多い。

日蓮は、この世界（娑婆世界）が、経典に書かれている通りの仏国土であると確信する。経典に書いてあることは、この世界で実現すると確信する。この世界で起こる出来事は、経典に根拠がある。『立正安国論』の「予言」も、経典が根拠になっている。

＊

外国が攻めてくる。どういう発想なのか。

日本は島国なので、外国が攻めてくることは滅多にない。そんな発想がない。けれどもインドは大陸なので、外国が攻めてくるのは当たり前だ。中国も大陸なので、外国が攻めてくるのは当たり前だ。実際に何回も、攻めて来ている。だから経典に、外国が攻めて来ると書いてあって当然である。

モンゴルが攻めてくるかもしれないと、日蓮は情報を掴んだのだろうか。そうは思えない。ただ日蓮は、経典に書いてある混乱した社会の状況を、日本に当てはめただけである。そうしたらたまたま、モンゴルの襲来と符合した。テキスト原理主義のやり方で予言をしただけで、外交情報をキャッチしたわけではない。だから、それが現実となったことに、人びとは驚いたのだ。

＊

テキスト原理主義は、自分が生きるこの世界と、経典が描く世界とが、区別なく連動しているという感覚をもつ。自分が苦難にあえば、それは仏菩薩が与えた試練であると思う。自分が危ないところを助かれば、仏菩薩の加護があったと思う。そうやって、自分が「法華経の行者」であるという確信を深めていく。

法華経のテキストと自分の言動がこのように結びついていれば、法華経がこの娑婆世界を生きる指針になるのは当然だ。法華経が、ほかの経典など足許にも及ばぬ最高の経典なのも当然だ。法然のように理詰めで論証を積み重ねるのでなくても、法華経がこの世界を生きる指針であることは自明である。自明であるから、証明は完全でなくてもまあよい。自分の生き方で、馬力で乗り切る、なのである。

日蓮は、「法華経の行者」としての自覚を大事にして生きていた。世界は、法華経を中心にして回っている。自分を中心にして回っているということでもある。ならば、日々の一挙手一投足が、法華経原理主義が正しいことの証明である。生きる原理主義である。

8・3　『開目抄』を読む

佐渡流罪の日々

つぎに取り上げるのは、『開目抄』である。

この書物が書かれたのは、日蓮が佐渡に流罪になっていた間のことだ。日蓮は『立正安国論』を著したことで、幕府に捕らえられ、斬首されるところだった。奇蹟的に助かって、流罪になった。この天与の期間が、これまでの思索と行動を一冊の書物にまとめる作業にあてられた。日蓮はこの機会を、法華経の行者としての自らの使命だと考えたろう。

＊

『開目抄』をみると、経典や論書への言及や引用がとても多い。流罪先に、経蔵があったわけではない。手許に経巻がないなかで、どうやってこれだけの書物を書くことができたのか。大部分をそらんじていて、記憶によって書いている。重要な経典や論書の文言は、頭に刻まれていたのである。

『開目抄』は、書かれたのは佐渡であるが、それ以前から、頭のなかで繰り返し繰り返し反復されていた内容であろう。日蓮の日頃の思考の回路そのものだと言ってもよい。それだけに、その骨格や論証は、揺るぎないものである。

『開目抄』の書き出し

『開目抄』は、和文で書いてあるので、読みやすい。書く日蓮も、書きやすかっただろう。中身は、まったく見出しも区切りもない。紙も乏しいなか、おそらく思う端から書きつけて行ったと思われる。その刹那の思い切りと熱量が感じられる。『立正安国論』にくらべてずっと、法華経のなかみに詳しく説き及んでいる。そのおおまかな内容を紹介するとしよう。

以下、上段が『開目抄』からの引用、下段が私の翻訳である。該当個所を、渡辺宝陽・小松邦彰編『日蓮聖人全集　第二巻宗義2』の頁数で示した。

＊

冒頭の一文をまず、見てみよう。

夫れ一切衆生の尊敬すべき者三つあり。所謂、主・師・親これなり。又習学すべき物三つあり。所謂、儒・外・内これなり。41	そもそも誰もが尊敬すべきなのは、主と師と親の三つである。また、学ぶべきなのは、儒学とそれ以外の学問と仏教の三つである。

軽くジャブを繰り出している。仏教以外にも幅広く、勉強をしてきたのですよ。大きく網をかけて、幅広い読者を取り込もうとしている。日蓮は、このあと議論を進めて、

外道の所詮は内道に入る、即ち最要なり。47	仏教以外の思想や宗教は結局、仏教に帰着するということが、重要である。

と結論する。

法華経が釈尊の正言

日蓮は、さらに論じ進める。

仏教と言えば、釈尊。その釈尊について、つぎのようにのべる。

> 此の仏陀は三十成道より八十御入滅にいたるまで、五十年が間、一代の聖教を説き給えり。一字一句皆真言なり。49
>
> 釈尊は三〇歳で覚り八〇歳で入滅するまでの五〇年間、教えを説き続けた。その一字一句がみな真理の言葉である。

釈尊の説いた言葉はみな尊い。そのうえで、日蓮はこう言う。釈尊は実に多くの経を説いた。そのなかで、

> 法華経計り教主釈尊の正言也。三世十方の諸仏の真言也。50
>
> 法華経だけが、釈尊ののべた本当の教え（正言）である。過去世・現世・来世の十方の諸仏の真理の言葉である。

そう言える根拠は何か。それは、法華経にそう書いてあるから。法華経によれば、多宝仏如来が地中から出現し、「皆是真実」とのべたから。十方の諸仏も来集して、長い舌を出して真実である

と示したから、である。「この経典は最高です」とその経典に書いてあるから、その経典は最高なのである。なるほど。

一念三千の法門

では具体的に、法華経のどういうところが素晴らしいのか。

第一に、一念三千の法門を説いているところである。この法門は、法華経の寿量品に示唆されている、と日蓮は言う。

> 一念三千の法門は但法華経の本門寿量品の文の底にしずめたり。51

——一念三千の法門はただ、法華経の寿量品のテキストの裏側に秘められている。

経典の文言（テキスト）の底に沈んでいるのだから、表にはっきりと書いてあるわけではない、ということである。龍樹や天親はその法門をわかっていたがはっきり口にしなかった、ただ天台智顗だけが、それを明確に指摘した。

＊

では、「一念三千」とはどういう考え方か。

一念三千は十界互具よりことはじまれり。51 ── 一念三千の法門は、十界互具が出発点である。

「十界」とは、地獄・餓鬼・畜生・修羅・人界・天界に加えて、声聞・縁覚・菩薩・仏の十の世界をいう。それぞれの世界のなかにそれぞれの世界がそなわっている（互具）ので、一〇×一〇で百界となる。

つぎに、十如是を考える。これは、相・性・体・力・作・因・縁・果・報・本末究竟等《ほんまつくきょうとう》をいい、『法華経』方便品に説かれる因果律のこと。諸法実相ともいう。百界にそれぞれ十如是があるので、千如是となる。

さらにそれが、五蘊《ごうん》世間・仮名《けみょう》世間・国土世間の三種世間のそれぞれにわたるので、あわせて三千世間となる。

「一念」とは、凡夫（われわれふつうの人間）の一瞬一瞬の精神作用（念）のこと。

一念三千とは、人間の一念のなかに、この世界の究極の法理がそなわっており、仏の覚りが共にある、という命題である。

＊

一念三千は最初、天台智顗が言い出したものである。ただし、『摩訶止観』のなかにちらっと出てくるだけ。それを、何代かあとの妙楽大師湛然が発展させ、天台宗の中心となる教理とした。

日蓮は、この一念三千の考えを継承し、法華経の説く仏教の究極の法理であるとした。そのことは、『観心本尊抄』（後出）に詳しくのべてある。

＊

日蓮が『開目抄』でのべるところによると、華厳宗や真言宗は、この一念三千の教義を盗みとって自宗の教えだとして、何くわぬ顔をしている。このことは、のちに伝教大師最澄によって暴かれて、両宗は面目を失ったのである。

二乗作仏

さて日蓮は、法華経がそれ以前の諸経に比べてすぐれているのは、迹門《しゃくもん》（法華経の前半）に説かれている二乗作仏《にじょうさぶつ》と、本門《ほんもん》（法華経の後半）に説かれている久遠実成《くおんじつじょう》と、である。

＊

二乗作仏とはどういう主張か。

二乗作仏とは、衆生のうち声聞、縁覚も、菩薩と同様に仏となれるということ。

大乗経典には、誰がどのような覚りをえるのかについて、いろいろな立場があった。菩薩だけが仏となれるとする経典と、声聞も縁覚も、菩薩と同様に仏となれるとする経典と、両方があった。法相宗は、前者の経典に拠っていた。それに対して天台宗が重視する法華経は、後者の経典であった。

＊

だいぶ昔の話だが、法相宗の徳一と、天台宗の最澄が論争したことがあった。論点は多岐にわたったが、二乗作仏も重要な論点だった。

法相宗は、人間には声聞、縁覚、菩薩の三つの種姓があって、覚りのランクが違うとする。またこの三つのほかに、不定の種姓のもの、無種姓のもの、の合わせて五種類があって、無種姓のものは覚ることがそもそもできないとする。これを、五姓格別《ごしょうかくべつ》という。

これに対して、天台宗は、法華経にもとづいて、人間は誰でも仏になることができる、例外はない、と主張した。日蓮も同様に主張する。だからこそ法華経はすばらしい。一乗思想である。

＊

法華経は、釈尊の弟子たち（声聞）に、仏となるであろうという授記を与える。舎利弗は華光如来、迦葉は光明如来、須菩提は名相如来、…という具合だ。大乗の経典なのに、小乗の修行者たちに成仏を約束する。一切知の釈尊が、将来どんな仏になるか、その名前まで教えてくれる。法華経が、一乗思想の経典だから、こういう記述があるのだ。

＊

誰でもが仏になれる。救われる。人間に差別はない。人道的で近代的で、すばらしいと言えないだろうか。

でもそれを言えば、それは法華経だけが偉いわけでも、日蓮だけが偉いわけでもない。日蓮の法華宗よりも先に、法然の念仏宗も、道元の禅宗も、すべての人間が例外なく救われる、と唱えていた。鎌倉仏教の共通の特徴。それは、身分や社会的地位に関係なく、人間はみな平等で、自分の理想を追求する（仏になる）可能性がある、という主張である。頼もしいではないか。
日蓮は、天台宗に隠れていたこの可能性を、法華経を唯一絶対の地位に高めることで、現実のものとした。法華宗は、天台宗よりもずっと大きく育って行った。これは、日蓮の功績である。

華厳経の問題点

日蓮は、華厳経を、法華経にも匹敵するすぐれた経典だと言う。天台宗の教判のとおりである。けれども、華厳経には理解できない欠陥がある。そのため、法華経のほうが華厳経よりも優れているのだと。

> 此れ等程いみじき御経に何事をか隠すべき。なれども二乗闡提不成仏ととかれしは珠のきずとみゆる上、三処まで始成正覚となのらせ給いて久遠実成の寿量品を説きかくさせ給いき。珠の破れたると、月に雲のかかれると、日の蝕したるがごとし。不思議なりしことなり。75

これほど素晴らしい経典に、何の欠点があろうか。けれども、二乗や一闡提が成仏しないと書いてあるのは珠に傷である。そのうえ、三箇所に、修行して菩提樹下で覚りましたと書いてあって、久遠実成のことを説かずに隠しているのは、宝玉が壊れ、月に雲がかかり、日蝕で隠れたような欠陥で、不思議なことである。

欠陥とはつまり、二乗作仏がのべてないこと。そしてもうひとつ、久遠実成がのべてないことなのだ。

＊

久遠実成仏

さて、では、法華経だけに書いてあるもうひとつの教え、久遠実成とはどういうものなのか。

『法華経』涌出品で、地面の下から急に、数えきれない菩薩が続々と現れてくる。地涌の菩薩である。弥勒菩薩は驚いて言う。これはどうしたことだろう。釈尊は、王宮を出て修行して覚りを開き、人びとを教えて、わずか四〇年あまりである。なのに、いつの間にこれだけ多くの人びとを教化したのだろうか。

すると、寿量品で、釈尊はこの疑いを解くために、こう語った。

然善男子。我実成仏已来。無量無辺。百千万億。那由他劫 78

さて皆さん、私は実は、仏になってからとてつもない時間が経過しているのです。百千万億那由他劫もの時間が。

「久遠」というと、永遠（はてがない時間）のように聴こえる。でも、実際には、とても長い時間、という意味である。とても長い時間が経過してはいるのだが、そのずっとずっとの大昔に、釈尊は覚って仏となった。たかだか四〇年ちょっと前ではない。そして、ここが大事だと思うが、覚って仏となる前は、ただのひとりの人間（衆生）だった。その点では、ほかのすべての人間と同じなのである。

釈尊が二重化する

久遠実成仏の考え方は、『法華経』の後半（本門）で明らかにされる。

釈尊が、二人になってしまう、ということだ。

釈尊が言う。いや、実はね、出家して修行して覚った青年ゴータマは、あれは仮の姿だったんです。本当は、とっくの昔に覚って、霊鷲山のてっぺんにずっと坐っているんですよ。この永遠のブッダ（久遠実成仏）がほんとうの私。ゴータマ・ブッダは、皆さんに教えを説くために派遣した、ヴァーチャル・リアリティみたいなものなんです。

そんなことを急に言われたら、誰だってびっくりするだろう。

＊

久遠実成仏とゴータマとの二重の関係は、キリスト教の、天の父（ヤハウェ）とイエス・キリスト（神の独り息子）との関係に似ている。

キリスト教は教える。天の父（ヤハウェ）は、永遠に生きています。父から生まれた息子も、永遠の存在です。あるとき神の計画によって、その息子が、マリアから生まれて人間となりました。そして、教えを説き、予定どおり、十字架にかかって死にました。そして三日目に復活し、天にのぼりました。

イエス・キリストは、天の父と、実は同じ神である。でも、父と子である。（ちょっと頭がくらくらする。）二人で一人。神が二重化している。（実はほかに、聖霊もいて、三人で一人。さらにややこしい。）

法華経の仏に対する考え方も、それとそっくりだ。久遠実成仏は、天の父にあたる。ゴータマ・ブッダは、イエス・キリストにあたる。久遠実成仏は、人びと（衆生）を救おうという強い意思をもっている、ということだ。

＊

法華経では、久遠実成仏がゴータマ・ブッダとなって地上に姿を現すことを、垂迹《すいじゃく》という。その言い方を真似するなら、キリスト教では、天の父がイエス・キリストに「垂迹」した、みたいになっている。

久遠実成の効果

『法華経』の後半で、釈尊の正体が、久遠実成仏であることが明らかにされた。このことは、仏教にどういう効果をうむだろうか。

釈尊がずっと、存在し続けている。いまこの瞬間も、この世界を見守っている。この感覚を人びとがもつと、人びとのブッダに対する関係が変わる。覚りに対する関係が変わる。根本的に。

久遠実成仏は、キリスト教の天の父、イスラム教のアッラーのように、一人ひとりの人間のあり方を刻々と見つめている。人びとの生き方を導いている。日蓮が幾度もの試練に遭うたびに、『法華経』のあてはまる記述を思い出し、久遠実成仏に導かれる自分の使命を改めて自覚したように。法華宗は、久遠実成仏を説くゆえに、キリスト教と近い構造をもっているのだ。

＊

法華経以外の経典は、釈尊が入滅して、存在しなくなってしまっていることを前提にする。仏滅後△△年、のように現在を理解する。釈尊（ブッダ）がいなくなった。ブッダの言葉（経典と律）だけが残っている。人びとは、経典を唯一の手がかりに、ブッダの教えに従わなければならない。心細い。心もとない。

ブッダの教えは、時間の経過とともに次第に減衰していく、と考えられた。正法→像法→末法、という意識がそれである。そういう意識が生まれるのは、ブッダが不在だからだ。

＊

鎌倉新仏教はどれも、この意識を克服する仕組みをそなえている。

浄土経典は、阿弥陀仏が無量の寿命をもち、現在、存在している、と考える。現在他仏の信仰である。この世界（三千世界＝島宇宙）を離れた、別の銀河系（浄土）だ。この世界で成仏できなければ、浄土に行く（往生する）ことができればいい。浄土へ往生することが、目標になった。念仏宗である。その代わり、この世界は希望のない場所（穢土）になった。

道元の禅宗は、坐禅するたびに自分のうちにブッダ（仏）が現前する。ブッダの説いた法が時間とともに減衰していくとしても、坐禅の効果は減衰しない。ならば問題ない。

＊

久遠実成仏は、現在他仏ではなく、この世界の現在仏である。釈尊は、死んでいなかった！ そう考えることができれば、問題は解決だ。久遠実成仏を説いている法華経を信ずる。そうすれば、ほかの経典はかりそめの経典（権経）ということになる。話半分に聞けばよい。

この世界には、久遠実成仏の意思が行き届いている。久遠実成仏は、全知全能で、つねに法華経の信徒を見守って、気にかけている。一神教のＧｏｄと同じ効果がある。法華宗は、仏教ではあるが、一神教と類似の信仰に変質する。

日蓮の法華宗は、この「久遠実成仏の臨在」の感覚を、色濃くそなえている。よって、日蓮の法華宗を、「法華経原理主義」とよぶのは理由のあることなのである。（姉崎正治も日蓮を、「預言者prophet」とよんでいた。）

なぜ迫害されるのか

日蓮は、自分をどのように理解しているか、『開目抄』にこう書いている。

世すでに末代に入て二百余年、辺土に生をうく。其の上下賤、其の上貧道の身なり。87

末法に入ってはや二百年余、自分はど田舎にうまれ、身分も賤しく貧乏に生まれた身の上である。

インドのアウトカーストのような生まれだとする。悪縁のため、仏になれないで来た。それでも日蓮はただ一人、法華経を守るために戦っている、と自負する。

道綽・善導・法然等がごとくなる悪魔の身に入りたる者、法華経をつよくほめあげ、…未有一人得者千中無一等とすかし…結句は悪道に堕ちけり…。…日本国に此れをしれる者、但日蓮一人なり。88〜89

道綽・善導・法然のように悪魔が身中に入り込んだ者が、法華経をほめあげておいて…まだ覚ったものは千人に一人もいないと騙し…（人びとは）結局悪道に堕ちてしまった。日本国でこのことを知っているのは、ただ日蓮ひとりである。

既に二十余年が間此の法門を申すに、日々月々年々に難かさなる。…大事の難四度なり。…今度はすでに我が身命に及ぶ。90

もう二〇年あまりもこのように主張し続けているが、日々、年々、迫害がひどくなっている。…大きな迫害は四回だ。…今回は、自分日蓮が法華経の智解は天台・伝教には千万が一分も及ぶ事なけれども、難を忍び慈悲のすぐれたる事はをそれをもいだきぬべし。…我が身の法華経の行者にあらざるか。96

法華経の第五の巻勧持品の二十行の偈は、日蓮だにも此の国に生まれずは、ほとんど(殆)世尊は大妄語の人…。経に云く、有諸無智人　悪口罵詈等、加刀杖瓦石等云云。今の世を見るに、日蓮より外の諸僧、たれの人か法華経につけて諸人に悪口罵詈せられ、刀杖等を加えらるる者ある。97

の生命に危険が及んだ。

日蓮の法華経の理解は、天台大師や伝教大師の千万分の一にも及ばないが、苦難を忍び、慈悲が豊かであることは、誰もが恐れをいだくほどである。…自分は、法華経の行者ではないのだろうか。

法華経第五巻勧持品の二十行の偈は、日蓮がもしこの国に生まれなかったら、世尊はほとんど大妄語のひととなってしまうではないか。法華経に、無知な人びとが大勢で悪口雑言を加え、刃物や棍棒や石ころで迫害するとある。今の世で、日蓮よりほかにどの僧が、大勢に悪口雑言を浴びせられ、刃物や棍棒で痛めつけられている者がいるだろうか。

法華経に、法華経の行者が迫害に遭うだろうと書いてある。釈尊の預言である。自分は法華経を伝え、その真理を人びとに伝える。それを釈尊（久遠実成仏）はいま見ている。自分が迫害に遭うのは、法華経の行者だからだ。ならばその務めをまっとうしないでどうしよう。自分はそう選ばれた、日本で唯一の存在なのだから。

日蓮は、法華経（だけ）を読み込み、それを自分の人生、自分の運命と重ねた。キリスト教の召命と似ている。法華経原理主義だから、このような切実な切迫感が生まれる。切実な切迫感を生きるには、法華経原理主義でなければならない、とも言える。

これが日蓮の信仰である。信仰が行動であり、行動が信仰である。

このような信仰は、仏法の全体が法華経に凝縮されるという確信、法華経を重視しないほかの宗派は仏敵であるから排除すべきであるという確信と一体である。日蓮が攻撃的なのは、こうした信仰に裏打ちされているからだ。

南無妙法蓮華経

法華宗は、「南無妙法蓮華経」という題目を唱える。念仏宗が「南無阿弥陀仏」と称名念仏を唱えることの、向こうを張ったように思えてしまう。

日蓮は、題目につき、なんということもなく口をついて出てきた、とその由来やねらいをぼやかして説明している。

『開目抄』では、こう説明する。

妙法蓮華経と申すは漢語也。月支には薩達磨分陀利迦蘇多攬と申す。119

――妙法蓮華経というのは漢語である。インドでは、サツダルマプンダリキャソタランという。

日蓮は続けていう。善無畏三蔵の法華経についての真言が、南インドの鉄塔にしまわれていた。その真言を、伝教大師が解釈して、法華経が最高の経典であることを明らかにした。「妙法蓮華経」の題目に、仏法のすべてがそなわっていることは、『観心本尊抄』でも詳しく説かれる（後述）。

ほかの宗派の上に立つ

日蓮は、法華経を唯一の正しい教え（正法）だとする。すると、法華経以外のさまざまな経典は権経（仏説の経典ではあるのだが、ほんとうの真実が説かれているわけではない仮りのもの）という位置づけになる。それらの経典にもとづいている宗派、たとえば、念仏宗や華厳宗や法相宗や禅宗や…は、釈尊の真意にそわない教えであり信仰であることになる。

今、華厳の臺上・方等・般若・大日経等の――いま本門で（久遠実成仏が現れたので）華厳の諸仏は、皆釈尊の眷属なり。…爾前・迹門にして十方を浄土と号して、此土を穢土ととかれしを打ちかえして、此土は本土となり、十方の浄土は垂迹の穢土となる。133〜134

蓮華上の仏や方等・般若・大日経の諸仏はみな、釈尊の家来である。…前に迹門で十方を浄土、この地を穢土としたが、本門では反対に、この地が浄土、十方の浄土は穢土となる。

法華経を中心に、ほかの経典や宗派をみると以上のようになる。

予事の由をおし計るに、華厳・観経・大日経等をよみ修行する人をばその経々の仏・菩薩・天等守護し給うらん。…但し…法華経の行者に敵対をなさば、彼の行者をすてて法華経の行者を守護すべし。例せば孝子、慈父の王敵となれば父をすてて王にまいる。孝の至り也。仏法も又かくのごとし。144

自分が推測してみると、華厳経・観無量寿経・大日経などを読み修行する人を、その経の仏や菩薩や天が守護するだろう。…ただし…彼らが法華経の行者に敵対するなら、彼らを捨てて法華経の行者を守護するだろう。孝行息子も、父親が王敵となれば父を捨てて王に従うようなものだ。孝の至りである。仏法も同じようなものなのだ。

いざとなれば、浄土宗や真言宗やそのほかの宗派の諸仏も菩薩も天も、日蓮を守るのだと自信たっぷりにのべている。法華宗は、他宗と同列なのではなく、一段高いところにある超信仰なのである。

さまざまな経典

法華経が、そのほかさまざまな経典に優位することを、日蓮は、経典を参照して論証していく。名前があがっているのは、華厳経、方等経、般若経、深密経、楞伽経、大日経、涅槃経、ほかである。

龍樹の『十住毘婆沙論』、天台大師、伝教大師、円珍、妙楽大師、慈覚大師、密厳経、大雲経、六波羅蜜経、解深密経、大般若経、大日経、華厳経、涅槃経を、その説く内容について紹介しながら、日蓮は論旨を展開していく。

*

日蓮は憑かれたように『開目抄』を綴って行った。めったにない超常的な心理状態にあった。

日蓮といいし者は去年九月十二日子丑の時に頚はねられぬ。此れは魂魄佐土の国にいたりて、返る年の二月、雪中にしるして、有縁の弟子へおくれば、…此れは釈迦・多

日蓮という名の者は去年の九月一二日の夜に頸をはねられたのだ。その魂魄が佐渡に来て、明くる二月に雪の中に記して弟子に送ったものがこれだ。…これは、釈迦如来、多宝如来、

宝・十方の諸仏の未来日本国当世をうつし給う明鏡なり。かたみともみるべし。165

十方の諸仏が、未来の日本国の現代を写した明鏡である。形見だと思ってみるべきである。

あくまでも念仏が敵

このあとも議論が続いていく。そして、あくまでも日蓮の論敵は、念仏宗である。念仏宗との抗争が、よほど骨身にこたえていたのだろう。そして、法然への敵愾心が、言い換えれば敬意が、議論を続けるエネルギーとなっていたのだろう。

*

なぜ日蓮はこんなに苦難に遭うのか。『開目抄』の最後のほうで、こんなことを言っている。

疑て云く　いかにとして汝が流罪死罪等、過去の宿習としらむ。答て云く　銅鏡は色形を顕す。…仏法の鏡は過去の業因を現ず。192

疑問に思って言うのには、どうしてあなたの流罪死罪が、過去の宿縁だとわかるのか。答えて言う。銅鏡は姿かたちを映す。…仏法の鏡は過去の業因を現すのである。

その経典の例として、日蓮は『般泥洹経《はつないおんきょう》』をあげる。この経文が日蓮の身にぴったり当てはまる、これで疑問が晴れた（此の経文日蓮が身に宛も符契のごとし。狐疑の氷とけぬ）、と日蓮は言う。

今日蓮強盛に国土の謗法を責むれば大難の来るは、過去の重罪の今生の護法に招き出せるなるべし。194〜195

いま日蓮が派手に謗法をとがめると、大難がやって来るのは、過去世の重罪が、現世で護法をさせているに違いない。

だから、念仏宗が、法華経から人びとを遠ざけているのが、許せないのだ。

悪人寺塔に火を放たんに、せいせざるべしや。一子の重病に灸せざるべしや。日本の禅と念仏者とを見てせいせざる者はかくのごとし。無慈詐親是彼怨等云云。207

悪人が寺に放火しているのを、止めないだろうか。子どもが病気なら灸をすえないか。日本で禅や念仏の信徒をみて、止めないのはこれと同じようなものだ。慈悲の心がないのに表面だけ仲良くするのはかえっていけないのである。

こういう生き方をすれば、苦難が絶えない。でもそれでよい、と日蓮は言う。

日蓮が流罪は今生の小苦なればなげかしからず。後生には大楽をうくべければ大に悦

日蓮の流罪は、今生の小さな苦なので、嘆くに及ばない。後生には大きな楽しみを受ける

ばし。209

——のだから、大いに喜ぶべきだ。

このように締めくくる『開目抄』は、日蓮の信仰を書き留めた信念の書である。

8・4　『観心本尊抄』を読む

『観心本尊抄』とは

最後にとりあげるのは『観心本尊抄』である。

この書物は、正式には『如来滅後五五百歳始観心本尊抄』という。三昧堂から一の谷に移ったあと、『開目抄』に続けて書かれた。『開目抄』が和文なのに対して、漢文で書かれている。分量は『開目抄』よりだいぶ短い。日蓮五三歳のときの作である。

内容は、一念三千の教理から始まって、本尊を明らかにし、それを広めるさまを明らかにし、それを広めるのが日蓮であると結んでいる。

文体は、問いと答えが交互に繰り返される、問答体になっている。リズムがある。

以下、引用は、上段が原文、下段が私の訳文である。原文の該当個所の、渡辺宝陽・小松邦彦編『日蓮聖人全集　第二巻宗義2』（春秋社）のページ数を掲げておいた。同書は、漢文の読み下し文を掲げている。

非情も仏となるのか

天台智顗の『摩訶止観』に、一念三千の言葉が出てくるところから議論が始まる。一念三千は、天台大師が説いた仏教の究極の説だという。だが、内容がはっきりつかめないところがある。


問曰、百界千如与一念三千差別如何。

答曰、百界千如限有情界　一念三千亘情非情。

不審云非情亘十如是草木有心如有情可為成仏如何。

答曰、此事難信難解也。228


問うて曰く、百界千如と一念三千の違いは何か。

答えて曰く、百界千如は有情界限りのことだ。一念三千は、非情界にもわたる。

それはおかしい。非情にも十如是が及んでいるなら、草木にも心があって成仏するのか。

答えて曰く、このことは信じにくく理解しにくい。


「百界千如」とは、仏界から地獄界までの十界がそれぞれ十界をそなえているので百界となり、それが十如是をそなえているので、千如是となること。もとは一念三千と同じ考えのはずだが、ここで日蓮は、違うとしている。一念三千のほうは、有情（人間や天人や動物など、輪廻する生き物のこと）ばかりでなく、非情（植物や石ころなどの無機物や）にもわたるという。

＊

これは、標準的な仏教をはみ出した考え方に思われる。

「一切衆生悉有仏性」は、衆生に仏性があることをいう。涅槃経の説く仏性論にもとづく考え方である。

道元はこれを「超解釈」したのだった。衆生が修行すると、みな、成仏する可能性がある（修行→成仏）。ふつうそう読むところを、悉有がすなわち仏性である、と読んだ。すべてのものがもうそのままで、仏である。修行するから仏になるのではない。修行しなくてよいのであれば、山や川や草木も、そのままで仏であってよい。

道元の坐禅原則主義は、人間と仏の量子モデルを採用した。衆生の範囲を、非情に拡大してもまったく問題ない。

もうひとつ、天台宗には、本覚思想の流れもある。そもそも修行を続けられるのは、覚っている（仏である）からである。密教にも通じる、神秘的な考え方だ。これによれば、一切衆生悉有仏性は当たり前で、山川草木悉皆成仏も当然のように主張される。

こうした立場なら、草木が成仏すると考えて問題がない。

＊

けれどもこれは、法華経の中心になる考え方とずれていないか。

法華経は、常不軽菩薩や上行菩薩など、法華経の教えを広める菩薩の努力（行）を重視する。日蓮も、自分は法華経の行者だと考えていた。菩薩も行者も、覚りに向けて修行する身である。すでに仏である、という考え方とは距離がある。

天台宗は当時、本覚思想に染まっていた。日蓮は比叡山で学び、法華経と本覚思想の関係について考えたはずだ。考えても、必ずしもすっきり考え切れない部分がある。そのため、「難信難解」という言い方になったのではないか。

難信難解

日蓮は続けて説明する。天台大師の法門に難信難解が、二種類ある。

第一が「教門の難信難解」。法華経は迹門で、声聞・縁覚と一闡提《せんだい》は成仏できない、釈尊は今回覚ったばかりだ、と説くのに、本門では、二乗も一闡提も成仏を許され、釈尊は久遠の昔に成仏したと説く。まるで正反対で理解しがたい。

第二が、「観門の難信難解」。百界千如と一念三千の法門である。非情の草木や国土に物心の二面があり、十如是がそなわっていると教える。『摩訶止観』の第五巻に、国土にも十如是がそなわっている、と書いてある。

　問曰、…観心之心如何。　　　　──問うて言う、…観心とはいかにするのか。

答曰、観心者観我己心見十法界。是云観心也。（230～231）

答えて言う、観心とは、自分の心に（地獄界から仏界までの）十界をみることをいうのである。

天台大師の教えの内容が、法華経に書いてあるのか、という問いに、日蓮は、書いてある、と答える。あげているのは、方便品、寿量品、提婆品、陀羅尼品、法師品、譬喩品、神力品。その箇所の説明を聞いてみると、「こうも読める」「十界互具と矛盾しない」という程度のこと。法華経にはっきり書いてあるわけではないのだ。

＊

六界は、人間の経験に対応しているので、人間にそなわっていることは理解できる。加えて、声聞界、縁覚界、菩薩界、仏界がそなわっていると、なぜわかるのか。日蓮はそう自ら問うて、こう答えている。

無顧悪人猶慈愛妻子。菩薩界一分也。但仏界計難現。以具九界強信之勿令疑惑。…

どうしようもない悪人も妻子を大事にする。菩薩界があるということだ。仏界は現れにくいが、九界をそなえているのだから仏界もあると信じて疑わないことだ。

末代凡夫出生信法華経人界具足仏界故也 237

末代の凡夫が生まれて法華経を信じるのは、仏界がそなわっているからなのだ。

法華経を信じているのがその証拠、である。十界互具が法華経に書いてある。その法華経を信じているのだから、仏界がそなわり、十界互具であることが明らか。証明終わり、である。

＊

信じにくくても信じる。信じることができることが、信じにくい内容が正しいことの証明になっている。

この信仰の構造は、キリスト教のドグマ（たとえば三位一体）と似ている。三位一体は論理的でないので、通常の意味で証明はできない。理性で理解することもできない。でも公会議でそう決まり、そう信じるのがキリスト教だとされた。信じにくいことを信じる。だから信仰として価値がある。それを信じられるのは、聖霊が助けてくれるから。その聖霊は、三位一体の信仰の内容の一部である。信じることができれば、その信仰の内容の正しいことは自明である。

一念三千も、信仰のあり方は、それとよく似た仕組みをもっている。

証明はあるのか

この仕組みが危ういことを、日蓮はよくわきまえていて、繰り返ししつこいほど、この問題を自問自答している。

法華経文何所十界互具百界千如一念三千分明証文有之。247

夫一念三千法門一代権実削名目四依諸論師不載其義。漢土日域人師不用之。如何信之。

法華経のどこに、十界互具、百界千如、一念三千についてのべる明確な証文があるのか。

そもそも一念三千の法門は、釈尊一代の権経にも実経にも出ておらず、論書にもみえず、中国や日本の人びとも用いていない。どうやったら信じられるのか。

答曰、此難最甚々々。248

答えて言う。この非難はほんとうにもっともである。

日蓮は、方便品に「令衆生開仏知見」（衆生に仏知見を開かせよう）などと書いてあるのが、十界互具のことだとのべるが、いかにも苦しい。

となれば、明文に書いてなくても、ほんとうはその意味なのだと主張するしかない。天台大師は「天親龍樹内鑑冷然外適時宜各権所據」（天親や龍樹は内心わかっていたが知らぬふりをして、そのときどきでかりそめの教えを説いていた）とのべているではないか。そこで日蓮も、内心でわかっていてもはっきりのべていないだけだ、とのべている。

こうなればもう、証拠のあるなしの話ではない。

＊

経典（テキスト）には明示してない。わかるひとにはわかる、と言うしかない。

夫自仏至于滅後一千八百余年経歴三国但有三人始覚知此正法。所謂月支釈尊真旦智者大師日城伝教。此三人内典聖人也。252

そもそも釈迦仏から、仏滅後千八百余年を経るまで、三カ国三人だけがはじめてこの正法を覚った。インドの釈尊、中国の天台大師、日本の伝教大師の三人である。この三人は仏教の聖人である。

この三人にあと一人、日蓮をつけ加えるべきなのは言うまでもない。

五字を受持する

日蓮は、話題を転じて、法華経がどのように優れていて、伝持するに値するかを論じていく。

華厳経大日経一往見之似別円四蔵等再往勘同蔵通二教未及別円。256

華厳経、大日経はみたところ別教や円教や四蔵等に似ているが、よく考えると蔵経や通経と同じで別教や円教に遠く及ばない。

妙法蓮華経（法華経の正しい名前）とはどういう意味か。日蓮は、法華経や涅槃経の説明につけ加えて、自分の見解をこうのべる。

私加会通如黷本文雖尒文心者釈尊因行果徳二法妙法蓮華経五字具足。我等受持此五字自然譲与彼因果功徳… 258

私が何かつけ加えては本文を汚す恐れがあるが、この文の心は、釈尊の因位の万行も果位の万徳も、この妙法蓮華経の五字に具足しているということだ。それゆえわれわれがこの五字を受持すれば、自然にその因果功徳を譲り受けるのである。

華厳経から涅槃経までの四〇年あまりの間に説かれた、華厳世界や密厳経の密厳世界やさまざまな浄土は、釈尊が変化してみせた幻のようなものだから、釈尊が涅槃に入れば、その変化である諸仏は消えてなくなってしまう。ただ、法華経寿量品にいう娑婆世界は、常住の浄土である。これがすなわち、人びとの内面にそなわっている三千世界である、と日蓮は言う。

＊

日蓮の法華宗が、「南無妙法蓮華経」と題目を唱えるのは、『観心本尊抄』で明らかにされた、このような思想にもとづくのであろう。

地涌の菩薩

法華経では、菩薩が特別な地位を占める。特に、地涌の菩薩である。

＊

もともと大乗仏教は、菩薩が主役である。声聞（出家した仏弟子）の代わりに、菩薩（在家の修行者）が覚って仏となることを目指す。小乗の声聞は阿羅漢になることができるだけだが、菩薩は釈尊と同等の覚りをえることができる、と考える。

けれども、釈尊の覚りのランクはあまりに高い。今生で出家して六年間の修行をしただけではなく、前世で輪廻を繰り返し、長い長い時間をかけて覚りに至ったと信じられている（歴劫成仏）。これと同等の覚りは、やはりそれに匹敵する長い長い時間をかけての修行が必要である。菩薩であっても、今生で覚るのはまず無理なのだ。

法華経以外のすべての大乗経典は、以上のように菩薩をとらえている。教団で修行に励むのは、凡夫の菩薩である。そのほかに、修行のランクが高まって、ほとんど仏に近づいた菩薩（大菩薩）

もいる。大菩薩は、阿弥陀仏の脇侍菩薩などとなって、衆生を救うための利他行に励んでいる。

＊

小乗の声聞も、大乗の菩薩も、どちらも覚りをめざしている。その点は同じだ。けれども、菩薩は、利他行にも励む。利他行とは、ほかの誰かに奉仕すること。ほかの誰かに奉仕するのはよいことだから、それが功徳になって、自分の覚りにプラスになる。ただそれは副次的な効果であって、そもそもほかの誰かに奉仕すること自体に価値がある、と考える。そのために、たとえ自分がブッダになるのが遅れてもよいほどだ。観音菩薩や弥勒菩薩などの大菩薩は、そうした偉大な利他精神の実践者だとみられている。

＊

法華経は、この菩薩の意義を、地涌の菩薩を登場させることで、さらに別次元に高めている。地涌の菩薩は、この娑婆世界にいながら、地面の下に押し込められたまま出番を待っていた。何が彼らを押し込めたか。釈尊が、たったいま覚ったのでなく、久遠の昔に覚った実成仏であるということが伏せられていたから。ほかの経典では、語られていなかったから。語っていなかったのは釈尊だから、釈尊のせいだと言えないこともない。法華経以外の経典を重視するのみにして、それが仏教だと思ってきた大乗教徒たち（般若経の信徒も、華厳経の信徒も、浄土経の信徒も、大日経の信徒も、涅槃経の信徒も、…）のせいかもしれない。特に彼らは、法華経の信徒を迫害し、排除しようとするのだから。

法華経によれば、釈尊は実は、久遠の昔に覚りをえてブッダとなった。それから、説法を続けてきた。その説法を聞いて、弟子となった菩薩たちが、地涌の菩薩である。今生で仏弟子となった菩薩たちとは、年季が違う。この地涌の菩薩は、釈尊の真実の教え（法華経）を受持しながら、忍耐づよく出番を待っていたのだ。

こうして、利他行の意味が新しくなる。ほかの誰かに奉仕すること一般ではなく、法華経を人びとのために受け継ぎ広めることが、最高の利他行になる。それは、しばしば迫害にあい、実行が困難な務めだからだ。

> 末法初謗法国機故止之召地涌千界（大菩薩）寿量品肝心妙法蓮華経五字令授与閻浮衆生 274

> 末法の初め、謗法の国で機根がよくないので（迹門で教化された者や大菩薩には）授けるのをやめ、地涌千界の大菩薩を召して、寿量品の肝心な妙法蓮華経の五字を閻浮提（娑婆世界）の衆生に授与せしめたのである。

「令」授与、と言っている。授与するように「命じた」。地涌の菩薩は、久遠の実成仏（釈尊の本体）から、この任務を与えられたのである。

修行か布教か

釈尊は菩薩らに、「命令」することができるものなのか。

＊

釈尊と声聞（出家の弟子）は、人間として対等で、指導はしても命令したり強制したりすることはできない。それは、サンガの組織原理である戒律をみればわかる。比丘（出家者）は、釈尊が制定した修行のルール（戒）を守る。これは自発的に守るので、強制されて守るのではない。ルール（戒）に違反した場合のルール（罰）も決まっている。違反した比丘は違反したことを認め、ルール（罰）に従う。ほかの比丘はそれを見届けるだけである。

サンガを追放になる重大なルール違反が四つある。そのひとつ、大妄語（覚っていないのに覚ったとウソを言う）は、本人が「覚っていないのに覚ったと言いました」と自分で認めないかぎり成立しない。認めない場合、理屈のうえでは、処罰できない。

＊

この考え方からすれば、釈尊は声聞に、何かを命じることはできない。依頼できるだけである。声聞は、自分の意思にもとづいて行動する。さもなければ、自分の修行にならない。

菩薩はどうか。菩薩は在家者で、声聞（出家者）の共同体（サンガ）には入らず、独自に修行を続ける。彼らが伝持する経典は、やはり釈尊が唱えた（ことになっている）経典（大乗経典）である。大乗経典も仏説であるからには、釈尊の在世のいずれかの時点に説かれたことになる。その経を参考に、自発的に修行するのが菩薩。声聞以上に、自主独立の存在である。釈尊に、何かを命じられることはないはずだ。

＊

地涌の菩薩は、釈尊が覚りをえてから入滅するまでの四〇年あまりの期間に説いた経典を、聞いていない。もっと前から、菩薩として、久遠実成のブッダの教えを聞き、修行していた。では彼らは、どんな教え（経）を聞いていたのか。これまでに知られている小乗や大乗の経典ではない。内容から言えば、法華経と共通する教え（「オリジナルの法華経」とも言うべきもの）だろう。地涌の菩薩に説かれたから、地涌の菩薩がその教えには登場する。そして、その教え（オリジナルの法華経）を伝持して、修行を続けてきていたはずだ。

地涌の菩薩はだから、「妙法蓮華経」の五字を娑婆世界の衆生に「授与」する任務を託された。「五字」を授与するだけなら、そんなにむずかしい任務ではなさそうだ。けれども久遠実成のブッダは、困難だと言う。「五字」を授与するとは、法華経そのものを広めるのと同じことだからである。地涌の菩薩は長年、「オリジナルの法華経」を伝持してきた。だからその資格があったのである。

＊

地涌の菩薩は、久遠実成のブッダ（本当の釈尊）に従っている。彼らは、声聞（出家者）ではない。地涌の菩薩と久遠実成のブッダのあいだには戒律もない。説かれた教え（小乗、大乗の経典）

もない。ただ、「オリジナルの法華経」の教えがあるだけだ。

地涌の菩薩を地涌の菩薩たらしめているのは、久遠実成のブッダに対する信頼と帰依である。

＊

地涌の菩薩は、修行して覚ることを目的にしているのか。それとも、久遠実成のブッダに従い、（オリジナルの）法華経を広めることを目的にしているのか。（後者であるなら、もともとの仏教から微妙に逸脱している。覚りが二の次にされているからだ。）

日蓮に従う法華宗の信徒は、修行して覚ることを目的にしているのか。それとも、久遠実成のブッダに従い、法華経を広めることを目的にしているのか。（後者であるなら、もともとの仏教から微妙に逸脱している。覚りが二の次にされているからだ。）

日蓮の開いた法華宗は、こういう具合に、法華経原理主義に傾いたのである。

地涌の菩薩に任せて大丈夫か

では地涌の菩薩は、この任務に耐えるのか。

『観心本尊抄』の最後のほうで、日蓮はこう自分に問いながら、一見煮え切らない、微妙な態度をみせている。


疑云正像二千年之間地涌千界出現閻浮提流　―　疑って言う、正法像法の二千年間、地涌千界

通此経乎。答曰不爾。283
驚云法華経并本門以仏滅後為本先地涌千界授与之何正像出現不弘通此経乎。答曰不宣。
284
又重問如何。
答曰宣之一切世間諸人如威音王仏末法又我弟子中粗説之皆可為誹謗黙止。284
求云不説汝堕慳貪。

の菩薩がこの世界に出現してこの経を流通させるのか。答えて言う、然らず。

驚いて言う、法華経、特に本門は仏滅後の衆生のためで、まず地涌千界の菩薩に授けられた。なぜ正法像法の時代に現れてこの経を弘通させないのか。答えて言う、宣べない。

また重ねて問う。どういうわけか。

答えて言う。これを言い出せば、世間の人びとは、威音王仏の末法のとき不軽菩薩を迫害したようになるだろう。また、私の弟子にも、少しでも説けば誹謗する者がいるだろう。だから、黙っている。

求めて言う。もし説かないなら、法門を惜しみ貪る罪に堕ちる。

答曰進退惟谷。試粗説之。284〜285

答えて言う。進退きわまった。試みに大略を説こう。

なんとも勿体ぶっている。しぶしぶ何を言い出すかと思えば、以下のようだ。

*

法華経の法師品、寿量品、分別功徳品、薬王品や、涅槃経などにあるように、釈尊が出世したのは、当時の人びとのためでなく、正法・像法・末法の人びとのため、とりわけ末法の、日蓮のような者のためである。地涌の菩薩は、釈尊が初めて菩提心を起こしたときからの弟子である（地涌千界教主釈尊初発心弟子也）288。末法のとき、地涌の菩薩はかならず出現する。いま日本には、自界叛逆（国内の反乱）や西海侵逼（西国による侵略）が起こっている。大地震や大彗星が現れるのは、四大菩薩が出現する前兆だろう。

日蓮は、自分を、四大菩薩の第一である、上行菩薩になぞらえているのだろう。

*

地涌の菩薩かどうかは別にして、日蓮は、法華経の行者（菩薩）として、覚悟の一生を送ったことに違いはない。

日蓮の献身の生涯は、多くの人びとに深い印象を残した。日蓮に続いて、久遠実成のブッダに託された法華経を広めるため、起ち上がる人びとがあい次いだ。

予言が外れたあと

日蓮は、襲来したモンゴルが、日本を打ち負かすと予想していた。それでこそ、法華経の予言が実現することになる。日本が、法華経を正法と認める、正しい仏教国家に生まれ変わることができる。そう、期待したのだ。

ところがモンゴルは、二度にわたって、敗れてしまった。台風の襲来にあって、船もろとも海に沈んでしまった。外敵退散の祈祷をしていた真言宗そのほかの僧侶らは、勝ち誇って日蓮を見返したことだろう。

なぜ予言が外れたのか。

*

法華経を絶対視する日蓮にとって、これは受け入れにくい結果だった。身延山にこもったことと言い、日蓮は、整理のつかない疑問を抱えていたのかもしれないとみえる。

それでも、自分自身の成仏を二の次にしても、法華経を広めるために活動する菩薩の生き方を人びとに提示したことで、それまでの仏教は大きく変わった。

この世界は穢土でなく、この世界こそが浄土である。法華経を広めるならば、出家であれ在家であれ、どんな職業についていても、久遠実成のブッダの意思に適っている。このように菩薩行に励むことが、人生の価値である。当たり前の庶民の日常がそのまま、久遠実成のブッダの意思に包まれた、神聖な空間になるのである。

菩薩なのか本仏なのか

日蓮は、死の間際、六人の弟子を選んで後継者とした。

その一人に、日興がいた。日興は、日蓮はふつうの人間ではなく、本当のブッダだとした。日興とその門流は、日蓮をこのように「本仏」であると考える。見たところは上行菩薩（つまり人間）だが、その実質は、久遠実成仏が末法の世に現れたブッダである。ブッダであるから、日蓮を本尊として拝んでよい。

この門流は、明治になって、みずからを「日蓮正宗」と名のることになった。のちにその在家門徒の団体が、創価学会となる。

＊

日蓮が、法華経の行者（菩薩）であるのと、本仏であるのと、どう違うか。

日蓮が行者（菩薩）であるなら、日蓮の著書は「論」である。「経」ではない。仏教では、経は仏説で、もっともランクが高いテキスト。論は仏弟子の著作であって、ランクは経より低い。どんなに内容がすばらしくても、龍樹の『中論』は論。龍樹は菩薩である。

日蓮が本仏（ブッダ）であるなら、日蓮の著書は「経」である。日蓮の書いた『立正安国論』や『開目抄』や『観心本尊抄』は、論ではなくて経の扱いになる。日蓮の書いた手紙（御書）も同様である。

＊

論が正しいかどうか、問題になったとする。問題になった主張が、どの経のどの部分にもとづいているか、検証する必要がある。検証できた場合に、その論は正しかったことになる。

これに対して、経が正しいかどうかは問題にならない。仏教では、経、すなわち仏の説いた言葉は真理であって、検証抜きに正しい。ある経典と別な経典が喰い違う（矛盾していて両立しない）場合にだけ、どう解釈したらよいか、考えることになる。

＊

日蓮が「一念三千」を説いたとする。

日蓮が菩薩であるなら、それが正しいかどうか、経の文言で検証する必要がある。「一念三千」は、経文のなかに文字通りの証拠をみつけられないのだった。

日蓮が本仏であるなら、こうした手続きは不要だ。日蓮が「一念三千」を説けば、それは真理であると考えてよい。結論として、日蓮の思想にもとづく、より強力でまとまりのある教団を築くことができる。

＊

日蓮が、法華経の行者（菩薩）なのか、それとも本仏（ブッダ）なのか。どちらであるかによって、信仰のあり方がまるで変わってくる。

日蓮を開祖とあおぐ法華宗は、明治になって日蓮宗と名前を変えた。日蓮を本仏とあおぐ日興の門流は、明治になって日蓮正宗と名前を変えた。どちらも法華経にもとづく信仰だが、考え方がまるで違うので、ひとつにまとまることはできない。

*

それはともかく、日蓮の創始した法華宗の運動は、母体である天台宗を大きく凌駕し、日本有数の宗派に成長した。念仏宗のグループ（浄土宗・浄土真宗）と、法華宗の系統とが、日本の仏教徒の過半を占めている。これら鎌倉新仏教は、日本の社会に、後戻りのきかない変化を刻み込んだのである。

第9章　ポスト仏教革命

法然、道元、日蓮。この三人によって、日本仏教は面目をまったく一新した。インドや中国のコピーでなく、日本独自の信仰に生まれ変わった。仏教がようやく、日本のごくふつうの人びとに届くものになったと言ってよい。

念仏宗も、禅宗も、法華宗も、仏教原理主義、原則主義の運動である。西欧の宗教改革に匹敵する。しかも宗教改革より、三〇〇年ほども早い。

この鎌倉仏教革命のもつ射程と、それが社会に与えたインパクトを見渡してみよう。

なぜ貧乏主義なのか

法然の念仏宗。道元の禅宗（曹洞宗）。日蓮の法華宗。三つに共通するのは、あえて貧乏であること（貧乏主義）である。

貧乏主義は、仏教の革新運動を進めるのに、その担い手である自分たちは貧乏でよいという覚悟のことをいう。寺院を立派にし、堂塔伽藍をむやみに建てることを目的にしない。荘園を寄進されたり、出家修行者の人数を増やしたりすることも目標にしない。粗衣粗食に甘んじ、質素なスタイルを貫き、民衆と共に歩もうとする。自分たちの行き方が、既存の教団や当局の方針と合致せず弾圧されるとしても、へこたれない。

ただし貧乏は、目的ではない。貧乏でよいと覚悟するのは、正しい信仰を重視すればこそだ。

＊

仏教は、出家主義をとって来た。

大乗仏教は、出家の修行者でなく、在家の菩薩が担い手のはずである。ただそれが中国に伝わると、小乗の戒律に従う出家修行者の仏教になった。日本も同様である。

出家者（僧侶）は、生産活動を禁じられている。だから、食糧などの生活手段を、出家者以外の人びと（在家の信徒）に仰がなければならない。インドでは、托鉢が原則だった。中国では、政府の財政支出（税金）でまかなった。日本では結局、荘園によって支えられた。

いずれにしても、その負担は、農民にずしりとのしかかる。

＊

仏教のせいで、農民はかえって苦しむ。仏教の与える便益（知識や、神秘的パワーや）は、貴族や特権層が独り占めしてしまう。

これは矛盾ではないだろうか。仏教はもともと、苦しむ庶民（衆生）のためのものだった。その苦しみを和らげ、この世界を生きやすくするのが釈尊の願いではなかったか。その反対のものに、仏教は変質していないか。

これを原点に戻そう。それが貧乏主義である。その矛先は、荘園制度に向かう。荘園に依存しないで、働く農民の共同体を足場に、仏教の運動をいちからつくり直そう。それが、鎌倉仏教革命だった。

仏教革命の戦略

法然の念仏宗と、道元の禅宗と、日蓮の法華宗と。この三つは、軌を一にする運動で、共通の動機に根ざしている。貧乏主義は、そのひとつの表れだ。

共通する戦略は、既存の仏教（平安仏教）の、正統性の根拠をつき崩すこと。正攻法である。念仏宗は、末法の観念をうまく使った。禅宗は覚りが非言語的な行であることに焦点をあてた。法華宗は、天台宗の教判を下敷きに、法華経は最高の経典だから法華経の原則によって仏教全体を再組織すべきであると主張した。それをとことん、押し進めることで、念仏宗、禅宗、法華宗はそれぞれ、既存の仏教の制約を離れて、教団として自立することができた。

これら三つの新仏教は、仏教の原理や原則に忠実だった。政治権力や経済のメカニズムの及ばないところで、仏教の原理を掲げ、原則を押し立てて、新しい仏教のかたちを追究した。それなればこその、念仏原理主義、坐禅原則主義、法華経原理主義である。

仏教の理念にもとづいて、人びとの思考と行動を変え、社会を再組織する。社会革命そのものである。

仏教革命の限界

だが鎌倉仏教革命は、本格的な社会革命を導かなかった。市民革命に結びつかなかった。西欧で起こった宗教改革がそうであったようには。

なぜ仏教革命は、社会の改革を導かなかったのか。少なくとも、二つの理由がある。

＊

理由の第一。鎌倉仏教革命は、三つのグループに分裂し、連帯できなかった。

革命運動が、いくつものグループに分裂し、連帯できないことはよくある。キリスト教の宗教改革も、カトリック教会に対抗したプロテスタントは、ルター派、カルヴァン派、再洗礼派、…といくつにも分裂したではないか。

それはそうかもしれない。しかし、キリスト教の宗派の違いは、同じテキスト（聖書）の解釈の違いによるもので、教義が違っても論争ができる。相手が何を言っているか理解でき、自分の信仰との関係がとれる。つまり、妥協もできるし、連帯もできるということだ。そういう余地があるから、いくつもの宗派の教会に属する人びとを政治的に束ねる、アメリカ合衆国という試みなども可能になる。

これに対して、鎌倉仏教革命は、根拠にしているテキストが異なる。念仏宗は、浄土三部経。禅宗は、禅師の問答集（プラス、涅槃経や般若経などの一部の経典）。法華宗は、法華経（プラス、天台宗の一部の経論）。重なっていない。読んでいるものが違うから、現実社会の切り取り方や意義づけが違う。同じ仏教なのにほとんど話が合わない。認識枠組みが違うのだから、連帯ができない。

念仏宗と禅宗と法華宗が、何かを共同で実践するという可能性が乏しい。社会を生きる人びとが、ほとんど仏教徒だったとしても、話が通じない三つのグループに分断されてしまう。そして対立する。どのグループも支配的な政治勢力になることができない。統治権力によって、個別に退治されてしまう。これが、キリスト教の宗教改革の場合との違いである。

仏教は、思想の自由がある。修行者は、誰が何を考えてもよい。ゆえに、経典の数がやたらに多い。しかも、どれも釈尊の言説だということになっている。だから互いの言説が、喰い違うのに排除できない。仏教のこの言説の特徴が、こうした複数のグループの並立をうむのである。

宗教が政治に従属する

理由の第二。宗教が政治に従属している。

インドで、仏教は世俗社会から分離して、自治を認められていた。たとえば出家者に、刑法は適用されない。税も課されない。そのかわり、財政支援も与えられない。仏教の共同体（サンガ）を支えるのは、世俗社会の信徒による自発的な贈与である。

ところが中国で、仏教は世俗の統治権力に服属した。政府は、仏教管理局のような部署を設け、僧侶を登録し、出家を許可制にした。勝手に出家することは違法で、みつかると還俗させられた。政府は仏教寺院に財政援助をした。それがあだになり、歳出削減になると仏教は廃れてしまった。インドで生まれた仏教は、とんでもなく中国風なやり方にねじ曲げられてしまった。

日本は、中国の国営仏教のやり方をそっくり真似した。豪族や貴族がスポンサーとなるやり方も採り入れた。やがて政府の財政そのものが荘園制にとって代わられた。寺院も荘園制なしでは立ち行かなくなった。

*

キリスト教は、政府より上にあり、政府を正統化するものだった。

キリスト教はいう。神が人びとを統治する。統治者（人間）が人びとを統治してもよいが、それは神が承認した場合に限られる。神の代理人であるカトリック教会が、統治者（王）を承認するシステムができあがった。宗教改革のあと、市民（の代表）が統治権（主権）を承認するシステムに置き換わった。いずれにしても、キリスト教は、政治より上位の原理である。

仏教は、政治を正統化することができない。政治哲学が存在しないからだ。

釈尊は出家して、政治に背を向けた。釈尊の教えに政治哲学がないのは当然だ。仏教はもともと世俗社会と距離を置き、自律的な集団生活を送るのを基本にしていた。中国や日本では、政府に依存している。最澄は比叡山に大乗戒壇を設ける許可を、政府に求めた。日蓮は、国立戒壇を設けるように主張した。政府の許認可がないと、いちばん大事な宗教的行為ができないのである。

仏教は、世俗社会のあり方や政治について、おおむね現状維持の態度をとることになる。禅宗がそうである。法華宗がそうである。念仏宗だけが、現状に対する代案を対置し、宗教による自治組織をつくろうとして、政府と衝突した。

鎌倉仏教革命によって現れた三つのグループは、連帯できずにばらばらだった。そのため全体の効果としては、現状を変革できない。仏教革命は社会革命に展開しない。

西欧はうまく行った

日本で、仏教による社会革命が流産したのにひきかえ、西欧では、キリスト教の宗教改革は社会改革に結びついた。その事情も、少し詳しくみておこう。

宗教改革はドイツで口火を切った。中世から近世にかけての西欧は、国王や領主が大勢ひしめいていて、対立抗争し、一枚岩ではなかった。西欧全体に行き渡っていたのは宗教的権威（カトリック教会）だけだった。カトリック教会は普遍主義を掲げるが、個別利害を背景にしてもいる。ドイツは収奪の標的にされ、搾り取った富はイタリアに持ち去られた。ドイツの領主たちは面白くない。だからルターがカトリック教会とケンカを始めると、ルターを支持し匿った。ルターらプロテスタントの勢力は、ドイツ、北欧、オランダ、スイス、…といった地域に拡がり、カトリック側の勢力によって根絶《ねだ》やしにすることができなかった。地理的な拠点（解放区）をつくることができた。日本の新仏教は、こうした地域的な拠点をもつことができにくかった。日本は狭くて、国王や領主が大勢で内輪もめをしているわけではないからだ。

宗教と政治

宗教改革が成功し、社会変革と結びつくためには、政治権力の後押しが必要だ。

宗教改革はおおまかに、ルター派、再洗礼派、カルヴァン派の三つがあった。

このうちルター派は、領主たちの支持を受け、カトリック側と対抗した。領主たちはプロテスタントとカトリックに分かれて殺し合った。宗教戦争である。勢力が拮抗していたので、プロテスタントが全滅させせられることはなかった。

再洗礼派は過激で、徹底的な社会改革を志向し、領主権力を認めなかった。再洗礼派と領主勢力との武装闘争になった。ルター派は、領主勢力による弾圧を支持した。再洗礼派は弾圧の結果、大勢が殺され、一掃されてしまった。日本の一向一揆とよく似た経緯をたどっている。

カルヴァン派は、ルター派は不徹底だとして、独自の神学を展開した。迫害もされたが、オランダやスイス、イングランド、スコットランド、アメリカ大陸などに拠点をもうけた。それらの拠点では、自分たちの信仰を核に統治権力を樹立することもできた。たとえ狭い範囲でも、信徒の数が十分に多くなり、統治権力を形成できたのだ。その根拠は、契約である。神を信仰しつつ、神抜きに統治権力を形成するには、各自の権利と意志を根拠に、契約を結ぶ以外にない。その権利は、神に与えられた神聖なもの。だから権力を越えており、権力を基礎づけることができるのだ。

イングランド国教会も、巧妙な仕組みである。イングランド国王がカトリック教会と絶縁して、人びとの信仰を保護するための統治権力を買って出た。この国家主権を、神に根拠をもつ（カトリック教会に根拠をもつ、ではなく）契約にもとづく、と解釈できる。ネイションを形成することができた。

*

日本の場合、カトリック教会にあたるものがない。互いに抗争する大勢の領主たちがいない。国土は狭く、特定の仏教の宗派が地域政権を樹立するのは無理だった。そのかわりに、武家政権の権力に圧伏されてしまった。宗教勢力が、社会変革の主体になる道筋は開けなかった。

ないものねだりをしてもしょうがない。鎌倉仏教革命の結末を、もう少し追いかけてみよう。

凝念の『八宗綱要』

凝念大徳（一二四〇－一三二一）は、鎌倉時代の華厳僧。『八宗綱要』を著した。仏教各宗派のコンパクトなガイドブックとして、いまでも重宝されている。

「八宗」とは、南都六宗（倶舎宗、成実宗、律宗、法相宗、三論宗、華厳宗）に、平安仏教（天台宗、真言宗）を加えた、正統な八つの宗派。念仏宗や禅宗や法華宗は、入っていない。ちらっと触れられるだけだ。

＊

法然、道元、日蓮らの活躍によって、仏教といえばこの八宗、という常識が覆された。念仏宗、禅宗、法華宗が、伝統的な八宗よりもずっと大きな勢力になった。仏教革命は成功した。

仏教革命が成功したのは、人びとが新しい考え方や生き方を求めたからだ。念仏宗は、仏教原理主義。禅宗は、坐禅原則主義。法華宗は、法華経原理主義。南都六宗の仏教お勉強サークルや、天台宗、真言宗のなんでもありの雑学や、ではない、明快な原理原則を人びとは求めた。その結果、互いに和解できない、輪郭のくっきりした仏教グループが少なくとも三つ成立した。（このほか、一遍の時宗など、ラディカルなグループがそのほかにも現れた。）

入れ替わりに、旧仏教の側は、先細りになった。財政難で、荒れる寺が多くなった。

＊

では、どうする。

旧仏教の巻き返しが起こった。これを私は、「地獄キャンペーン」と呼んでいる。この「反仏教革命」のキャンペーンは成功し、後代に続く意味不明な日本人の死生観をかたちづくることに成功した。洗脳である。成功した洗脳の特徴は、それが洗脳であると、洗脳された本人が思っていないことである。

この洗脳の結果、仏教革命はとんがったところが丸くなり、人畜無害の「宗派」になった。念仏宗はもう、ほかの宗派の修行は無意味だ、などと言わない。禅宗は、ほかの宗派が修行によって覚ろうとしているのは間違いだ、などと言わない。法華宗は、ほかの宗派が法華経から目を背けているのは悪魔の仕業だ、などと言わない。横並びのワン・オブ・ゼムだ。江戸時代には幕府に認められ、公認の「宗門」になった。

『地蔵十王経』

「地獄キャンペーン」は、どういうキャンペーンか。

鎌倉時代の初めごろ、『仏説地蔵菩薩発心因縁十王経』なる経典が書かれた。いかにもインドから招来したサンスクリット語の経典を中国で漢訳したかのような雰囲気である。だがれっきとした偽経だ。（中国や日本で創作した経典を、偽経という。日本に伝わった経典の何分の一かは、中国述作の偽経である。）長いので略して『地蔵十王経』といおう。この経は、中国述作ですらなく、正真正銘の日本製である。

『地蔵十王経』のテーマは、人間が死んだらどうなるか。三途の川を渡って旅をし、地獄の入り口にたどり着く。地蔵菩薩が待っている。そこで毎週、十王の一人から裁判を受ける。裁判の結果によって、どの地獄に行くかが決まる、というストーリーだ。

こんな偽経がつくられたのは、ほかのほんものの仏教の経典のなかに、こんな内容のことはどこにも書いてなかったから。書いてなければ、書いてあったことにしてしまえ、である。

三途の川のほとりに奪衣婆《だつえば》がいて、着物をはぎ取る。その目方によって、罪の重さを量る。三途の川の渡り賃が六文銭である、などサイド・ストーリーが膨らんで行った。

道教の死者の世界

『地蔵十王経』には種本がある。『仏説閻羅王授記四衆逆修生七往生浄土経』（略して、預修十王生七経）である。中国述作の偽経だ。仏教と道教が習合してつくられた経典で、なかみはほぼ道教。一〇世紀ごろの作で、中国や朝鮮で流布し、日本にも伝わった。

地獄の入り口には、裁判官をつとめる、十王がずらりと並んでいる。そして、『地蔵十王経』にはついている、十王の誰それはほんとうは△△仏、などの本地仏についての説明がない。もともとは道教の経典だったのを、無理やりタイトルを仏教の経典に見せかけただけである。

それを参考に、もっと仏教っぽく二次創作したのが、『地蔵十王経』である。学問がないひとが読むと、てっきりインドで成立した経典だと騙されてしまう。

＊

そもそも、人間が死んだらどうなるか、道教と仏教では考え方がまるで異なる。

道教では、人間は死んだら、鬼になる。鬼は、死んでいる点が人間と違うだけで、あとは人間とそっくりである。死者だが、鬼として生きている。鬼は死者の国（地獄）に行き、生前の行ないに応じて苦しみを受ける。地獄は、地上とよく似た官僚制になっており、閻魔王以下、大勢の部下が働いている。死者が、この世界に戻ってくることはない。

いっぽう仏教は、死者の国などないと考える。人間を含め生き物は、死ぬと輪廻して、またこの世界に生まれる。この世界は、多重構造になっていて、いちばん下が地獄である。人びとは生きた存在として、地獄に「生まれる」。地獄は地上と並行する世界であって、死者の国ではない。

＊

日本人はもともと、仏教のように輪廻を信じるでもなく、道教のように鬼になる（死者の国に行く）と考えるでもなく、あいまいに死について考えてきた。黄泉の国に行くという考え方も、常世に行くという考え方もあり、はっきりしなかった。

そこに『地蔵十王経』の地獄キャンペーンが始まった。インドの輪廻の思想にあった地獄が、道教風の地獄に読み替えられた。そしてそれが、仏教の考え方だと宣伝された。仏教のつもりで、道教の教えを丸のみさせられた。これが洗脳でなくて何だろう。

なぜ四十九日なのか

『地蔵十王経』によると、そのあとはこんな具合で進行する。

十王の役所が並んでいて、順番に取り調べを受ける。はじめのうちは、一週間ごとに進行する。

第一の裁判官は、秦広王。本当は、不動明王である。初七日だ。

第二の裁判官は、初江王。本当は、釈迦如来である。

第三の裁判官は、宋帝王。本当は、文殊菩薩である。

第四の裁判官は、五官王。本当は、普賢菩薩である。

第五の裁判官は、閻魔王。本当は、地蔵菩薩である。

第六の裁判官は、変成王。本当は、弥勒菩薩である。

第七の裁判官は、太山王。本当は、薬師如来である。四十九日だ。

日本で、仏教の習慣として行き渡っている四十九日は、この経典に根拠がある。（この経典にしか根拠がない。）

＊

ここでひと区切りしたあと、間隔が少し延びる。

第八の裁判官は、平等王。本当は、観世音菩薩である。百箇日だ。

第九の裁判官は、都市王。本当は、阿閦如来である。一周忌だ。

第十の裁判官は、五道転輪王。本当は、阿弥陀如来である。三回忌だ。

仏教の仏菩薩が総動員で、地獄に出張している。生前に仏教を信仰し、仏の教えに従って生活したか、死んでからチェックする。仏教と、死後の世界の管理が一体になっている。これが、『地蔵十王経』のなかみだ。

こんな教理は、ほんとうの仏典の、どこにも書かれていない。でも、それは内緒で、庶民には教えないのである。

「地獄キャンペーン」は成功した

『地蔵十王経』は漢文で書いてあって、誰でも読めるものではない。そこでこの内容が、地獄絵図などとなって、人びとに説かれることになった。極彩色で描かれた迫力ある地獄の様子は、メディアが未発達の当時、人びとに突き刺さる。語り手の僧侶が、誰にも思い当たる日常の悪事の報いを、おどろおどろしく語りかける。三途の川や四十九日が、日本人の死後の世界の共通感覚になっていく。

＊

「地獄キャンペーン」は見事に成功した。その効果はなにか。

庶民は、お寺に頼んで、葬儀をしなければならなくなった。そのあと、法事をしなければならなくなった。そのたびに、お寺に布施を包まなければならなくなった。要するに、お寺は新しいビジネス・チャンスを手にしたのだ。

鎌倉仏教革命の結果、旧仏教は大きな打撃を受けた。権門の勢力は失墜し、歳入は減り、僧侶の数も減少したろう。貴族や荘園に頼る代わりに、旧仏教は新しい収入源を見つけなければならなかった。地力をつけ始めていた農民だ。そして武士だ。商人だ。旧仏教が相手にしてこなかった庶民層の人びとだ。

＊

仏教革命から現れた新仏教は、念仏宗も、禅宗も、法華宗も、（少なくとも最初のうちは）貧乏主義で、庶民に経済的負担をかけまいとしていた。

でも、いつまでも貧乏主義のままでは、仏教そのものが先細りになる。そこで、誰が考えたのかわからないが、中国から伝わってきていた『預修十王生七経』を日本流にアレンジして『地蔵十王経』に仕立て直し、庶民に大キャンペーンを展開し、歳入アップをはかろうということになった。これが、わかりやすかった。余裕のできた農民は、仏教式で葬儀をやれば、親孝行ができ、ワンランク上の社会階層に移行できたように思ったのである。

「地獄キャンペーン」は次第に定着した。鎌倉新仏教の特徴だった原理主義や原則主義は、一部を除いてだんだん影をひそめた。こうして、いまわれわれが知っている「日本仏教」ができあがったのである。

「日本仏教」の誕生

「日本仏教」の特徴をあげてみる。

1　いくつもの宗派に分かれている。
2　どの寺も、どの僧も、どの家庭も、どれかの宗派に属する。
3　僧侶が葬儀を行ない、法事を行なう。
4　死者に、戒名（法名）を授ける。

5　読む経典や儀礼のスタイルは細かく違うが、似たりよったりである。
6　四十九日、一周忌、三回忌、などのスケジュールは一緒である。

儀式はだいたい同じだから、違う宗派の親戚の葬儀や法事に参加したとしても、まごつかないですむ。

＊

日本の人びとは、同じ宗派の者同士が結婚すると決まっていない。これは宗教として、けっこう珍しい。プロテスタントでは、同じ宗派のひと同士が結婚するのが通例だった。イスラム教では、同じ法学派のひと同士が結婚するのが当たり前である。江戸時代の日本では、イエごとに宗旨（宗派）が決まっていたが、宗旨はコミュニティをつくるわけではなく、ある地域にはさまざまな宗旨のイエが混在していた。そこで、葬儀や法事のたびに、いくつもの宗派にまたがった親戚が集まって、ある宗派のやり方をすることになる。だから、どの宗派の儀式も似通っていると都合がよい。実際、そうなっている。

日本の仏教には、いくつも宗派があるようにみえる。でも実は、宗派の違いはあってなきが如きである。それらは結局、ひとつの宗派なのだと言ってもよい。

日本人は、宗派の違いを気にしない。宗派の違いについて、本気で考えない。この態度は、鎌倉仏教革命の態度と、正反対である。鎌倉仏教革命はどこに行ってしまったのか。

一神教と仏教

鎌倉新仏教はなぜ、当初の原理主義的で原則主義的なところをなくしてしまったか。

それは、仏教が一神教でないところに原因がある。原理主義や原則主義は、もともと一神教の信仰のスタイルである。仏教がそれを徹底させようとしても無理がある。

＊

一神教では、神が考え、人間が考える。神が正しく、人間は間違っている。そこで、人間は自分の考え方を批判し、神の考えに合わせなければならない。神は人間をはるかに上回る存在だから、これは無理なのだが、それでも何とかしようとする。

ではどうする。人間は神の命令によって、こう考えなければならないというルールを定める。それがドグマ（教義）である。それは絶対で、人間はそれから外れてはならない。ドグマを足場にするから、原理主義や原則主義を組み立てることは容易である。信仰がふらふらし、人びとが原理主義や原則主義を離れることがある。でもそれは、社会全体が世俗化するためであって、宗教それ自体が変質してぬるくなるのとは違う。

＊

仏教では、人間がいるだけで神はいない。人間が考える、何を考えてもよい。人間が究極のすばらしいことを考えるのが、ブッダ（仏）であるが、ブッダも人間である。ブッダ（仏）が、こう考えなさいとほかの人間に命じることは（でき）ない。だから仏教には、ドグマ（教義）がない。人間は模索しながら、自分の考えをめいめいなるべく正しく組み立てていくしかない。

ブッダ（仏）は経典を残した。その言わんとするところを整理して、原理主義や原則主義みたいな作業をすることも、やればできる。いちおう。でも所詮、経典はブッダ（仏）のアドヴァイス。参考意見であって、命令ではない。

仏教は結局、人間がめいめい自分流にものを考えなさい、という教え。一神教のように、原理主義や原則主義で固まろうとしても無理がある。鎌倉仏教革命は、仏教の天才たちが、仏教のアイデアを研ぎすまして、原理主義や原則主義みたいに純化しようとした試みだった。でも仏教に根付くことができず、脱け殻のようになってしまった。

なぜ仏教革命だったのか

だから、むしろこう問うべきだろう。なぜ仏教がそうしたものなのに、原理主義や原則主義の試み（鎌倉仏教革命）が必要だったのか、と。

＊

人間は、たまたまいま自分が生きる社会のなかで、ものを考える思考の断片をかき集め、組み立てるしかない。鎌倉時代の日本には、仏教と儒学と、（ステルスだが）道教と（正体が不明だが）神道と、迷信や伝承ぐらいしかなかった。そのうち骨格がはっきりしている仏教と儒学は、どちらも外国から丸パクリした借り物で、日本の社会実態とはあんまり関係がない。

では、当時の人びとは、なにを考えようとしたか。この社会がこうあってよいのか。人間はどう生きればよいのか。不合理や格差や差別や、醜い人間の実態や争いとどう向き合えばよいのか。聡明な知性であればあるほど、この社会と人間を何とかまるごと理解し、よりよい方向に導けないかと考える。そこに全力を傾ける。

そう考えた人びとが、たまたま仏教の僧侶だった。いや、もう少し正確に言おう。当時の日本でふつうのひとが知的な日々を送ろうとすれば、仏門に入って僧侶になるしかなかった。字が読み書きできるようになって、経典はもちろん、仏教に限らずどんな本でも読める。そのあと、その能力を使ってどんな世界を切り開くかは、そのひと次第だ。

＊

仏教は、今日の感覚で言えば、自然科学と哲学を合わせたような最新の知的システム。この世界を合理的に考える枠組みとヒントが詰まっている。だから、才能と勇気ある知性の持ち主は、仏教に飛び込み、その知的システムの性能を最大限に駆使して、この世界の課題を考え尽くそうとした。法然や、道元や、日蓮のように。

彼らの考え（やりたかったこと）は、仏教の表現をとっているが、そもそも仏教を超えている。もしも彼らがキリスト教が行き渡った社会で、同じことを考えたなら、キリスト教の表現をとって同様の思索を繰り広げただろう。

何をやりとげたか

法然、道元、日蓮は、何をやりたかったたか。何をやりとげたのか。

ここに現に生きる人びとの社会のどこか向こう（遠隔）に、理想の共同体が存在しうることを論証した。そしてその存在を確信すれば、現に生きるこの社会も同様に理想の共同体のように営めることを論証した。法然の議論の骨子である。

人間の理想状態を、どこかここよりほかにあるものと想像（実体化）するのではなく、現に自分の精神のはたらきのなかに見つけられるではないかとやってみせた。そしてそれを、言葉に収まらない言葉のかたちで残した。道元の実践の大枠である。

ひとりの人間である自分が思索し行動するさまを、自分ではない究極の理想的存在がつねに見つめており、その透明な叡知のなかで自分の存在が意義あるものとなることを、身をもって示した。そして、書き残した。日蓮の思索と行動の骨子である。

＊

法然、道元、日蓮。この三人の描いた軌跡は、真理の普遍性に触れていないだろうか。仏教の枠を越え、日本の枠をはみ出して、およそ人間と社会の真実の域に届いていないだろうか。この三人の達成は、人類の遺産として記録し、長く記憶するに値すると思いたい。

噴火のあと

火山がひとしきり活発に噴火したあと、静かになり、やがて周囲の山並みのなかに埋没してしまう。それが自然だ。

法然も道元も日蓮も、そのうち教祖にまつりあげられた。まつりあげている人びとは、自分たちのことしか考えていない。自分たちに都合のよいように、噴火のことなど忘れてしまうのだ。

彼ら三人は、仏教に、なにがしかの影響を残したろう。でもそれは、たぶん大したことでない。仏教そのものが時代を経るにしたがって、どんどん影響力をなくし、人びとの切実な課題に応えなくなっていく。彼ら三人の仕事を、仏教での出来事だと考える限り、大したものとはみえなくなるのである。

＊

これは、後世の錯覚であり、偏見である。彼ら三人の仕事を、同時代を動かした社会的出来事として考えるなら、ことの重大性をずっとはっきりと取り出せる。そういう着眼こそ、社会学の任務だと思うのである。

仏教革命を覚えよう

鎌倉仏教革命は成功した。大きな宗派となって、人びとのあいだに広まった。

日本の仏教の地図は塗り替えられた。宗派別で人数の多いのは、念仏宗系の浄土宗と浄土真宗。

法華宗系の日蓮宗と日蓮正宗。そして禅宗である。鎌倉新仏教が登場するまで優勢だった、天台宗や真言宗、南都六宗は人数で言えばごく小さなグループになった。

鎌倉仏教革命は失敗した。当初の原理主義的で原則主義的なところをなくして、世俗社会のありふれた習慣のなかに解消され、吸収されてしまった。

鎌倉仏教革命はまだ生き続けている。それは豊かな地下水脈となって、それ以降の日本社会の精神世界をみのらせた。その潜在的な可能性はまだ、汲み尽くされていない。

＊

鎌倉仏教革命の成果は、凡庸な後継者や平凡な解釈や陳腐な常識や人びとの無関心によってあとかたもないほどに台無しにされた。それは確かかもしれない。

けれども、鎌倉仏教革命の最善の部分を捨て去ってしまうとしたら、あまりに残念である。それは、この社会の知的伝統の誇るべき達成を無にするに等しい。

法然、道元、日蓮。その三人の知的貢献に敬意を表し、それを世界的な文脈に置き直して考えることを、今後もなおわれわれの課題としよう。

あとがき

あるとき、『鎌倉仏教革命』という本を書こうと思いたった。

日本人の頭のなかの、宗教の場所をチェックしてみよう。

＊

一神教ではどうなっているか。

キリスト教やイスラム教では、宗教は頭のてっぺんの場所にある。Ｇｏｄがこの世界を支配している。それが彼らの出発点だからである。

キリスト教はいくつにも分裂した。プロテスタントがカトリックから分かれ、プロテスタントもいくつにも分かれた。それが原因で、宗教戦争になった。

宗教戦争を終わらせるには、宗教を上回る世俗の仕組みが必要だ。それが、主権国家である。主権国家は命令する。宗教の違いを理由に戦争するのはやめなさい。宗教はめいめいの内面にとどめておくべきで、ほかの誰かに強制してはいけません。信仰の自由である。だからキリスト教では、主権国家も頭のてっぺんの場所にある。頭のてっぺんに、宗教／主権国家、が両方ある。ふたつあっても、政教分離だからこれでよいと考える。

ちなみにイスラム教は、こうなっていない。宗教戦争がなかったので、主権国家がなくてもよかった。頭のてっぺんには宗教だけがある。主権国家は、キリスト教世界からの借り物だから、どこか下のほうにある。

日本ではどうだったか。

日本で宗教とは、仏教のことだった。律令国家では、政府が上で仏教はその下だった。江戸幕府でも、政府が上で仏教はその下だった。明治時代になっても、政府が上で仏教（に加えて、キリスト教や民間の神道）はその下だった。だから人びとの頭の中は、政府（国家や天皇）がてっぺんの場所で、宗教はその下になっている。

＊

戦後の日本はどうだったか。

日本国憲法に「信教の自由」と書いてある。だから、宗教は個人の自由です。政府がそれを保障します。ならば、政府（憲法）が上で宗教はその下。なんだ、昔からの考え方でいいんだ。信仰をもっているからと迫害されるのを政府が守る、という切迫感が国民にそなわっていない。宗教は頭のてっぺんの場所にあってよい、という感覚がない。

だから、宗教に対して距離を置く。人びとをまるごと巻き込み、社会秩序に反するタイプの宗教がたまに現れると、「はまると怖い」と警戒する。葬式や結婚式など、定番のセレモニーだけやっていて下さい。誰もが距離を置くので、宗教の地位がとても低い。人びとの頭のなかで、てっぺんよりだいぶ下のほうに宗教の場所がある。

＊

昔からずっと、こんなふうだったのか。

そんなことはない。八〇〇年ほど前は違った。鎌倉新仏教が現れた。日本人は宗教に目覚めて、全身全霊で信仰に生きようとした。そのことを、あとになって忘れてしまっただけだ。

すると疑問は二つである。第一。人びとはそのときなぜ急に、全身全霊で信仰を生きようとしたのだろう。第二。その運動が、なぜどんな理由で、あっけなく終息してしまったのだろう。本編でものべた。もう一回まとめておこう。

まず第一の点。人びとは当時、この社会の耐えがたさが、ふつうのやり方では改善できないと絶望していた。まったく新しいシナリオを求めた。それを与えてくれたのが、宗教だ。

法然の念仏宗は、阿弥陀仏の本願が、人びとに極楽往生を約束すると説いた。それを信じれば、農民は連帯を回復し、農村を念仏共同体に再編できる。この社会をすっぽり包むハイパー現実がうまれる。

道元の禅宗は、「修行して仏になる」という仏教の常識を叩き壊した。誰でも坐禅すれば仏である。ならば寺社が偉そうに、農民を搾り取る根拠がなくなる。人びとは誇りを手にする。

日蓮の法華宗は、ブッダは永遠に生きていて、人びとを見守っていると説いた。めいめいの人生はそのまま菩薩行である。この生き方は、政府の命令より優先する。人びとを勇気づけるもうひとつのハイパー現実がうまれる。

現にある社会をすっかり塗り替えるヴィジョンを提供する力が、宗教にはある。そのヴィジョンは、どうすれば作れるのか。今ある宗教の懐に入り込み、背負い投げのようにそれをひっくり返す。そうやって人びとを解放し、希望を与える。それをやるには、並外れた宗教的才能が必要だ。信仰に火をつけるカリスマも必要だ。それに触れた人びとは、これこそ待ち望んでいたヴィジョンだと感動する。だから大きな渦巻きになって拡がっていく。

＊

そして第二の点。ではなぜ、せっかくの鎌倉仏教革命は尻すぼみになったのか。

ヨーロッパの宗教改革は、契約神学をうみだし、そこから主権国家が育った。カトリックは、教会が上で政府（国王）が下、という考え方だった。だから、主権国家をうまない。プロテスタントは、カトリック教会から飛び出した。でも信仰が大事なので、政府（国王）を無条件で認めるわけにはいかない。Ｇｏｄの恵みのもとにある人びとが、契約を結んで政府をつくるなら、Ｇｏｄの意思に適っていることにならないか。契約神学だ。これを世俗の言い方に直したのが、社会契約説である。そして憲法である。自分たちは正統な政府を樹立できる。それなら、樹立しよう。人びとがそう考え行動するのが市民革命だ。

鎌倉仏教革命も、プロテスタンティズムと同じ、宗教原理主義、原則主義の運動だった。これは危険だ。政府はそれを、本能的に察知した。仏教界も警戒した。結局、封じ込められてしまって、西欧の市民革命のような経緯をたどらなかった。それは、つぎのような理由によるだろう。

（1）念仏宗と禅宗と法華宗は、依拠するテキストも論理もばらばらで、共通の基盤がなく、連帯できなかった。互いに抗争し、エネルギーを消耗した。

（2）ヨーロッパは広くて、ドイツやオランダやイングランドや…といった抵抗の拠点を持つことができた。日本は狭くて、拠点が持てなかった。

（3）日本の政府はもともと宗教を上回る権威があって、たやすく宗教を弾圧できた。また武家政権は、合理的で近代的な側面があって、宗教に代わって社会を変革する力量があった。

いずれにせよ、鎌倉仏教革命は、西欧の市民革命に匹敵する変革をもたらさなかった。それでも日本人の精神に、消えることのない刻印をしるしたのである。

＊

『鎌倉仏教革命』を書こうと思ったのは、二〇年前だろうか。いや、もっと前だったか。

吉本隆明『最後の親鸞』を学生時代に読んだ。笠原一男『一向一揆の研究』も読んだ。鎌倉の光明寺（浄土宗）の催しで一枚起請文が配られたのを、一同が読み上げたのが印象的だった。

小室ゼミで小室直樹博士から、仏教の手ほどきを受けた。ゼミに参加していた保坂俊司氏から、仏教研究の初歩を教えてもらった。平川彰『インド・中国・日本仏教通史』や『律蔵の研究』を読んだ。姉崎正治『法華経の行者日蓮』、辻善之助『日本仏教史之研究』、富永仲基『出定後語』を読んだ。

東京工業大学に勤務して、比較宗教社会学を講義した。

東京工業大学の大学院ゼミや研究会では、いろいろな報告に触発された。大澤絢子氏の研究テーマは親鸞で、何回も報告を聞いた。その成果は、『親鸞「六つの顔」はなぜ生まれたのか』（筑摩選書、二〇一九）にまとまっている。斎藤嘉文氏の研究テーマは道元の『正法眼蔵』で、同じく何回も報告を聞いた。その成果は、『跳訳道元——仏説微塵経で読む正法眼蔵』（ぷねうま舎、二〇一七）ほかにまとまっている。『鎌倉仏教革命』をまとめるよい刺戟になった。

＊

さて、記録をさかのぼってみると、本書の目次（案）と「はじめに」を書き始めたのは、二〇二〇年一月のこと。二〇二二年一二月には、第1章と第2章（源信の『往生要集』と法然の『選択本願念仏集』の部分）の第一稿ができている。二〇二三年の一一月から一二月にかけて、続きの第2部（道元の部分）、第3部（日蓮の部分）を書いた。道元の部分をまとめるのに、松岡由香子氏の『インド仏教と初期禅宗の坐禅と覚り——ブッダから恵能まで』がとても役に立った。菩提達摩が中国に伝えた初期の禅がどのようなものだったか、はっきりイメージできた。

原稿がまとまったので、サンガ新社の佐藤由樹氏に連絡した。『鎌倉仏教革命』という原稿があるのですが。佐藤氏は『ゆかいな仏教』（大澤真幸氏との共著）の担当編集者で、旧知の間柄だ。サンガ新社は仏教関係専門の出版社で、手腕は確か。佐藤氏から、出版しましょう、と返事があった。佐藤氏の紹介で、大來尚順氏に原稿を読んでいただけることになった。大來氏は、浄土真宗本願寺派の僧侶で研究者。『ゆかいな仏教』のときも読んでいただいた。懇切かつ周到なコメントが返ってきた。それを踏まえて修正を加えた。二〇二四年五月から六月のことだ。こうして最終稿ができた。佐藤氏、大來氏、サンガ新社の皆さんに心から感謝したい。

＊

原稿を書くときに、下書きらしいものはない。前の日に書いた続きを、ただ書いていく。自分でもこれから何を書くのか、わかっていない。

いつも海図のない航海である。遭難せず、最寄りの港にたどりつけたのは、運がよかった。私の役目は終わった。あとは読者の皆さんに、存分に焼いたり炙ったりしていただきたい。

著者識

二〇二四年一一月

参考文献

橋爪大三郎　二〇〇一『世界がわかる宗教社会学入門』筑摩書房　→二〇〇六　ちくま文庫
橋爪大三郎　二〇〇八『家庭でできる法事法要』径書房
橋爪大三郎　二〇一二『なぜ戒名を自分でつけてもいいのか』サンガ新書
橋爪大三郎　二〇一七『丸山眞男の憂鬱』講談社選書メチエ
橋爪大三郎　二〇一九『小林秀雄の悲哀』講談社選書メチエ
橋爪大三郎　二〇一九『4行でわかる世界の文明』角川新書
橋爪大三郎　二〇二〇『皇国日本とアメリカ大権』筑摩選書
橋爪大三郎　二〇二〇『死の講義　死んだらどうなるか、自分で決めなさい』ダイヤモンド社
橋爪大三郎　二〇二四『面白くて眠れなくなる江戸思想』ＰＨＰ研究所
橋爪大三郎・大澤真幸　二〇一三『ゆかいな仏教』サンガ新書　→二〇二二　知的生きかた文庫・三笠書房
橋爪大三郎・大澤真幸　二〇一七『続・ゆかいな仏教』サンガ新書
橋爪大三郎・植木雅俊　二〇一五『ほんとうの法華経』ちくま新書

第1部

平川　彰　一九七七『インド中国日本　仏教通史』春秋社
平川　彰　一九八〇－一九八一『八宗綱要（上）（下）』大蔵出版
鎌田茂雄（全訳注）　一九八一　凝念大徳『八宗綱要』講談社学術文庫
黒田　俊雄　一九八三『王法と仏法――中世史の構図』法蔵館

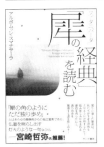

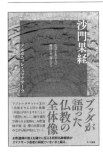

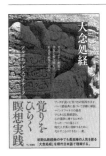

橋爪大三郎（はしづめ だいさぶろう）

一九四八年、神奈川県生まれ。社会学者。大学院大学至善館特命教授。東京工業大学名誉教授。東京大学大学院社会学研究科博士課程単位取得退学。著書に『はじめての構造主義』（講談社現代新書）、『世界がわかる宗教社会学入門』（ちくま文庫）、『死の講義』（ダイヤモンド社）、『権力』（岩波書店）、『ふしぎなキリスト教』（大澤真幸氏との共著、講談社現代新書、新書大賞2012）、『おどろきのウクライナ』（大澤真幸氏との共著、集英社新書）、『げんきな日本論』（大澤真幸氏との共著、講談社現代新書）、『ゆかいな仏教』（大澤真幸氏との共著、知的生きかた文庫、［電子書籍版］サンガ新社）など多数。

鎌倉仏教革命《かまくらぶっきょうかくめい》
法然《ほうねん》・道元《どうげん》・日蓮《にちれん》

二〇二五年三月三一日　第一刷発行

著　者　橋爪大三郎
発行者　佐藤由樹
発行所　株式会社サンガ新社
〒九八〇－〇〇一二
宮城県仙台市青葉区錦町二丁目四番一六号八階
電話　〇五〇－三七一七－一五二三
ホームページ　https://www.samgha-shinsha.jp/

印刷・製本　創栄図書印刷株式会社

ISBN978-4-911416-00-6

圭村　諦成　二〇一八　『道元伝――第一作第二作合同版』書肆心水
齋藤　嘉文　二〇一七　『跳訳道元――仏説微塵経で読む正法眼蔵』ぷねうま舎
寺田　透・水野弥穂子（校注）　一九九〇／一九九一　「正法眼蔵」『道元　上』『道元　下』（原典日本仏教の思想7／8）岩波書店
平岡　聡　二〇二二　『親鸞と道元』新潮新書
松岡由香子　二〇二一　『インド仏教と初期禅宗の坐禅と覚り――ブッダから恵能まで』学術研究出版
水野弥穂子（校注）　一九九〇－一九九三　『正法眼蔵（一）～（四）』岩波文庫
頼住　光子　二〇一四　『正法眼蔵入門』角川ソフィア文庫

第3部

Anesaki, Masaharu 1916 Nichiren: The Buddhist Prophet, Harvard University Press
姉崎　正治　一九一六　『法華経の行者日蓮』博文館　→一九八三　講談社学術文庫
紀野　一義　一九八三　『日蓮』（日本の名著8）中央公論社
渡辺　宝陽・小松　邦彰（編）　一九九二　「立正安国論」ほか『日蓮聖人全集　第一巻　宗義1』春秋社
渡辺　宝陽・小松　邦彰（編）　一九九六　「開目抄」「観心本尊抄」ほか『日蓮聖人全集　第二巻　宗義2』春秋社

阿満利麿（訳・解説）二〇〇七『選択本願念仏集――法然の教え』角川ソフィア文庫
石上善應（訳・解説）二〇一七『一百四十五箇条問答――法然が教えるはじめての仏教』ちくま学芸文庫
石田瑞麿　一九九一『源信　往生要集』（原典日本仏教の思想４）岩波書店
大來尚順　二〇一七「親鸞とエンゲージド・ブディズム――「非僧非俗」の再解釈」ケネス・タナカ編著『智慧の潮――親鸞の智慧・主体性・社会性』：三〇七–三二五、武蔵野大学出版会
大橋俊雄（訳注）一九八九「選択本願念仏集」『法然全集第二巻』春秋社
大橋俊雄（訳注）一九九一「解説」『原典日本仏教の思想５　法然　一遍』岩波書店（漢文原文はこれに拠る）
大橋俊雄　一九九一『原典日本仏教の思想　５　法然　一遍』：三八七–四八七、岩波書店
小原仁　二〇〇六『源信――往生極楽の教行は濁世末代の目足』（ミネルヴァ日本評伝選）ミネルヴァ書房
釈徹宗　二〇一一『法然親鸞一遍』新潮新書
田村圓澄　一九五九『法然』（人物叢書）吉川弘文館
東京国立博物館ほか（編）二〇二四『特別展「法然と極楽浄土」』NHK、NHKプロモーション、読売新聞社
中村元・早島鏡正・紀野一義（訳注）一九六三／一九六四『浄土三部経（上）（下）』岩波文庫→一九九〇　改訳
町田宗鳳　一九九七『法然――世紀末の革命者』法蔵館
松岡由香子　二〇一三『仏教になぜ浄土教が生まれたか』ノンブル社

第２部

小川隆　二〇〇七『神会――敦煌文献と初期の禅宗史』臨川書店
小川隆　二〇一一『語録の思想史――中国禅の研究』岩波書店
小川隆　二〇一五『禅思想史講義』春秋社
小川隆　二〇一六『「禅の語録」導読』筑摩書房　→二〇二〇『中国禅宗史「禅の語録」導読』ちくま学芸文庫

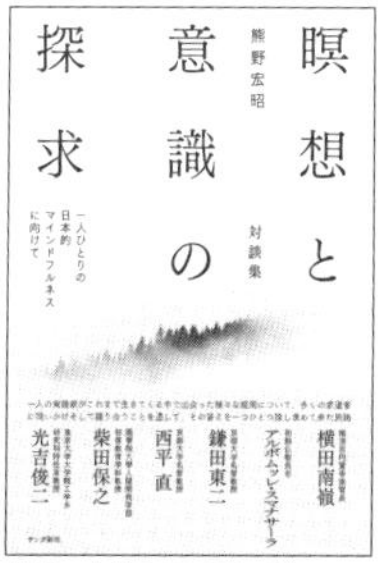

定価：本体3,600円＋税
四六判／並製／448ページ
ISBN978-4-910770-08-6

瞑想と意識の探求

一人ひとりの日本的マインドフルネスに向けて

熊野 宏昭［著］

日本におけるマインドフルネスの第一人者で心療内科医の早稲田大学教授・熊野宏昭氏が、瞑想をテーマに6人の探求者と語り合う対談集。日本的な感性におけるマインドフルネスの可能性と、言語と意識の本質とは何かを、対話を通して探究する。

〔対談者〕

横田南嶺（臨済宗円覚寺派管長）
アルボムッレ・スマナサーラ（初期仏教長老）
鎌田東二（天理大学客員教授・京都大学名誉教授）
西平 直（上智大学グリーフケア研究所特任教授・京都大学名誉教授）
柴田保之（國學院大學人間開発学部教授）
光吉俊二（東京大学大学院工学系研究科特任准教授）

定価：本体1,400円＋税
A5判／並製／144ページ
ISBN 978-4-910770-60-4

実践！ マインドフルネス

今この瞬間に気づき青空を感じるレッスン
［注意トレーニング音源付］

熊野 宏昭［著］

日本のマインドフルネスを牽引してきた著者による、わかりやすく、本格的な理論と実践の入門書

ストレスに対処する心のエクササイズとして普及するマインドフルネス。的確な実践方法で、マインドフルネスの心の使い方が身につきます。心理療法としてのマインドフルネスとACT（アクセプト&コミットメントセラピー）の理論と実践をコンパクトにまとめた入門書の決定版です。

定価：本体1,400円＋税
A5判／並製／120ページ
ISBN978-4-910770-93-2

実践！ マインドフルネス講義

理論の詳説と瞑想実践を組み合わせた
110分ライブ講義［動画付］

熊野 宏昭［著］

ストレスに負けない戦略が身につく、マインドフルネスのライブ講義を完全収録

「ストレスの強い現代に生きる若者、社会人に向けた、自分を見つめなおす手がかりとなるマインドフルネスの入口」をコンセプトにした本書のための110分の特別講義をライブ収録。理論と実践を詳述した講義とQ&Aを収録したブックレットとともにライブ収録した動画を視聴することで、マインドフルネスの理解が深まり、実践が身につきます。

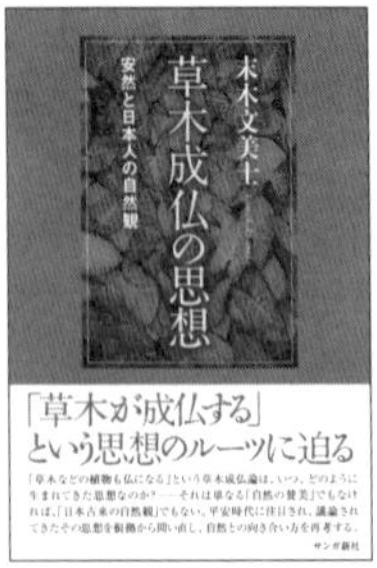

草木成仏の思想

安然と日本人の自然観

末木文美士［著］

定価：本体2,700円＋税／四六判／並製／272ページ／ISBN978-4-910770-77-2

「草木が成仏する」という思想のルーツに迫る

「草木などの植物も仏になる」という草木成仏論は、いつ、どのように生まれてきた思想なのか？——それは単なる「自然の賛美」でもなければ、「日本古来の自然観」でもない。平安時代に注目され、議論されてきたその思想を根拠から問い直し、自然との向き合い方を再考する。

ブッダの瞑想修行

ミャンマーとタイでブッダ直系の出家修行をした心理学者の心の軌跡

石川勇一［著］

定価：本体2,000＋税／四六判／並製／312ページ／ISBN978-4-910770-52-9

東南アジアの比丘サンガで二度にわたる出家修行を経験した心理学者による、仏教修行における心と身体の変容の克明な記録。

オカルト編集者
不思議系ウェブサイト「TOCANA」総裁
角由紀子さん **推薦!**

心と肉体の大冒険記を堪能せよ!

定価：本体2,500円＋税
A5判／並製／440ページ
ISBN978-4-910770-56-7

サンガジャパンプラス Vol.3
特集「仏教で変わる！」

特集：激動する世界の歩き方——仏教の行動

スペシャルトーク

「現代における坐禅の意義はどこにあるのか」
横田南嶺（臨済宗円覚寺派管長）**×藤田一照**（曹洞宗禅僧）

特別企画

伝説と言われた一処不住の禅僧　村上光照老師追悼
Zen2.0 2022

〔寄稿者〕
アルボムッレ・スマナサーラ／釈徹宗／田口ランディ／名越康文／松本紹圭／プラユキ・ナラテボー／山下良道／島田啓介／石川勇一／鄭雄一／シスター・チャイ・ニェム／島田啓介／藤本晃／ほか
